Informe Final
de la Trigésima Octava
Reunión Consultiva
del Tratado Antártico

REUNIÓN CONSULTIVA
DEL TRATADO ANTÁRTICO

Informe Final de la Trigésima Octava Reunión Consultiva del Tratado Antártico

Sofía, Bulgaria
1 a 10 de junio de 2015

Volumen I

Secretaría del Tratado Antártico
Buenos Aires
2015

Publicado por:

Secretariat of the Antarctic Treaty
Secrétariat du Traité sur l' Antarctique
Секретариат Договора об Антарктике
Secretaría del Tratado Antártico

Maipú 757, Piso 4
C1006ACI Ciudad Autónoma
Buenos Aires - Argentina
Tel: +54 11 4320 4260
Fax: +54 11 4320 4253

Este libro también está disponible en: *www.ats.aq* (versión digital)
y para compras en línea.

ISSN 2346-9889
ISBN 978-987-4024-04-6

Índice

VOLUMEN I

VOLUMEN II

SEGUNDA PARTE. MEDIDAS, DECISIONES Y RESOLUCIONES (cont.)

4. Planes de gestión

TERCERA PARTE. INFORMES Y DISCURSOS DE APERTURA Y CIERRE

1. Discursos de apertura y clausura
Discurso de bienvenida del Presidente de Bulgaria, Sr. Rosen Plevneliev

2. Informes de los Depositarios y Observadores
Informe de Estados Unidos como Gobierno Depositario del Tratado Antártico y de su Protocolo
Informe de Australia como Gobierno Depositario del CCRVMA
Informe de Australia como Gobierno Depositario del ACAP
Informe del Reino Unido como Gobierno Depositario del CCFA
Informe del Observador de CCRVMA
Informe del SCAR
Informe del COMNAP

3. Informes de expertos
Informe de OHI
Informe de ASOC
Informe de IAATO

CUARTA PARTE. DOCUMENTOS ADICIONALES DE LA XXXVIII RCTA

1. Documentos adicionales
Resumen de la conferencia del SCAR

2. Lista de documentos
Documentos de trabajo
Documentos de información
Documentos de antecedentes
Documentos de la Secretaría

3. Lista de participantes
Partes Consultivas
Partes no Consultivas
Observadores, Expertos e Invitados
Secretaría del País Anfitrión
Secretaría del Tratado Antártico

Acrónimos y siglas

ACAP	Acuerdo sobre la Conservación de Albatros y Petreles
AMP	Área marina protegida
ANC	Autoridad nacional competente
ASOC	Coalición Antártica y del Océano Austral
BP	Documento de antecedentes
CC-CCRVMA	Comité Científico de la CCRVMA
CCRVMA	Convenio para la Conservación de los Recursos Vivos Marinos Antárticos y/o Comisión para la Conservación de los Recursos Vivos Marinos Antárticos
CCFA	Convención para la Conservación de las Focas Antárticas
CCRWP	Programa de trabajo de respuesta para el cambio climático
CEE	Evaluación medioambiental global
CMNUCC	Convención Marco de las Naciones Unidas sobre Cambio Climático
COI	Comisión Oceanográfica Intergubernamental
COMNAP	Consejo de Administradores de Programas Antárticos Nacionales
CPA	Comité para la Protección del Medio Ambiente
EIA	Evaluación de impacto ambiental
FIDAC	Fondos internacionales de indemnización de daños debidos a la contaminación por hidrocarburos
GCI	Grupo de Contacto Intersesional
GSPG	Grupo Subsidiario sobre Planes de Gestión.
IAATO	Asociación Internacional de Operadores Turísticos en la Antártida
IEE	Evaluación ambiental inicial
IP	Documento de información
IPCC	Grupo Intergubernamental de Expertos sobre Cambio Climático
OACI	Organización de Aviación Civil Internacional
OHI	Organización Hidrográfica Internacional
OMI	Organización Marítima Internacional
OMM	Organización Meteorológica Mundial
OMT	Organización Mundial del Turismo
PNUMA	Programa de las Naciones Unidas para el Medio Ambiente
RCC	Centros de coordinación de rescates
RCTA	Reunión Consultiva del Tratado Antártico

RETA	Reunión de Expertos del Tratado Antártico
SAR	Búsqueda y salvamento
SCAR	Comité Científico de Investigación Antártica
SEII	Sistema electrónico de intercambio de información
SOLAS	Convenio Internacional para la Seguridad de la Vida Humana en el Mar
SMH	Sitio y monumento histórico
SOOS	Sistema de Observación del Océano Austral
SP	Documento de Secretaría
STA	Sistema del Tratado Antártico o Secretaría del Tratado Antártico
UAV	Vehículo aéreo no tripulado
UICN	Unión Internacional para la Conservación de la Naturaleza
WP	Documento de trabajo
ZAEA	Zona antártica especialmente administrada
ZAEP	Zona antártica especialmente protegida

PRIMERA PARTE
Informe Final

1. Informe Final

Informe Final de la Trigésima Octava Reunión Consultiva del Tratado Antártico

Sofía, 1 a 10 de junio de 2015

(1) Conforme al Artículo IX del Tratado Antártico, los representantes de las Partes Consultivas (Alemania, Argentina, Australia, Bélgica, Brasil, Bulgaria, Chile, China, Ecuador, España, Estados Unidos, la Federación de Rusia, Finlandia, Francia, India, Italia, Japón, los Países Bajos, Nueva Zelandia, Noruega, Perú, Polonia, Sudáfrica, Suecia, Ucrania, el Reino Unido e Irlanda del Norte, la República Checa, la República de Corea, y Uruguay) se reunieron en Sofía desde el 1 al 10 de junio de 2015, con el propósito de intercambiar información, realizar consultas, y considerar y recomendar a sus Gobiernos medidas para promover los principios y objetivos del Tratado.

(2) En la Reunión también estuvieron presentes las delegaciones de las siguientes Partes Contratantes del Tratado Antártico, las cuales no son Partes Consultivas: Belarús, Canadá, Colombia, Kazajstán, Malasia, Mónaco, Mongolia, Portugal, Rumania, Suiza, Turquía, y Venezuela.

(3) Asimismo, en conformidad con las Reglas 2 y 31 de las Reglas de Procedimiento, asistieron a la Reunión los Observadores de la Comisión para la Conservación de los Recursos Vivos Marinos Antárticos (CCRVMA), el Comité Científico de Investigación Antártica (SCAR) y el Consejo de Administradores de los Programas Nacionales Antárticos (COMNAP).

(4) En conformidad con la Regla 39 de las Reglas de Procedimiento, también estuvieron presentes en la Reunión expertos pertenecientes a las siguientes organizaciones internacionales y organizaciones no gubernamentales: la Coalición Antártica y del Océano Austral (ASOC), la Asociación Internacional de Operadores Turísticos Antárticos (IAATO), y el Programa de las Naciones Unidas para el Medio Ambiente (PNUMA).

(5)   Bulgaria, como país anfitrión, cumplió con los requisitos de información respecto de las Partes Contratantes, Observadores y Expertos mediante circulares, cartas y un sitio web exclusivo de la Secretaría.

Tema 1: Apertura de la reunión

(6)   Se dio inicio oficial a la Reunión el día 1 de junio de 2015. En nombre del Gobierno anfitrión, y en virtud de las Reglas 5 y 6 de las Reglas de Procedimiento, el Jefe de la Secretaría del País anfitrión, Vesselin Valchev, dio por iniciada la Reunión y propuso la candidatura del Embajador Rayko Raytchev como Presidente de la XXXVIII RCTA. La propuesta fue aceptada.

(7)   El Presidente dio una cálida bienvenida a Bulgaria a todas las Partes, Observadores y Expertos. El Presidente señaló la importancia del Tratado Antártico para preservar la belleza y singularidad de la Antártida para las generaciones actuales y futuras, y expresó que Bulgaria ratificó el Tratado hace 37 años, convirtiéndose en Parte Consultiva hace 17 años. Resaltó luego la aprobación de un plan de trabajo estratégico como un logro fundamental para el fortalecimiento de la protección del medioambiente y para la eficaz gestión y reglamentación de las actividades humanas en la Antártida. Como conclusión, el Embajador Raytchev se refirió al establecimiento de la Estación antártica de Bulgaria, St Kliment Ohridski en 1993, y a su evolución como un centro de investigación científica que ha trabajado en estrecha colaboración con los socios de Bulgaria provenientes de Brasil, Argentina, Chile y España.

(8)   Los delegados guardaron un minuto de silencio en honor al Sr. Frédéric Chemay, quien falleció a la edad de 53 años, y en honor de aquellos que fallecieron en la Antártida durante el año pasado. El Sr. Chemay había prestado servicios como Comisionado de Bélgica en la Comisión Ballenera Internacional, y había formado parte de la delegación belga en ocasión de la XVI Reunión del CPA y la XXXVI RCTA, así como durante la XVII Reunión del CPA, en Brasil.

(9)   Su Excelencia el Presidente de la República de Bulgaria, Rosen Plevneliev, dio la bienvenida a Bulgaria a los delegados, y expresó el compromiso de Bulgaria por aumentar la actividad científica en la Antártida y en fortalecer el Tratado Antártico y sus valores fundamentales, centrándose en la ciencia y en los esfuerzos científicos. Recordando el reciente 37.° aniversario de la firma del Tratado por parte de Bulgaria, el Presidente Plevneliev señaló que el Sistema del Tratado Antártico es uno de los mejores ejemplos de cooperación internacional, en donde países con diferentes sistemas legales y

tradiciones nacionales, religiosas y culturales diversas trabajan en conjunto para lograr el objetivo común de consagrar la Antártida a fines pacíficos, a la investigación científica y al intercambio de información. Al poner de relieve la necesidad de cooperación internacional para abordar el cambio climático, la deficiencia de recursos, y la implementación de tecnologías ecológicas, el Presidente Plevneliev subrayó la importancia estratégica de la Antártida y el papel de la RCTA y del CPA en ese sentido. El Presidente reseñó la investigación científica realizada por Bulgaria en la Antártida, señalando que el país ha organizado 23 expediciones Antárticas y mantenido la estación St Kliment Ohridski, la cual ha acogido proyectos científicos del Instituto Antártico de Bulgaria y de otras Partes. Señaló además que Bulgaria había asignado nombres a 525 accidentes geográficos de la Antártida. Describió luego los logros de la reciente 23.ª Expedición antártica búlgara, durante la cual los montañistas Doichin Boyanov, Nikolay Petkov y Alexander Shopov ascendieron con éxito y lograron medir las cumbres de los picos Needle y Sofia, ambos ubicados en la isla Livingston. Reconoció además la importancia de la contribución del distinguido Profesor Christo Pimpirev, fundador y director del Instituto Antártico de Bulgaria y Jefe de la Expedición Antártica Búlgara. El texto completo de los comentarios del Presidente Plevneliev se encuentra en la Parte III, sección 1.

(10) El Hble. Daniel Mitov, Ministro de Asuntos Exteriores de Bulgaria, recibió a los delegados. Luego de reseñar la importancia del Tratado Antártico para la gobernanza cooperativa del continente antártico, puso de relieve el éxito y la singularidad de la Antártida como una zona de cooperación pacífica y colaboración científica. El Ministro destacó el compromiso de Bulgaria con el fortalecimiento del Sistema del Tratado Antártico, y con el uso de la ciencia para dar forma a las políticas. Señaló su convencimiento de que la próxima reunión sería una oportunidad para abordar las materias de gobernanza, protección del medioambiente, cambio climático, biodiversidad, gestión del turismo, y actividades de investigación, y que sería también una oportunidad para renovar los principios fundamentales del Sistema del Tratado Antártico y para garantizar que la zona fuese preservada para las futuras generaciones. El Ministro se refirió al desarrollo, a partir de dos pequeñas cabañas, de la estación St Kliment Ohridski en la isla Livingston, hasta llegar a convertirse en un completo sistema que incluye una capilla y un laboratorio, y reconoció el apoyo logístico prestado por España, Brasil, Argentina y Chile. El Ministro Mitov recalcó que el cambio climático es el desafío fundamental de nuestra generación, e indicó que comprender la función que la Antártida desempeña en este contexto es para nuestras sociedades una de las prioridades más

urgentes. Señaló la participación de Bulgaria en las iniciativas adoptadas para fortalecer el componente del cambio climático de la investigación polar como una eficaz herramienta para producir y promover políticas basadas en pruebas, y destacó que el Tratado Antártico presenta un ejemplo único de la forma en que los países grandes y más pequeños pueden resolver en conjunto los retos globales que se les plantean.

(11)   La Hble. Ivelina Vassileva, Ministra de Medio Ambiente y Aguas de Bulgaria, resaltó el Sistema del Tratado Antártico como un singular marco jurídico de protección del continente antártico y de conservación de su medioambiente y ecosistemas prístinos, con un trasfondo de paz y cooperación internacional. Se refirió al orgullo de Bulgaria por ser una de las 29 Partes Consultivas, a su presencia en la Antártida en la isla Livingston, y a los logros obtenidos por los científicos del Instituto Antártico de Bulgaria durante 23 campañas antárticas sucesivas en el periodo que va desde 1993 a 2015. La Ministra Vassileva enfatizó el amplio abanico de temas que tratan los científicos polares búlgaros, y puso de relieve un enfoque interdisciplinario para la comprensión de los sistemas polares y de su evolución. Recalcó los graves problemas que presentan el cambio climático, la pérdida de la biodiversidad y los problemas medioambientales globales para la región antártica, y la importancia de reducir a un mínimo la huella acumulativa de todas las actividades humanas en la Antártida, entre ellas la investigación científica, el turismo, y la actividad pesquera. Recordó a las Partes la importancia de 2015 en el proceso de negociación mundial en relación con el cambio climático, señalando las expectativas de Bulgaria respecto de un nuevo acuerdo jurídicamente vinculante de todas las Partes con la Convención Marco de las Naciones Unidas sobre el Cambio Climático (CMNUCC), que se centraría en imponer responsabilidades de mitigación a todos los países desarrollados y en vías de desarrollo después de 2020. Por último, la Ministra Vassileva se refirió a la bella naturaleza de Bulgaria, y a su preservada biodiversidad, señalando que cerca de 35 % del territorio forma parte de la red NATURA 2000 de la Unión Europea.

(12)   La Hble. Nikolina Angelkova, Ministra de Turismo, se refirió al rápido desarrollo del turismo en la Antártida, e informó que durante la temporada 2014 - 2015 visitaron la Antártida 37 000 turistas. Si bien la Ministra Angelkova tomó nota que las mayores cantidades de turistas y sus actividades en la Antártida plantean cuestiones urgentes relativas a la autorización de actividades, a la seguridad, y a la conservación de su paisaje y de su flora y fauna, sugirió por otra parte que el turismo podría hacer más accesible

a la región. La Ministra Angelkova recalcó que Bulgaria es una impulsora del desarrollo de actividades en la Antártida, y que, en este sentido, espera poder cumplir con las expectativas de un mundo en evolución.

(13) El Hble. Michel Rocard, ex Primer Ministro de Francia y Embajador de los Polos, hizo uso de la palabra durante la reunión para referirse al asunto de la 21ª Conferencia de las Partes (CoP 21) que se realizaría en París en diciembre de 2015. El objetivo de la CoP 21 era el alcanzar un acuerdo global jurídicamente vinculante para limitar el aumento de la temperatura mundial. Destacó los efectos del cambio climático, cada vez más observados en la Antártida. Al encomiar la naturaleza consensuada de la RCTA, el Embajador Rocard alentó el mismo nivel de acuerdo entre las Partes que tienen previsto asistir también a la CoP 21. Agradeció los mensajes de apoyo enviados por las Partes de la RCTA a la CoP 21.

Tema 2: Elección de autoridades y creación de grupos de trabajo

(14) Francisco Berguño, de Chile, el País anfitrión de la XXXIX RCTA, fue elegido Vicepresidente. De acuerdo con la Regla 7 de las Reglas de Procedimiento, el Dr. Manfred Reinke, Secretario Ejecutivo de la Secretaría del Tratado Antártico, actuó como Secretario de la Reunión. Vesselin Valchev, Jefe de la Secretaría del país anfitrión, actuó como Subsecretario. Ewan McIvor, de Australia, desempeñó la función de Presidente del Comité para la Protección del Medio Ambiente.

(15) Se establecieron tres Grupos de Trabajo:
  • Grupo de Trabajo sobre Asuntos Jurídicos e Institucionales;
  • Grupo de Trabajo sobre Actividades Turísticas y No Gubernamentales;
  • Grupo de Trabajo sobre Asuntos Operacionales.

(16) Se eligieron los siguientes Presidentes para los Grupos de trabajo:
  • Asuntos Jurídicos e Institucionales: Dr. René Lefeber, de los Países Bajos;
  • Turismo y Actividades No Gubernamentales: Máximo Gowland, de Argentina;
  • Asuntos Operacionales: Jane Francis, del Reino Unido.

(17) En concordancia con el enfoque utilizado durante la XXXVII RCTA, se estableció un Grupo de Trabajo Especial sobre Asuntos relativos a Autoridades Competentes. Birgit Njåstad, de Noruega, fue elegida para presidir el Grupo de Trabajo Especial.

19

Tema 3: Aprobación del programa y asignación de temas

(18) Se aprobó el siguiente programa:

1. Apertura de la Reunión
2. Elección de autoridades y creación de Grupos de Trabajo
3. Aprobación del programa y asignación de temas
4. Funcionamiento del Sistema del Tratado Antártico: informes de las partes, observadores y expertos
5. Funcionamiento del Sistema del Tratado Antártico: asuntos generales
6. Funcionamiento del Sistema del Tratado Antártico: examen de la situación de la Secretaría
7. Formulación de un plan de trabajo estratégico plurianual
8. Informe del Comité para la Protección del Medio Ambiente
9. Responsabilidad: Implementación de la Decisión 4 (2010)
10. Seguridad de las operaciones en la Antártida, incluyendo Búsqueda y Salvamento
11. Turismo y actividades no gubernamentales en la Zona del Tratado Antártico
12. Inspecciones realizadas en virtud del Tratado Antártico y el Protocolo sobre Protección del Medio Ambiente
13. Asuntos científicos, cooperación y facilitación científica
14. Implicancias del cambio climático para la gestión del Área del Tratado Antártico
15. Temas educacionales
16. Intercambio de información
17. Prospección biológica en la Antártida
18. Preparativos para la 39ª Reunión
19. Otros asuntos
20. Aprobación del Informe Final
21. Clausura de la Reunión

(19) La Reunión aprobó la siguiente asignación de los temas del programa:

- Sesión plenaria: Temas 1, 2, 3, 4, 8, 18, 19, 20 y 21.
- Grupo de Trabajo sobre Asuntos Jurídicos e Institucionales: Temas 5, 6, 7, 9, 17.
- Grupo de Trabajo sobre Turismo: Tema 11
- Grupo de Trabajo sobre Asuntos Operacionales: Temas 10, 12, 13, 14, 15, 16.

(20) La Reunión decidió asignar los borradores de los instrumentos que surjan del trabajo del Comité para la Protección del Medio Ambiente y de los Grupos de Trabajo a un grupo de redacción jurídica para la consideración de sus aspectos jurídicos e institucionales.

Tema 4: Funcionamiento del Sistema del Tratado Antártico: informes de las Partes, Observadores y Expertos

(21) Conforme a la Recomendación XIII-2, la Reunión recibió los informes de los gobiernos depositarios y secretarías.

(22) Estados Unidos, como Gobierno Depositario del Tratado Antártico y su Protocolo del Medio Ambiente, informó sobre la situación del Tratado Antártico y el Protocolo al Tratado Antártico sobre Protección del Medio Ambiente (Documento de información IP 38). Durante el año pasado, se produjeron dos adhesiones al Tratado y dos adhesiones al Protocolo. Con respecto del Tratado, Kazajstán depositó su instrumento de adhesión el 27 de enero de 2015, y Mongolia depositó su instrumento de adhesión el 23 de marzo de 2015. Con respecto del Protocolo de Protección del Medio Ambiente, Venezuela depositó su instrumento de adhesión el 1 de agosto de 2014, y Portugal depositó su instrumento de adhesión el 10 de septiembre de 2014. Estados Unidos señaló que actualmente eran 52 las Partes del Tratado y 37 las Partes que adhieren al Protocolo.

(23) Las Partes felicitaron a Mongolia y a Kazajstán por su adhesión al Tratado, y a Venezuela y Portugal por su adhesión al Protocolo de Protección del Medio Ambiente. Portugal y Venezuela expresaron su satisfacción por haber ratificado el Protocolo. Portugal reconoció el trabajo realizado durante los últimos tres años por Australia, Francia y España por fortalecer el apoyo al Protocolo, y Venezuela agradeció a los países latinoamericanos que respaldaron su participación en los asuntos relacionados con la Antártida. Venezuela informó a la Reunión de su deseo de obtener carácter de Parte Consultiva, y solicitó sugerencias, observaciones y respaldo de las Partes en aras de obtener este cambio de estatus.

(24) Argentina informó de su ratificación de la Medida 4 (2004). Al reconocer la implementación de la Medida 4 (2004) por parte de Argentina, el Reino Unido señaló que una serie de Medidas aún no entran en vigor, y recalcó la importancia de garantizar su aplicación expedita.

(25)   Australia, en su calidad de Gobierno Depositario de la Convención para la Conservación de los Recursos Vivos Marinos Antárticos (CCRVMA), informó que no se habían producido nuevas adhesiones a la Convención desde la XXXVII RCTA. Señaló que la Convención cuenta actualmente 36 Partes (Documento de información IP 22).

(26)   Francia señaló a las Partes que son además miembros de la CCRVMA que desde 2012 se han propuesto dos proyectos de Áreas Marinas Protegidas (AMP), y señaló que la mayoría de las Partes se ha mostrado a favor de fortalecer la conservación de los recursos vivos marinos del Océano Austral.

(27)   Australia, en su carácter de Gobierno Depositario del Acuerdo sobre la Conservación de Albatros y Petreles (ACAP), informó que no se habían registrado nuevas adhesiones al Acuerdo desde la XXXVII RCTA, y que el Acuerdo cuenta con 13 Partes (Documento de información IP 21). Informó sobre la Quinta Reunión de las Partes, realizada en Tenerife, España, entre el 4 y el 5 de mayo de 2015, y señaló que una serie de países han iniciado los procesos de adhesión al ACAP. Australia señaló que el Acuerdo comparte los objetivos de conservación del Sistema del Tratado Antártico y alentó a todas las Partes que no son miembros del ACAP a considerar su adhesión al Acuerdo.

(28)   El Reino Unido, en su calidad de Gobierno Depositario de la Convención para la Conservación de las Focas Antárticas (CCFA), informó que no se habían recibido solicitudes de adhesión a la Convención, como tampoco ningún instrumento de adhesión, desde la XXXVII RCTA (Documento de información IP 5). El Reino Unido alentó a todas las Partes Contratantes de la CCFA a que presenten sus informes de manera oportuna.

(29)   La CCRVMA presentó un resumen de los resultados de la Trigésima Tercera Reunión Anual de la Comisión para la Conservación de los Recursos Vivos Marinos Antárticos (CCRVMA), que se realizó en Hobart, Australia, entre el 20 y el 31 de octubre de 2014 (Documento de información IP 1). La Comisión señaló que la Reunión fue presidida por el Sr. Leszek Dybiec (Polonia) y que contó con la participación de 24 Miembros, dos Partes Contratantes adicionales y nueve Observadores de organizaciones no gubernamentales, o de la industria. Resaltó los resultados claves de interés para la RCTA, los que incluyen un acuerdo de publicación de los datos del sistema de observación de buques (VMS) de la CCRVMA en respaldo de los esfuerzos de búsqueda y rescate (SAR) en el área de la Convención de la CCRVMA. Informó que se había completado la publicación de los

datos del VMS, en caso de producirse un incidente de SAR, en los cinco Centros de Coordinación de Rescate Marítimo (MRCC) responsables de las operaciones SAR en el Océano Austral. Este fue un positivo resultado del Grupo de Trabajo Especial sobre SAR, coordinado en ocasión de la XXXVI RCTA realizada en Bruselas dos años atrás. La Comisión había aprobado un Plan Estratégico de la Secretaría para el periodo entre 2015 y 2018. Al señalar que los resultados del Comité Científico de la CCRVMA correspondientes a 2014 se presentarían durante la XVIII Reunión del CPA, la Comisión informó sobre la cosecha de recursos marinos vivos en las pesquerías sometidas a la autoridad de la Comisión durante la temporada 2013 - 2014 y sobre el trabajo relativo a las AMP, al cambio climático, y a las iniciativas de construcción de capacidades para científicos que estuvieran comenzando sus carreras profesionales. Señaló que, conforme a lo previsto durante su XXXIII Reunión anual, se organizó un simposio en Chile entre el 6 y el 8 de mayo de 2015 para celebrar el 35° aniversario de la aprobación de la Convención, y que sus resultados se encuentran ahora sometidos a la consideración de los miembros de la CCRVMA. Por último, mencionó que la Comisión había elegido a la Federación de Rusia para presidir las reuniones de la Comisión contempladas para 2015 y 2016.

(30) Argentina agradeció el informe de la CCRVMA y reconoció la eficacia con que se había logrado el acuerdo entre su Secretaría Ejecutiva y las cinco Partes con respecto de las responsabilidades de SAR en aguas antárticas. Enfatizó la importancia general de la iniciativa y subrayó su contribución en mejorar la eficacia operacional de SAR.

(31) Chile señaló que el simposio de la CCRVMA apuntaba a aprovechar los resultados del primer Simposio que se había realizado en Valdivia, en 2005. En este segundo simposio participaron representantes de 16 países junto con otras organizaciones. Durante la reunión, los participantes evaluaron los objetivos y logros de la CCRVMA durante años anteriores, e identificaron algunos temas fundamentales que merecían atención en el futuro. Chile subrayó el éxito del Simposio y señaló que se había preparado un informe, el cual se distribuiría en octubre próximo durante la Reunión de la CCRVMA.

(32) El SCAR presentó su Informe Anual (Documento de información IP 19), y se refirió también al Documento de antecedentes BP 4, que destaca una selección de documentos científicos fundamentales, publicados a partir de la XXXVII RCTA. El SCAR se refirió al trabajo realizado por varios de sus Grupos de Acción, el que posiblemente tenga interés para el CPA y para

la RCTA. Entre estos se incluyó una síntesis de la comprensión científica de la acidificación del Océano Austral (Documento de antecedentes BP 1), el Atlas Biogeográfico del Océano Austral, la Búsqueda sistemática de los horizontes científicos del SCAR, y la Conservación de la Antártida en el siglo XXI. También señaló la formación de nuevos grupos centrados en la identificación de zonas de nieve prístinas, los sistemas de observación terrestre y del medio marino adyacente, la actualización de mapas geológicos, vulcanismo, y patrimonio geológico y geoconservación.

(33) Argentina expresó su sorpresa y preocupación en relación con el uso de toponimia incorrecta en el Atlas Biogeográfico del Océano Austral con respecto de los territorios nacionales argentinos que actualmente son objeto de una disputa bilateral de soberanía. Señaló que había remitido una nota al SCAR en la que solicitaba su rectificación urgente. Además, Argentina solicitó que los organismos y publicaciones científicas mantuvieran su imparcialidad, centrándose estrictamente en los asuntos científicos, evitando con ello delicados problemas de índole política.

(34) En respuesta a Argentina, el Reino Unido se refirió a su declaración en virtud del Tema del programa 19, párrafo 396.

(35) El COMNAP presentó su Informe Anual (Documento de información IP 8). El COMNAP resaltó que la organización, de 29 miembros, había recibido recientemente a los programas antárticos nacionales de Portugal y Venezuela en calidad de observadores, uniéndose al Programa Antártico Nacional de Belarús, que había iniciado su proceso de postular a una membresía del COMNAP. Durante el año anterior, el COMNAP coordinó el 13° Simposio y los talleres sobre Gestión de Aguas Residuales (Documento IP 74) y sobre los Desafíos del Hielo Marino (Documento de información IP 56) . También está en marcha el proyecto Desafíos de la Hoja de Ruta Antártica (ARC, por sus siglas en inglés) del COMNAP, con el propósito de identificar tecnología y otros requisitos de soporte a la ciencia con probabilidades de ser requeridos por la comunidad científica en un corto a mediano plazo con el fin de abordar interrogantes científicas cruciales. Por último, el COMNAP señaló que los talleres sobre medicina a distancia y ARC se realizarían en Noruega durante agosto de 2015.

(36) Mónaco, en su calidad de Gobierno Depositario de la Organización Hidrográfica Internacional (OHI), presentó su *Informe de la Organización Hidrográfica Internacional* (Documento IP 122) que describe el estado de los levantamientos hidrográficos y la cartografía náutica en la Antártida. El documento reiteró que más del 90 % de las aguas de la Antártida aún no ha

sido cartografiado, lo cual supone graves riesgos de incidentes marítimos y obstruye la realización de actividades marítimas. La producción de cartas náuticas electrónicas de la Antártida enfrenta el enorme obstáculo de la falta de datos, así como del mal estado de las correspondientes cartas impresas. Pese a identificar la dedicación de la Comisión Hidrográfica de la OHI en su colaboración estrecha con las organizaciones interesadas, tales como el COMNAP, la IAATO, el SCAR, la Organización Marítima Internacional (OMI) y la Comisión Oceanográfica Intergubernamental (COI), hizo notar la falta de programas de cooperación en uso de naves de oportunidad o de otros recursos para mejorar la información hidrográfica, con excepción de la IAATO. Al recordar la Resolución 5 (2014) sobre el fortalecimiento de la cooperación en los levantamientos y la cartografía hidrográficos de las aguas antárticas, Mónaco señaló el desafortunado aplazamiento de la reunión anual de la Comisión Hidrográfica sobre la Antártida de la OHI. Mónaco recalcó la importancia de contar con respaldo político, y destacó la necesidad de mejoras generales. Alentó a las Partes a participar en la próxima reunión de la Comisión Hidrográfica sobre la Antártida de la OHI y a contribuir de manera eficaz en sus actividades, de conformidad con la Resolución 5 (2014).

(37) El Reino Unido agradeció a Mónaco y reconoció el fundamental trabajo realizado por la OHI en los levantamientos hidrográficos en aguas antárticas. Destacó también el reciente trabajo del Reino Unido en los levantamientos hidrográficos en la Antártida, tal como se establece en el Documento de información IP 33 *The role of the United Kingdom in charting the waters of the Antarctic*.

(38) Colombia señaló que había realizado su primera expedición antártica durante el verano de 2014/2015 y que había llevado a cabo un levantamiento hidrográfico en el estrecho de Gerlache.

(39) En relación con el Artículo III-2 del Tratado Antártico, la Reunión recibió informes de otras organizaciones internacionales.

(40) La ASOC presentó el Documento de información IP 137, *Informe de la Coalición Antártica y del Océano Austral*. La coalición instó a las Partes a adoptar un papel decisivo en las materias asociadas a la protección de zonas, el turismo, el cambio climático, el impacto acumulativo y la gestión de buques. Con respecto de la creación de nuevas zonas protegidas, solicitó a las Partes que consideren los posibles beneficios para la gestión del turismo, la protección de la biodiversidad y la preservación de la vida silvestre. La ASOC expresó su opinión en cuanto a que el liderazgo de la RCTA es

esencial para que las instancias decisorias de otros foros puedan comprender el impacto del cambio climático en la Antártida. La ASOC solicitó a las Partes que realizaran importantes contribuciones a la implementación del Código Polar de la OMI, incluida la elaboración de informes sobre incidentes marítimos para evitar accidentes futuros.

(41) La IAATO presentó el Documento de información IP 84, *Informe de la Asociación Internacional de Operadores Turísticos Antárticos 2014-2015*. La IAATO señaló que la temporada 2014/2015 observó un total de 36 702 visitas turísticas a la Antártida, lo que representa una leve disminución con respecto de las cifras del año anterior. La IAATO indicó que, como organización, seguía enfatizando el desarrollo y la mejora de las prácticas recomendables sobre turismo. Entre los ejemplos de esto se incluía: la inversión en capacitación y desarrollo del personal de campo; el respaldo a la educación y a la planificación, incluida la traducción de las directrices de RCTA y la IAATO a idiomas aptos para los mercados emergentes; y el fortalecimiento de la seguridad, incluida la mejora en el intercambio de datos hidrográficos, ejercicios de búsqueda y salvamento, y la preparación de los operadores miembros de la IAATO para la implementación de Código Polar de la OMI. Además, la IAATO expresó su compromiso en continuar su política de divulgar los incidentes como un método para salvaguardar la futura seguridad y también para garantizar decisiones de gestión razonables. La IAATO concluyó expresando que concebía que la cooperación y la colaboración eran componentes claves de su trabajo, señalando que sus miembros mantienen su tradición de brindar soporte tanto financiero como en especies a la comunidad científica. Agradeció a la ASOC, la CCRVMA, el COMNAP, la OHI y al SCAR por su valiosa colaboración durante el año pasado.

(42) Belarús presentó el Documento de información IP 7, *Activity of the Republic of Belarus in Antarctica in 2007–2014 and Today*. El documento informaba sobre las siete expediciones antárticas belarusas organizadas por el Programa estatal belaruso correspondiente al periodo 2007 a 2015, y describía además los planes para abrir una estación científica en el complejo geográfico del Monte Vechernyaya, en la Tierra de Enderby.

Tema 5: Funcionamiento del Sistema del Tratado Antártico: Asuntos generales

(43) El Reino Unido presentó el Documento de trabajo WP 7, *Referencias a las Medidas, Decisiones y Resoluciones de la RCTA*. En el documento se

señaló que, cuando se proponían asuntos para su debate en las RCTA, a menudo resultaba práctico hacer una referencia a recomendaciones, medidas, decisiones y resoluciones anteriores relativas a temas similares. Observando que podría llevar mucho tiempo encontrar la sección relevante del Informe Final de la RCTA apropiado donde haya quedado registrado el debate sobre la aprobación de un documento, el Reino Unido propuso una serie de posibles mecanismos de referencias cruzadas para conectar el número del párrafo del Informe Final de la RCTA con la correspondiente Medida, Recomendación, Decisión o Resolución.

(44) En respuesta a las inquietudes expresadas por diversas Partes en cuanto a que un mecanismo de referencias cruzadas podría no abarcar el registro completo de las negociaciones, y que no debería percibirse como si lo hiciera, el Reino Unido aclaró que el único propósito de esta propuesta es identificar la referencia específica en el informe en donde había sido aprobada la Recomendación, Medida, Decisión o Resolución.

(45) La Reunión expresó su acuerdo en cuanto a que agregar una columna más a la base de datos de la STA bajo el título de "Párrafo del Informe Final relevante" sería la manera más apropiada para materializar esta propuesta. La Secretaría confirmó que cuenta con los recursos para poner en marcha la propuesta.

(46) Chile presentó el Documento de trabajo WP 43, *Informe del Grupo de contacto intersesional para el fomento de una mayor cooperación antártica.* El país recordó a la Reunión que el GCI se había establecido durante la XXXVII RCTA para facilitar los debates sobre la forma de promover una mayor cooperación en la Antártida entre las Partes. Chile señaló que el GCI se había centrado en dos asuntos principales: las formas de mejorar una cooperación eficaz entre los países con el fin de trabajar en aras de una eficaz participación de todas las Partes en la RCTA; y en los métodos de trabajo de la RCTA, incluyendo, entre otros, la proliferación de grupos de trabajo durante las reuniones y los problemas que podría presentar esto para las delegaciones más reducidas; la elección de presidentes de los grupos de trabajo y la duración de su mandato; y la cantidad cada vez mayor de GCI. Chile señaló que el documento se había centrado en este último punto, los métodos de trabajo de la RCTA, y que los ocho asuntos y propuestas identificados por el GCI habían obtenido grados variables de apoyo entre los participantes del GCI.

(47) Se observó que este importante asunto era un elemento fundamental en la gobernanza de las RCTA, y que el punto clave era garantizar que la estructura

de la RCTA fuese más flexible y que se evitaran los límites artificiales impuestos al debate por procesos burocráticos.

(48) La Reunión agradeció a Chile por su excelente trabajo en la conducción de este GCI y consideró por separado cada uno de los ocho puntos.

1. Dar mayor flexibilidad a la organización de la RCTA modificándose la actual estructura de los grupos de trabajo y asignándose a la sesión plenaria gran parte del programa de cada reunión

(49) Chile señaló que los participantes del GCI habían expresado su respaldo a un examen del programa actual de la RCTA para determinar si este aborda de manera correcta las prioridades y los desafíos actuales, en específico por medio de una revisión de la cantidad y el mandato de los grupos de trabajo, y de una revisión periódica de su función.

(50) Pese a que muchas Partes estuvieron de acuerdo en la necesidad de garantizar que los grupos de trabajo fuesen más flexibles y permeables a los cambios en las prioridades, algunas Partes recalcaron la necesidad de que el sistema evolucione de manera paulatina, y mencionaron los grupos de trabajo especiales formados para tratar los asuntos sobre Búsqueda y Salvamento y sobre Autoridades Competentes, como ejemplos de flexibilidad dentro del actual sistema.

(51) Algunas Partes pusieron de relieve la conveniencia de destinar las sesiones plenarias a temas específicos, en particular aquellos alineados al Plan de trabajo estratégico plurianual. Además señalaron que las decisiones relativas al formato de una próxima RCTA se abordarían de mejor manera antes del término de la RCTA anterior. Otras Partes se mostraron cautelosas en cuanto a desplazar temas hacia la Sesión plenaria, y recalcaron la importancia de mantener los grupos de trabajo y la continuidad de sus presidencias, en particular en aquellos grupos de trabajo que requieren de pericias específicas.

(52) La Reunión estuvo de acuerdo en que no es necesario realizar enmiendas a las Reglas de Procedimiento de la RCTA para implementar estas diversas sugerencias, a menos que fuese considerado necesario en una Reunión en particular. Agregó además que las futuras RCTA pueden seguir estableciendo, año tras año, los grupos de trabajo que fuesen necesarios para tratar temas específicos del programa.

2. El establecimiento de un Grupo de trabajo permanente a cargo de la gestión de los Asuntos administrativos o institucionales, como el presupuesto o el plan de trabajo de la Secretaría

(53)   Al señalar que la CCRVMA estableció un Comité Permanente sobre Asuntos administrativos y financieros (SCAF), y que es común ver en otros organismos internacionales grupos permanentes con las mismas características, diversas Partes estimaron conveniente establecer un Grupo de trabajo permanente de la RCTA para hacerse cargo de los asuntos administrativos o institucionales.

(54)   El Presidente invitó a las Partes a reflexionar acerca de la operación de este Grupo de Trabajo permanente en el contexto de la RCTA. Las Partes analizaron si tal propuesta podría implicar que el Tema 6 del programa de la RCTA, sobre el *Funcionamiento del Sistema del Tratado Antártico: Asuntos relacionados con la Secretaría* sería asignado a este Grupo de trabajo permanente. Además, analizaron la posibilidad de que tal Grupo de trabajo permanente informara en la Sesión plenaria.

(55)   Algunas Partes recomendaron a la Reunión que, si bien no se oponen a la creación de un Grupo de trabajo permanente, la proliferación de grupos de trabajo paralelos podría resultar compleja. Se señaló que, hasta ahora, contar con un comité de presupuesto que se reúne de forma independiente, pero que funciona en el marco del Grupo de Trabajo sobre Asuntos jurídicos e institucionales ha demostrado su eficacia.

(56)   La Reunión acordó no proponer el establecimiento de un Grupo de Trabajo permanente.

3 y 4. Periodo del mandato de los presidentes de los grupos de trabajo, y cronología de las asignaciones de presidencia para los grupos de trabajo

(57)   El Presidente recordó que la Regla 11 de las Reglas de procedimiento limita el periodo del Presidente a no más de cuatro reuniones consecutivas, salvo decisión en otro sentido.

(58)   Diversas Partes alentaron una mayor diversidad de género y geográfica entre los presidentes de los grupos de trabajo, y algunas se mostraron enfáticas en cuanto a que limitar el periodo de mandato de los grupos de trabajo más allá de la Regla 11 ayudaría a fomentar esta práctica. Por primera vez, había mujeres ocupando el cargo de presidentes en una RCTA. También se

señaló la importancia de la continuidad y la experiencia en la eficacia de las presidencias.

(59)   Tras el posterior debate basado en las propuestas sobre el periodo de mandato de las presidencias de los grupos de trabajo y la cronología para las asignaciones de presidencia de los grupos de trabajo desarrollada por el GCI, la Reunión aprobó la Decisión 1 (2015), *Reglas de procedimiento revisadas de la Reunión Consultiva del Tratado Antártico (2015): los Comités y los Grupos de trabajo.*

5. Mayor transparencia en la designación de los relatores de la RCTA y la función de los presidentes correspondientes en la supervisión del proceso de redacción del informe

(60)   En respuesta a consultas formuladas por diversas Partes, el Secretario Ejecutivo aclaró que, tal como se refleja en el Manual de organización de la RCTA, el País anfitrión es el responsable de la contratación de los relatores. A partir de la XXXIII RCTA realizada en Uruguay, los gobiernos del país anfitrión comenzaron una modalidad de contratación de relatores que hayan prestado servicios en reuniones anteriores con el fin de garantizar una producción eficiente y eficaz de los informes. Señaló además que desde la XXXV RCTA, realizada en Australia, los nuevos relatores han recibido capacitación antes de la RCTA, usándose un programa elaborado por la Secretaría y Australia. Explicó además que los equipos de relatores de los últimos años se compone de igual cantidad de relatores con experiencia y de nuevos relatores ciudadanos del País anfitrión, quienes pueden aprovechar la experiencia. El Secretario Ejecutivo hizo notar que la Secretaría se encuentra abierta al debate sobre las posibles mejoras al actual sistema de contratación de relatores.

(61)   Tomando en cuenta el actual sistema de contratación, las Partes analizaron las diversas formas en que se podría ampliar la reserva de relatores y de otros funcionarios de la Reunión, y garantizar un sistema transparente de contrataciones. Se puso de relieve la importancia de garantizar que haya una introducción constante de nuevos integrantes al equipo de relatores, garantizando con ello la continuidad de los conocimientos en el equipo. Se observó que esta transparencia debería aplicarse también a las demás reuniones oficiales.

(62)   Al reconocer que la contratación y remuneración de los relatores es básicamente responsabilidad del País anfitrión, la Reunión consideró que debería existir un método mediante el cual las Partes puedan recomendar relatores y otros funcionarios candidatos de la Reunión para las futuras

RCTA. La Reunión solicitó que la Secretaría se comunique con antelación a las futuras RCTA con las Partes para solicitar sus recomendaciones en cuanto a los posibles candidatos.

(63)   La Reunión también acordó que la supervisión del trabajo de redacción de los informes era de responsabilidad, según lo juzgasen oportuno, de los presidentes de los grupos de trabajo individuales.

6. *Acerca del establecimiento de Grupos de contacto intersesionales y Grupos de trabajo a distancia.*

(64)   Varias Partes expresaron su opinión en cuanto a que los GCI son una herramienta sencilla, económica y práctica, y que facilitan el trabajo intersesional. Destacaron también que los GCI han hecho posible la participación de todas las Partes en los debates relevantes para estas.

(65)   Algunas Partes mencionaron que era necesario fomentar una más amplia cultura de participación entre las Partes en los GCI. Se señaló sin embargo que el nivel de participación no determina necesariamente la utilidad del resultado, lo que quedó demostrado por el útil resultado de este GCI. También se señaló que era más fácil alcanzar un consenso al interior de los GCI que tienen un mandato práctico que en aquellos con un mandato político. Se sugirió que el coordinador del GCI facilitara una mayor participación en las GCI al invitar a otras Partes a desempeñarse como coordinadores conjuntos.

(66)   Otras sugerencias para mejorar el funcionamiento de los GCI fueron las siguientes: que la Reunión elabore términos de referencia claros basándose en la actual plantilla para GCI, y que el coordinador del GCI organice una reunión inicial al término de las RCTA, para coordinar el GCI en una etapa temprana del periodo intersesional; para establecer una lista de contactos de las Partes interesadas en participar en el GCI; y para elaborar un plan de trabajo que abarque el periodo intersesional.

(67)   Tras una sugerencia en cuanto a que la Secretaría debería ofrecer una actualización trimestral del trabajo en curso del GCI, el Secretario Ejecutivo aceptó informar trimestralmente a los jefes de delegaciones respecto de los GCI que estuviesen en curso.

7. *Contribuciones voluntarias de las partes no consultivas*

(68)   Uruguay se refirió al Artículo 4 de la Medida 1 (2003), que establece que el presupuesto de la RCTA se financia exclusivamente con las contribuciones

de las Partes Consultivas. Se señaló que dicha Medida establece también que las Partes Contratantes pueden realizar, en cualquier momento, una contribución voluntaria. Uruguay señaló la posibilidad de que las Partes No Consultivas desconociesen la opción de realizar contribuciones, y sugirió que se informara a dichas Partes de esta posibilidad, ya sea de manera oficial o mediante la adopción de un texto en el informe.

(69) La Reunión acogió con beneplácito la idea que las Partes No Consultivas realicen contribuciones. La Reunión también hizo hincapié en que la aceptación de contribuciones voluntarias implicaba cuestiones políticas, y que las Partes deberían reflexionar sobre la finalidad a la que servirían dichas contribuciones. La Reunión fue enfática en subrayar que cualquier acción tomada en este sentido no debería servir como un desincentivo a la participación en las RCTA de las Partes No Consultivas, ni tampoco debería desalentar la adhesión de nuevas Partes.

(70) La Reunión se refirió a las Normas 7.4 y 7.5 del Reglamento financiero de la Secretaría del Tratado Antártico. Varias Partes señalaron que podría crearse un fondo separado en virtud de las Normas 7.4 y 7.5. Señalaron que la escala esperada de contribuciones debería ser clara y que debería enfatizarse la naturaleza voluntaria de las contribuciones.

(71) Las Partes expresaron diversas posturas en relación con el nombre, el límite y el propósito del fondo separado. En relación con el artículo 6.2 (d) del Reglamento financiero, algunas Partes subrayaron que la RCTA debería definir claramente los límites y propósito de este fondo separado. Otras Partes señalaron sin embargo que los límites y propósito del fondo no debería limitar a las Partes No Consultivas que deseen contribuir.

(72) Algunas Partes sugirieron que las Partes no Consultivas podrían pagar al País anfitrión de una RCTA una cuota de admisión obligatoria, con la que se podrían cubrir en parte los costos de su participación. Algunas Partes no Consultivas expresaron su respaldo a esta idea, y señalaron que era algo que se practica en otras reuniones internacionales y que, a nivel nacional, tiene sentido en el aspecto administrativo. Otras Partes se mostraron reticentes a esta propuesta, planteando sus inquietudes acerca de la necesidad de una modificación del Reglamento Financiero, de la administración de dichas cuotas por el País anfitrión, y los problemas que se presentarían para identificar el número de delegados con mucha anticipación.

(73) Diversas Partes expresaron su inquietud en cuanto a la función de las contribuciones obligatorias realizadas por las Partes No Consultivas y a

la forma en que dichas contribuciones podrían afectar su paso al carácter consultivo y la apertura de la Reunión hacia las Partes Contratantes.

(74)   La Reunión tomó nota de que el asunto de las contribuciones voluntarias de las Partes No Consultivas era un tema complejo que requiere de mayor reflexión y análisis. Invitó a las Partes No Consultivas a continuar considerando las medidas que en el ámbito interno pudieran ser necesarias para avanzar en esta materia y a informar a la Reunión acerca de sus reflexiones. La Reunión expresó su intención de continuar con este debate durante la XXXIX RCTA e invitó a las Partes No Consultivas a expresar sus puntos de vista.

8. Sincronización de las reuniones de la RCTA y del CPA

(75)   La Reunión hizo hincapié en las ventajas de recibir el asesoramiento experto del CPA. Destacó además la importancia de encontrar formas flexibles para recibir el asesoramiento del CPA antes de debatir los temas relevantes al interior de la RCTA.

(76)   Diversas Partes sugirieron que, dado que el CPA es un órgano asesor de la RCTA, sería más lógico reunirse antes de las RCTA con el fin de evitar el debate simultáneo de los mismos temas en sesiones paralelas. Otras Partes señalaron la importancia de que la RCTA se realice al mismo tiempo que el CPA, habida cuenta de las conexiones entre el personal y las materias tratadas en ambas reuniones. El Secretario Ejecutivo señaló que el escalonamiento o la extensión de la Reunión podrían tener consecuencias financieras tanto para el País anfitrión como para la Secretaría.

(77)   La Reunión debatió además la posibilidad de que las RCTA se realicen cada dos años. Algunas Partes se opusieron a esta idea, recalcando la necesidad de que las Partes mantuvieran entre sí contacto regular.

(78)   Tras el debate, la Reunión decidió mantener el actual formato de ocho días para la RCTA que se celebrará en Chile en 2016. Este periodo incluiría además un día dedicado al simposio para celebrar el 25° aniversario del Protocolo del Medio Ambiente. Para la Reunión que se realizará en China en 2017, se ampliaría en un día la duración de la Reunión, llegando a nueve días en total, comenzando el trabajo del CPA el lunes de la primera semana y el de la RCTA el martes de la misma semana.

(79)   Noruega presentó el Documento de trabajo WP 44, *Un simposio para celebrar el 25° aniversario del Protocolo al Tratado Antártico sobre Protección del Medio Ambiente*, en representación del Reino Unido,

Australia, Chile, Francia y Nueva Zelandia. El documento destacó la eficacia del CPA como órgano asesor de la RCTA, y recordó también a la Reunión que el 25° aniversario del Protocolo al Tratado Antártico sobre Protección del Medio Ambiente estaba incluido en el Plan de trabajo quinquenal del CPA. El documento proponía un simposio para celebrar y analizar los logros en relación con la función del Protocolo como herramienta de un marco de trabajo para la protección del medioambiente en la Antártida así como también el foco para garantizar que el Protocolo pueda adecuarse a futuros cambios. En el documento se recomienda que esto debiera realizarse en conjunto con la XIX Reunión del CPA en 2016.

(80) La Reunión expresó su respaldo a la realización del simposio durante la próxima Reunión en Santiago, Chile, para celebrar el 25° aniversario del Protocolo al Tratado Antártico sobre Protección del Medio Ambiente. Diversas Partes observaron que el Protocolo sienta un buen precedente para otros foros internacionales.

(81) Las Partes consideraron que es importante que el simposio tenga visión de futuro y se concentre en el futuro del Protocolo, al tiempo que reflexione acerca de su implementación y logros hasta la fecha.

(82) La Reunión acordó establecer un GCI para que se desempeñe como Comité Directivo del Simposio para celebrar el 25° aniversario del Protocolo al Tratado Antártico sobre Protección del Medio Ambiente, con los siguientes Términos de referencia:

1. elaborar un programa para el Simposio que ofrezca una reflexión sobre el desarrollo, implementación y aplicación del Protocolo y que al mismo tiempo efectúe un balance de la protección del medioambiente de la Antártida en términos más generales;

2. invitar a expositores basándose en una equitativa representación geográfica y funcional;

3. considerar la participación en el simposio de un público más amplio, además de las Partes, Observadores y Expertos;

4. considerar una más amplia difusión, la que podría lograrse utilizando medios sociales;

5. considerar la publicación sobre el 25° Aniversario que está siendo preparada por el CPA y vincularla con el GCI establecido por el CPA con ese fin; y

6. ofrecer asesoría apropiada al País anfitrión de la XXXIX RCTA para la organización del simposio.

(83)   Se acordó además lo siguiente:

- Se invitará a los Observadores y Expertos que participen en la RCTA, así como también a los actuales y anteriores presidentes del CPA para que ofrezcan sus aportes al GCI;

- El Secretario Ejecutivo abriría el foro de la RCTA para el GCI y le proporcionaría apoyo; y

- Australia, Chile, Francia, Nueva Zelandia, Noruega y el Reino Unido serían los coordinadores e informarían en la próxima RCTA sobre lo expresado por las Partes y sobre los progresos logrados durante los trabajos del GCI.

(84)   A solicitud de la Reunión, el Reino Unido se refirió al Documento de trabajo WP 18, *Inspección de yates en virtud del Tratado Antártico y su Protocolo de Protección del Medioambiente*, que se presentó bajo el Tema del programa 11.

(85)   Las Partes agradecieron la sugerencia del Reino Unido de aclarar el Artículo VII (3) del Tratado Antártico. Al recordar el incidente ocurrido en la casa Wordie en 2012 (XXXIII RCTA, Documento de trabajo WP 25), las Partes expresaron su acuerdo en cuanto a que la presencia de yates sería un asunto constante en la zona del Tratado Antártico, y que sería conveniente una clara comprensión del alcance del Artículo VII (3). Algunas Partes recordaron además que, para el momento en que se aprobó el Artículo VII (3), no había presencia de yates en la zona del Tratado Antártico, y que no es clara la definición sugerida para el término "yate". Las Partes consideraron además que sería conveniente un régimen más robusto que reglamente la actividad de los yates, y que el Documento de trabajo WP 25 constituye una base útil para el debate. En respuesta a un comentario, el Reino Unido confirmó que no había propuesto inspecciones durante la navegación.

(86)   Algunas Partes consideraron que una Medida como la que se proponía en el Documento de trabajo WP 18, no sería lo adecuado, ya que podría ser visto como una reinterpretación del Artículo VII, y en lugar de eso sugirieron adoptar una Resolución. Se enfatizó que cualquier método adoptado en esta materia necesitaría tomar en cuenta el Derecho del Mar y el Artículo VI del Tratado Antártico. Las Partes señalaron además la conveniencia de inspeccionar los yates.

(87)   La propuesta volvió a analizarse en el Tema del programa 11 (véase el párrafo 237).

(88)   La Secretaría presentó el Documento de Secretaría SP 8, *Recomendaciones operacionales sujetas a revisión*. Este documento se preparó en respuesta a

una solicitud de la XXXVII RCTA en torno a producir un documento relativo a las medidas sobre asuntos operacionales que hayan quedado obsoletas pero que seguían estando sujetas a revisión. La Reunión consideró los siguientes ocho asuntos operacionales:

- Rec. I-XII: Cooperación en los servicios postales;
- Rec. VII-7: Comunicaciones antárticas: intercambio continuo de información;
- Rec. VIII-7: Sistema cooperativo de transporte aéreo;
- Rec. X-3: Datos meteorológicos antárticos; Manual de telecomunicaciones;
- Rec. XII-2: Uso de los sistemas de telecomunicaciones antárticos;
- Rec XV-17: Emplazamiento de nuevas estaciones;
- Res. 1 (1997): Planes de continencia;
- Dec. 4 (2004): Lineamientos para la navegación.

(89) La Reunión agradeció a la Secretaría por sus esfuerzos y logros en completar su revisión plurianual de las recomendaciones operacionales sujetas a revisión basándose en el asesoramiento ofrecido por el COMNAP y otros organismos expertos relevantes (OMM, OHI, SCAR y la IAATO).

(90) La Reunión hizo notar que la Recomendación I-XII, *Cooperación en los servicios postales*, había quedado resuelta en la XXXVII RCTA (véase el Informe Final de dicha RCTA, párrafo 62), y que no consideraba necesaria ninguna otra acción con respecto a este punto.

(91) La Reunión estuvo además de acuerdo en que la Recomendación VIII-7, *Sistema cooperativo en el transporte aéreo,* ya no se encuentra vigente, ya que se había encomendado al COMNAP la realización del tipo de trabajo previsto en esta Recomendación. Las Partes confirmaron que los posibles beneficios que se obtendrían de un sistema cooperativo de transporte aéreo seguían siendo válidos, según lo acordado en la VIII RCTA. Por consiguiente, las Partes deberían continuar trabajando junto al COMNAP en la revisión de los programas científicos con el fin de identificar las formas en que los sistemas cooperativos de transporte aéreo podrían beneficiarlos. La Reunión aprobó la Resolución 1 (2015), *Sistemas cooperativos de transporte aéreo.*

(92) La Reunión acordó que la Recomendación VII-7 *Telecomunicaciones antárticas*: *intercambio de información continua*, había perdido su vigencia, aunque consideró que las disposiciones generales relativas al intercambio de información sobre equipos y métodos de comunicación entre los

programas antárticos nacionales seguían siendo válidas, y las alentó. La Reunión acordó también que la Recomendación XII-2, *Uso de los sistemas de telecomunicaciones antárticos*, está obsoleta, ya que es necesaria su actualización a fin de reflejar los importantes avances tecnológicos de los últimos 30 años. La Reunión aprobó la Resolución 2 (2015), *Sistemas tecnológicos de información y telecomunicaciones antárticos (ICTS)*.

(93)   La Reunión acordó que la Recomendación X-3, *Datos meteorológicos antárticos; Manual de telecomunicaciones*, ya no está vigente, puesto que sus disposiciones relativas a datos meteorológicos quedaron cubiertas por la Resolución 2 (2014) y que las demás disposiciones están obsoletas. La Reunión señaló que el COMNAP mantiene un manual sobre telecomunicaciones, llamado Manual para los operadores de telecomunicaciones antárticas (ATOM). La Reunión confirmó su respaldo al manual ATOM y alentó a los programas antárticos nacionales a informar con regularidad al COMNAP acerca de los cambios aplicados a sus prácticas de telecomunicación y a su información de contacto incluidos en el ATOM.

(94)   La Reunión acordó mantener la vigencia de la Recomendación XV-17, *Emplazamiento de nuevas estaciones*, teniendo presente que se interpretará a la luz de los desarrollos experimentados tras su aprobación, incluida la entrada en vigor del Protocolo sobre Protección del Medio Ambiente.

(95)   La Reunión acordó revocar la Resolución 1 (1997), *Medidas de respuesta ante emergencias y planificación de contingencia*, señalando que las medidas de respuesta ante emergencias y la planificación de contingencia siguen teniendo gran relevancia, y que ahora están cubiertas por el Protocolo sobre Protección del Medio Ambiente, en particular en el Artículo 15 y en el Anexo IV (Artículo 12), como también por los documentos sobre decisiones y orientaciones relacionadas que se han aprobado desde la entrada en vigor del Protocolo.

(96)   La Reunión acordó que los *Lineamientos para la navegación* habían perdido su vigencia, puesto que se incorporaron en el Código Polar de la OMI recientemente aprobado, cuya entrada en vigor se espera para el 1 de enero de 2017.

(97)   Como resultado de la aprobación de estas nuevas Resoluciones, y también debido a que algunas anteriores medidas de la RCTA fueron declaradas obsoletas, la Reunión aprobó la Decisión 2 (2015), *Medidas sobre asuntos operacionales designadas como no vigentes*.

Tema 6: Funcionamiento del Sistema del Tratado Antártico: Asuntos relacionados con la Secretaría

(98) El Secretario Ejecutivo presentó el Documento de Secretaría SP 2, *Informe de la Secretaría 2014/2015*, en el que entregó información acerca de las actividades realizadas por la Secretaría durante el Ejercicio financiero correspondiente a 2014/2015 (1 de abril de 2014 al 31 de marzo de 2015). Al referirse al 10° aniversario del establecimiento de la Secretaría del Tratado Antártico, destacó los logros de la Secretaría en su apoyo al Sistema del Tratado Antártico, en la confección de los informes finales de la RCTA y del CPA, y en facilitar el intercambio de información entre las Partes en el transcurso de la última década.

(99) Señaló además que las actividades de la Secretaría durante 2014/2015 se centraron en dar respaldo a la organización de la XXXVII RCTA, en coordinar junto a Bulgaria la XXXVIII RCTA, en introducir mejoras en el intercambio de información, y en continuar los esfuerzos de la Secretaría relativos a la recolección de documentos. El Secretario Ejecutivo señaló que no se habían producido cambios en el personal de la Secretaría durante el periodo 2014/2015.

(100) El Secretario Ejecutivo presentó luego el Documento de Secretaría SP 3, *Programa de la Secretaría para 2015/2016*, que reseñaba las actividades propuestas para la Secretaría para el Ejercicio financiero 2015/2016 (1 de abril de 2015 al 31 de marzo de 2016). Destacó la solicitud de la Secretaría de reclasificar el puesto del Editor de la ATS desde el nivel salarial G3 a G2, y de crear un puesto de tiempo parcial destinado a personal de aseo.

(101) El Secretario Ejecutivo presentó además el Documento de Secretaría SP 4, *Perfil presupuestario quinquenal prospectivo 2015-2019*, en el que se presentó el perfil presupuestario de la Secretaría para el periodo 2015 a 2019, y señaló que dicho perfil presupuestario permitía un aumento nominal nulo en las contribuciones hasta 2019/2020.

(102) El Secretario Ejecutivo hizo notar a la Reunión la necesidad de comenzar a considerar la planificación para contratar a un nuevo Secretario Ejecutivo, ya que su contrato concluiría en 2017.

(103) Ucrania presentó el Documento de trabajo WP 45, *Sobre el pago a plazos de las contribuciones de las Partes Consultivas a la Secretaría del Tratado Antártico*, que señalaba las actuales dificultades enfrentadas por ese país para

cumplir con sus responsabilidades relativas a contribuciones, y proponía un acuerdo de pago a plazos.

(104) Tras los debates sobre esta materia, se señaló que, según el Reglamento Financiero, no se impediría a las Partes morosas la participación plena en las RCTA. Las Partes señalaron además su confianza en cuanto a la capacidad de Ucrania de cumplir sus compromisos financieros una vez que el país haya resuelto sus actuales dificultades. La Reunión consideró que no era necesario introducir una enmienda en el Reglamento financiero.

(105) Tras nuevas deliberaciones, la Reunión aprobó la Decisión 3 (2015), *Informe, programa y presupuesto de la Secretaría.*

Tema 7: Plan de trabajo estratégico plurianual

(106) La Reunión consideró el Plan de Trabajo Estratégico Plurianual aprobado en la XXXVII RCTA (Documento SP 1). En el documento se consideró la forma de impulsar cada tema prioritario durante los próximos años, y la necesidad de eliminar algunas prioridades actuales y de agregar otras.

(107) La Reunión acordó la inclusión de una nueva prioridad relativa al turismo, reflejando con ello la intención de contar con un GCI sobre el Trabajo hacia el desarrollo de un enfoque estratégico en torno a la gestión ambiental responsable del turismo y las actividades no gubernamentales en la Antártida, y acordó además considerar el informe de dicho GCI durante la XXXIX RCTA. Tras considerar los resultados del taller sobre Educación y Difusión, la Reunión acordó agregar Educación y Difusión como asunto prioritario adicional en el Plan de Trabajo Estratégico Plurianual.

(108) Luego del debate, la Reunión aprobó la Decisión 4 (2015), *Plan de Trabajo Estratégico Plurianual para la Reunión Consultiva del Tratado Antártico.*

Tema 8: Informe del Comité para la Protección del Medio Ambiente

(109) Ewan McIvor, Presidente del Comité para la Protección del Medio Ambiente (CPA) presentó el informe de la XVIII Reunión del CPA. El CPA consideró 41 Documentos de trabajo y 45 Documentos de información. Además, se presentaron 4 Documentos de la Secretaría y 9 Documentos de antecedentes conforme a los temas del programa del CPA.

Deliberaciones estratégicas sobre el futuro trabajo del CPA (Tema 3 del programa del CPA)

(110) El Presidente del CPA informó que el Comité consideró dos documentos presentados por Nueva Zelandia, Australia, Bélgica, Noruega y el SCAR que informaban sobre la finalización del proyecto del Portal de Medioambientes Antárticos. El Comité había acordado recomendar a la RCTA lo siguiente: acoger la culminación del proyecto del Portal de Medioambientes Antárticos; expresar su respaldo al producto final; y reconocer la utilidad del Portal de Medioambientes Antárticos como una herramienta voluntaria que ayudaría a garantizar que el Comité se mantenga tan informado como sea posible acerca del estado de los medioambientes antárticos.

(111) La Reunión felicitó a los proponentes y al CPA por el trabajo realizado en el Portal de medioambientes antárticos. Señaló además que el Portal de medioambientes antárticos es una valiosa y práctica herramienta tanto para el CPA como para la RCTA.

(112) Al aceptar el asesoramiento del CPA, la Reunión aprobó la Resolución 3 (2015): *El Portal de Medioambientes Antárticos.*

(113) El Presidente del CPA informó que el Comité había debatido sobre la posible organización de un Simposio conmemorativo celebrado conjuntamente por la RCTA y el CPA durante la Reunión del CPA en 2016. El Comité había señalado que la RCTA consideraría también la propuesta y que había aceptado asesorar a la RCTA en cuanto a que el 25° aniversario del Protocolo es un hito que ofrece una ocasión oportuna, pertinente y deseable para centrarse en el Protocolo sobre Protección del Medio Ambiente como el marco de gestión del medioambiente para la Antártida, y que un simposio sería un vehículo práctico y apropiado para lograrlo.

(114) El Comité había acordado recomendar a la RCTA que dicho simposio conmemorativo debería realizarse en conjunto con la XIX Reunión del CPA y la XXXIX RCTA en Chile, posiblemente el día sábado inmediatamente posterior la reunión del CPA.

(115) El CPA había acordado recomendar el establecimiento de un Comité directivo compuesto por representantes de los países proponentes, otros Miembros interesados, incluyendo posiblemente a los anteriores presidentes del CPA. Este comité directivo podría seguir desarrollando el programa del simposio, considerando, según corresponda, las ideas propuestas por los Miembros del CPA en relación con las posibilidades asociadas a su alcance, a la forma de equilibrar presentaciones y presentadores y a su marco presupuestario.

El comité directivo puede considerar los mecanismos para garantizar una oportunidad para que las Partes le brinden asesoría sobre el desarrollo del programa del simposio durante el período intersesional.

(116) Varias Partes brindaron su apoyo a las recomendaciones del CPA y respaldaron enérgicamente la idea de llevar a cabo un simposio para celebrar el 25° aniversario del Protocolo al Tratado Antártico sobre Protección del Medio Ambiente. Las Partes pusieron de relieve la importancia de considerar los futuros desafíos y de reflexionar sobre lo que se ha logrado, así como de crear diversidad, tanto en la composición del Comité Directivo como en la selección de los presentadores del Simposio. La Reunión agradeció el asesoramiento del CPA, el cual, según señaló, constituiría la base de información para la posterior consideración del simposio propuesto.

(117) El Presidente del CPA informó además que el Comité había considerado un informe presentado por Argentina sobre los debates intersesionales relativos a una publicación en ocasión del 25° aniversario del Protocolo de Madrid, y que había establecido un grupo de contacto intersesional (GCI) a cargo de elaborar una publicación que se sometería a la consideración de la XIX Reunión del CPA. El Presidente del CPA señaló además que el Comité había actualizado su Plan de trabajo quinquenal, y que había acordado que, en las futuras reuniones, el plan de trabajo fuese presentado en un Documento de Secretaría junto con el Plan de trabajo de la RCTA.

Funcionamiento del CPA (Tema 4 del programa del CPA)

(118) El Presidente del CPA informó que el Comité había considerado un informe presentado por Australia sobre el GCI a cargo de la revisión de los requisitos de intercambio de información. El Comité había aceptado ofrecer asesoramiento adicional a la RCTA, según corresponda, sobre los requisitos de intercambio de información relativos a asuntos medioambientales.

(119) El Comité había señalado que la XXXVII RCTA había actualizado su plan de trabajo estratégico plurianual a fin de incluir una prioridad relativa al "fortalecimiento de la cooperación entre el CPA y la RCTA", y que había analizado las posibilidades de mejorar aún más su relación de trabajo con la RCTA.

(120) El Comité había acogido de buen grado la prioridad asignada por la RCTA de considerar su relación con el CPA, y había alentado a la RCTA a proporcionar sus comentarios acerca de las oportunidades de mejorar su método de

proporcionar asesoramiento, incluida la de alinearse más estrechamente con las prioridades de la RCTA.

(121) La Reunión puso de relieve la importancia de la relación entre el CPA y la RCTA, y agradeció el asesoramiento del CPA. Subrayó la clarísima manera en que el asesoramiento del CPA a la RCTA había sido expuesto por el Presidente del CPA, y expresó que esta era una manera de facilitar un mejor intercambio de información entre el CPA y la RCTA. Señaló además que la RCTA debería ser proactiva y sistemática en solicitar el asesoramiento del CPA, y mencionó su Plan de trabajo estratégico plurianual como una herramienta para lograrlo.

Cooperación con otras organizaciones (Tema 5 del programa del CPA)

(122) El Presidente del CPA informó que el Comité había recibido los informes anuales del COMNAP, el CC-CRVMA y el SCAR, y que había designado a representantes del CPA para asistir a las reuniones de otras organizaciones.

(123) El Comité había considerado además un documento presentado por Estados Unidos y el Reino Unido, en el que se informaba sobre la evolución, durante el periodo intersesional, de la planificación de una segunda reunión conjunta entre el CPA y el CC-CRVMA en 2016. El Comité había acordado que el calendario más conveniente para los miembros del CPA sería justo antes a la reunión de la RCTA y del CPA en Chile y, reconociendo que esto podría ser menos conveniente para los participantes del CC-CRVMA, había expresado su acuerdo en que debían explorarse los mecanismos para su participación de manera remota.

Reparación y remediación del daño ambiental (Tema 6 del programa del CPA)

(124) El Presidente del CPA informó que el Comité había aceptado ofrecer, según corresponda, un mayor asesoramiento a la RCTA respecto del tema de la reparación y remediación del daño al medioambiente.

(125) El Comité había considerado un documento presentado por Brasil y Argentina, en el que se informaba acerca de sus enfoques hacia el riesgo ambiental y la remediación en la Antártida, y que: había reconocido la conveniencia de los resultados y conclusiones de los talleres bilaterales y multilaterales para permitir un intercambio más exhaustivo de puntos de vista y experiencias; había alentado a los programas antárticos nacionales a cooperar en los asuntos relativos a la remediación; y había alentado a los

Miembros y Observadores para que incluyeran sus experiencias en el Manual sobre Limpieza de la Antártida.

(126) La RCTA agradeció el trabajo del CPA sobre reparación y remediación, incluido su trabajo de ampliar el Manual sobre Limpieza. La Reunión continuó destacando que este trabajo resultaba práctico para sus deliberaciones sobre responsabilidad por el daño al medioambiente. En este sentido, el Reino Unido alentó al CPA a proporcionar a la RCTA ejemplos de casos de reparación y remediación, incluyendo su costo si fuera posible.

Implicaciones del cambio climático para el medio ambiente: enfoque estratégico (Tema 7 del programa del CPA)

(127) El Presidente del CPA señaló que el Comité había considerado un documento preparado por el Reino Unido y Noruega sobre el GCI para desarrollar un Programa de Trabajo de Respuesta al Cambio Climático (CCRWP, por sus siglas en inglés) para el CPA, el cual había sido aprobado con algunas modificaciones menores. El Comité también había reconocido la importancia de obtener el máximo de participación y compromiso con relación a este tema, y la importancia de implementar el CCRWP.

(128) El Presidente del CPA informó que el Comité había acordado remitir a la RCTA un borrador de Resolución manifestando su intención de implementar el CCRWP como asunto prioritario. Acogiendo el asesoramiento del Comité, la Reunión aprobó la Resolución 4 (2015), *Programa de Trabajo de Respuesta al cambio climático del CPA.*

(129) El Presidente del CPA informó que el Comité había considerado un documento presentado por Estados Unidos y Australia, donde se recomendaba a las Partes que considerasen la importancia de las observaciones y de la elaboración de modelos en el Océano Austral para comprender el cambio climático, y la necesidad de la cooperación y la inversión internacional en esta área. El Comité había señalado que el documento sería considerado también por la RCTA.

(130) El Comité había acordado informar a la RCTA que había tomado nota de la relevancia de los asuntos analizados en el Documento de trabajo WP 39 para el taller del CPA y el CC-CRVMA propuesto, y también para las acciones identificadas en el CCRWP para respaldar y emprender un trabajo colaborativo a largo plazo de seguimiento de cambios del medio ambiente antártico, y que había refrendado las recomendaciones formuladas en dicho documento.

(131) La RCTA agradeció el enfoque del Comité en las implicaciones del cambio climático para el medioambiente antártico, y señaló la importancia de la cooperación y colaboración científica internacional en las observaciones y el modelamiento del clima.

(132) El Presidente del CPA señaló que el Comité había considerado además un documento presentado por el Reino Unido y la República Checa, donde se informaba que la aplicación de la herramienta de planificación de la conservación RACER (Evaluación rápida de la resiliencia del ecosistema que rodea al Ártico) en la isla James Ross había identificado rasgos clave con probabilidad de sobrevivir en diferentes escenarios climáticos. El Comité había expresado su deseo de recibir más información acerca de una propuesta para designar una ZAEP compuesta por varios sitios en la isla James Ross.

Evaluación del impacto ambiental (EIA) (Tema 8 del programa del CPA)

Proyectos de evaluación medioambiental global

(133) El Presidente del CPA informó que el Comité había considerado un documento presentado por Italia, en el que se informaba sobre los progresos realizados por ese país en la preparación de un proyecto de CEE para la construcción y operación propuestas de una pista de aterrizaje de grava en las cercanías de la estación Mario Zucchelli. Algunos miembros habían expresado su deseo de recibir más información sobre algunos asuntos, según lo identificado en el Informe Final de la XVIII Reunión del CPA, y el Comité había alentado a todos los miembros que pudieran estar interesados a proporcionar más comentarios a Italia mientras continuaba la preparación de su proyecto formal de CEE.

(134) Además, el Comité había acogido de buen grado un Documento de información presentado por Belarús, donde se presentaba la CEE final para la construcción y operación de una nueva estación científica en el monte Vechernyaya, tierra de Enderby. Belarús agradeció cálidamente al CPA y a sus Miembros por ofrecer sus comentarios respecto de esta CEE. Belarús puso de relieve el espíritu de trabajo de equipo producido por el informe, el cual se utilizaría de manera activa de acuerdo a lo señalado por ese país.

Otros asuntos relacionados con la evaluación del impacto ambiental

(135) El Presidente del CPA informó que el Comité había considerado un informe presentado por Australia y el Reino Unido sobre el GCI a cargo de la Revisión de los Lineamientos para la Evaluación de impacto ambiental en la Antártida, y que había refrendado los términos de referencia para la continuación del GCI, el cual sería dirigido por Australia y el Reino Unido, que tenía como fin proporcionar un informe final en la XIX Reunión del CPA.

(136) El Comité había acordado informar a la RCTA que su revisión de los Lineamientos para la evaluación de impacto ambiental en la Antártida: incorporaría lineamientos nuevos o adicionales para enfatizar la importancia de temas clave; reflejaría procedimientos y recursos nuevos y revisados del CPA para la evaluación de impacto ambiental; e incluiría referencias a otros lineamientos y recursos pertinentes. El proceso de revisión también identificaría asuntos más amplios relativos a políticas generales relacionadas con la evaluación de impacto ambiental, entre estos, los impactos acumulativos y la reparación y remediación del medioambiente. El informe final de la revisión se presentaría en la XIX Reunión del CPA y es probable que sea de interés para la RCTA.

(137) El Presidente del CPA informó además que el Comité había considerado varios documentos sobre el uso de vehículos aéreos no tripulados (UAV, por sus siglas en inglés) en la Antártida, señalando que algunos de los documentos se habían presentado también en la RCTA. El Comité había centrado su debate en los aspectos medioambientales de dicha actividad, si bien había señalado la importancia de considerar además los riesgos para la seguridad asociados, aspecto que sería considerado más en profundidad por la RCTA y el COMNAP.

(138) El Comité había reconocido los beneficios de elaborar orientaciones sobre los aspectos medioambientales del uso de UAV en la Antártida, y había acordado que en la XIX Reunión del CPA consideraría iniciar los trabajos para elaborar dichas orientaciones.

(139) La Reunión felicitó al Comité por la atención prestada al asunto emergente de los UAV, y destacó la necesidad de continuar la investigación de los efectos del uso de UAV en el medioambiente antártico.

Protección y gestión de zonas (Tema 9 del programa del CPA)

Planes de gestión

(140) El Presidente del CPA informó que el Comité había considerado los documentos en los que se presentaban 17 planes de gestión revisados para ZAEP y un plan de gestión revisado para una ZAEA.

(141) El Comité había agradecido al Grupo Subsidiario de Planes de Gestión (GSPG) por su trabajo, y había manifestado su acuerdo en que durante el próximo periodo intersesional el grupo continuaría su revisión de cinco proyectos de plan de gestión de ZAEP revisados, y que iniciaría los trabajos para elaborar orientaciones para determinar si una zona debería designarse como ZAEA.

(142) El Comité había agradecido también a China por su informe sobre los debates intersesionales acerca de su propuesta para designar una nueva ZAEA en el Domo A, y que había acogido la oferta de ese país de conducir nuevos debates intersesionales informales sobre la propuesta de ZAEA.

(143) La Reunión reconoció el trabajo del CPA en la revisión de los planes de gestión de ZAEP y ZAEA como un buen ejemplo de los continuos esfuerzos del CPA para proporcionar a la RCTA un asesoramiento adecuado y oportuno. Agradeció además la forma y el modo en que se había proporcionado dicho asesoramiento.

(144) Siguiendo la recomendación del CPA, la Reunión aprobó las siguientes medidas sobre Zonas Protegidas:

- Medida 1 (2015), *Zona Antártica Especialmente Protegida N° 101 (Pingüinera Taylor, Tierra de Mac Robertson): Plan de gestión revisado.*

- Medida 2 (2015), *Zona Antártica Especialmente Protegida N° 102* (islas Rookery, bahía Holme, Tierra de Mac Robertson): Plan de gestión revisado.

- Medida 3 (2015), *Zona Antártica Especialmente Protegida N° 103, (isla Ardery e isla Odbert, costa Budd, Tierra de Wilkes, Antártida Oriental): Plan de gestión revisado.*

- Medida 4 (2015), *Zona Antártica Especialmente Protegida N° 104 (isla Sabrina, islas Balleny): Plan de gestión revisado.*

- Medida 5 (2015), *Zona Antártica Especialmente Protegida N° 105 (isla Beaufort, ensenada McMurdo, mar de Ross): Plan de gestión revisado.*

- Medida 6 (2015), *Zona Antártica Especialmente Protegida N° 106 (cabo Hallett, Tierra Victoria del Norte, mar de Ross): Plan de gestión revisado.*

- Medida 7 (2015), *Zona Antártica Especialmente Protegida N° 119 (Valle Davis y laguna Forlidas, macizo Dufek, montañas Pensacola): Plan de gestión revisado.*

- Medida 8 (2015), *Zona Antártica Especialmente Protegida N° 148 (monte Flora, bahía Esperanza, Península Antártica): Plan de gestión revisado.*

- Medida 9 (2015), *Zona Antártica Especialmente Protegida N° 152 (Oeste del estrecho de Bransfield/mar de la Flota): Plan de gestión revisado.*

- Medida 10 (2015), *Zona Antártica Especialmente Protegida N° 153 (Este de la bahía Dallmann): Plan de gestión revisado.*

- Medida 11 (2015), *Zona Antártica Especialmente Protegida N° 155 (Cabo Evans, isla Ross): Plan de gestión revisado.*

- Medida 12 (2015), *Zona Antártica Especialmente Protegida N° 157 (Bahía Backdoor, cabo Royds, isla Ross): Plan de gestión revisado.*

- Medida 13 (2015), *Zona Antártica Especialmente Protegida N° 158 (Punta Hut, Isla Ross): Plan de gestión revisado.*

- Medida 14 (2015), *Zona Antártica Especialmente Protegida N° 159 (Cabo Adare, costa Borchgrevink): Plan de gestión revisado.*

- Medida 15 (2015), *Zona Antártica Especialmente Protegida N° 163 (Glaciar Dakshin Gangotri, Tierra de la Reina Maud): Plan de gestión revisado.*

- Medida 16 (2015), *Zona Antártica Especialmente Protegida N° 164 (Monolitos Scullin y Murray, Tierra de Mac Robertson): Plan de gestión revisado.*

- Medida 17 (2015), *Zona Antártica Especialmente Protegida N° 168 (Monte Harding, montañas Grove, Antártida Oriental): Plan de gestión revisado.*

- Medida 18 (2015), *Zona Antártica Especialmente Administrada N° 2 (Valles Secos de McMurdo, Tierra de Victoria del Sur): Plan de gestión revisado.*

Sitios y Monumentos Históricos

(145) El Presidente del CPA informó que el Comité había considerado una propuesta formulada por Bulgaria para agregar la cabaña Lame Dog, St Kliment Ohridski, isla Livingston, a la lista de los Sitios y Monumentos

47

Históricos, y una propuesta formulada por la Federación de Rusia para agregar a la lista el tractor para nieve "Kharkovchanka". El Comité había respaldado las propuestas, señalando que las razones reseñadas en los respectivos documentos conforman la base para la designación propuesta, de conformidad con la Resolución 3 (2009).

(146) El Presidente del CPA señaló que el Comité había aceptado remitir ambas propuestas a la RCTA para su aprobación por medio de una Medida.

(147) Siguiendo la recomendación del CPA, la Reunión aprobó la Medida 19 (2015) *Lista revisada de Sitios y Monumentos Históricos Antárticos: Cabaña Lame Dog en la base búlgara St. Kliment Ohridski, isla Livingston, y Tractor para nieve "Kharkovchanka" que se utilizó en la Antártida desde 1959 a 2010.*

(148) El Presidente del CPA informó que el Comité había apoyado una sugerencia formulada por Noruega de dar inicio a más debates acerca de la designación de Sitios y Monumentos Históricos, en el sentido general, incluyendo el considerar las alternativas para la preservación en el lugar de los valores históricos, y de entregar orientaciones sobre el asunto de los posibles conflictos entre las disposiciones de los anexos III y V del Protocolo. El Comité había agradecido la oferta de Noruega de realizar los trabajos preparatorios para un debate sobre estas materias en ocasión de la XIX Reunión del CPA, y había señalado que sería conveniente solicitar la asesoría de organizaciones expertas tales como Comité Internacional del Patrimonio Polar (IPHC, por sus siglas en inglés).

(149) El Comité había acordado que las futuras propuestas de nuevas designaciones de SMH se dejen en espera hasta que se establezcan orientaciones adicionales sobre el asunto.

(150) El Presidente del CPA informó que el Comité había considerado además los documentos presentados por Nueva Zelandia sobre el Proyecto de restauración del patrimonio del Mar de Ross, y que había felicitado al Fondo Fiduciario para el Patrimonio Antártico de Nueva Zelandia por su completo trabajo de conservación de edificios y recolección de artefactos en las ZAEP 155, 157 y 158 en la isla Ross.

Protección y gestión del espacio marino

(151) El Presidente del CPA informó que el Comité había apoyado los principales resultados expuestos en un informe presentado por Bélgica acerca del GCI sobre "Valores sobresalientes" en el medio marino en virtud del Anexo V

del Protocolo, y que había establecido un nuevo GCI, que sería encabezado por Bélgica, para continuar el debate de estos asuntos.

Otros asuntos relacionados con el Anexo V

(152) El Presidente del CPA informó que el Comité había debatido sobre un documento presentado por Noruega en el que se proponía el establecimiento de un nuevo procedimiento de evaluación no obligatorio para las propuestas de ZAEP y ZAEA. Tras algunos comentarios formulados por los Miembros y de modificaciones menores en la redacción del documento, el Comité había concordado en aprobar las *Directrices: Un proceso de evaluación previa para la designación de ZAEP/ZAEA*.

(153) El Comité había alentado a los Miembros a utilizar dichas directrices en los futuros procesos de designación de ZAEP y ZAEA. El Comité había señalado que el procedimiento para una evaluación previa de ZAEP o ZAEA no debe aplicarse a las zonas ya propuestas como ZAEP o ZAEA.

(154) El Presidente del CPA informó que el Comité además había apoyado un documento presentado por Nueva Zelandia, España, el Reino Unido y Estados Unidos, donde se exponía el borrador de un Código de conducta para la realización de actividades en medioambientes geotérmicos terrestres en la Antártida. El Comité agradeció la oferta del SCAR de revisar el borrador de dicho Código en consulta con el COMNAP, y de volver a remitir una versión final para su consideración en la XIX Reunión del CPA.

(155) El Comité había considerado un informe presentado por Argentina sobre los resultados de un estudio relacionado con la protección de fósiles en la Antártida. El Comité había señalado el valor científico de los fósiles y la importancia de garantizar su protección, y había manifestado su acuerdo en considerar estas materias en una futura reunión.

Conservación de la flora y fauna antárticas (Tema 10 del programa del CPA)

Cuarentena y especies no autóctonas

(156) El Presidente del CPA informó que, en este tema del programa, el Comité había expresado su respaldo a una propuesta formulada por el Reino Unido, Francia y Nueva Zelandia de revisar el Manual sobre especies no autóctonas, y había establecido un GCI que sería dirigido por el Reino Unido, para dar inicio a dicha revisión.

(157) El Comité había considerado un documento presentado por Argentina que informaba sobre los estudios realizados para determinar la incidencia de especies no autóctonas introducidas a través de vías naturales. El Comité había señalado que tales asuntos podrían considerarse más adelante durante la revisión del Manual sobre especies no autóctonas.

Otros asuntos relacionados con el Anexo II

(158) El Presidente del CPA informó que el Comité había considerado los elementos del documento presentado por el SCAR sobre perturbación de la vida silvestre (Documento de trabajo WP 27) que no se había abordado en sus debates sobre UAV en el tema del programa 8b. Basándose en la información proporcionada por el SCAR, el Comité había mostrado su acuerdo en asesorar a la RCTA en cuanto a lo siguiente: las distancias de aproximación en las actuales directrices de la RCTA deberían reconsiderarse regularmente sobre la base de investigación científica emergente; al realizar operaciones en cercanías de la vida silvestre deberían recomendarse enfoques cautelares en cualquier circunstancia; y debería llevarse a cabo más investigación para garantizar que las decisiones de gestión se tomen sobre la base del mejor conocimiento disponible.

(159) La Reunión agradeció al CPA por su asesoramiento en relación con la perturbación de la vida silvestre y refrendó sus recomendaciones.

(160) El Presidente del CPA señaló también que el Comité había considerado un documento presentado por Australia, Nueva Zelandia, Noruega, el Reino Unido y Estados Unidos, que informaba sobre un análisis de las Áreas importantes para la conservación de las aves (AICA) en la Antártida, finalizado recientemente por Birdlife International. El Comité había reconocido el valor del informe sobre AICA, el cual tiene considerable relevancia para sus deliberaciones sobre la protección y gestión de la Antártida. El Comité había acordado remitir a la RCTA un borrador de Resolución sobre las Áreas importantes para la conservación de las aves en la Antártida para su aprobación.

(161) Siguiendo la recomendación del CPA, la Reunión aprobó la Resolución 5 (2015), *Áreas importantes para la conservación de las aves en la Antártida*.

(162) Australia, en su carácter de Gobierno Depositario del ACAP, y sede de la Secretaría del Acuerdo, señaló que, guardando la coherencia con la Resolución, sometería el informe AICA a la atención del ACAP.

Informes sobre inspecciones (Tema 12 del programa del CPA)

(163) El Presidente del CPA informó que bajo este tema del programa el Comité había considerado un documento que informaba sobre las inspecciones conducidas por el Reino Unido y la República Checa, y que había acogido las observaciones del equipo de inspección en relación con el nivel generalmente alto de conciencia respecto de las disposiciones del Protocolo sobre Protección del Medio Ambiente, además de los notables ejemplos de prácticas recomendables.

Elección de autoridades (Tema 14 del programa del CPA)

(164) El Presidente del CPA informó que el Comité había reelegido a Polly Penhale (Estados Unidos) para desempeñarse durante un segundo período como vicepresidente del CPA, y que había felicitado a la Sra. Penhale por su designación en el cargo.

Preparativos para la XIX Reunión del CPA (Tema 15 del programa del CPA)

(165) El Presidente del CPA señaló que el Comité había aprobado un Programa preliminar para la XIX Reunión del CPA. Con objeto de reflejar los debates sostenidos en el Tema 7 del programa, el Comité había modificado dicho tema del programa para la XIX Reunión del CPA hacia el de "Implicaciones del cambio climático en la gestión del medio ambiente antártico", y había agregado dos subtemas "7a. Enfoque estratégico", y "7b. Implementación y examen del Programa de trabajo de respuesta al cambio climático".

(166) La Reunión agradeció a Ewan McIvor por su excelente liderazgo y por garantizar que el asesoramiento del CPA a la RCTA se proporcionara de una forma clara y completa. Reconoció además el extenso y valioso trabajo del CPA y la importancia de garantizar que el asesoramiento del CPA pudiera considerarse e incorporarse de manera oportuna en las deliberaciones de la RCTA.

Tema 9: Responsabilidad: Aplicación de la Decisión 4 (2010)

(167) Estados Unidos, como Gobierno Depositario del Tratado Antártico y su Protocolo al Tratado Antártico sobre Protección del Medio Ambiente, informó que 12 Partes Consultivas habían comunicado su aprobación del Anexo VI (Documento de información IP 40).

(168) Las Partes ofrecieron información actualizada sobre el estado de su ratificación del Anexo VI, y sobre la implementación de este Anexo en su legislación nacional. De entre las Partes que han aprobado el Anexo VI (Australia, Finlandia, Italia, los Países Bajos, Nueva Zelandia, Noruega, Perú, Polonia, Sudáfrica, España, Suecia y el Reino Unido) y / o que han aprobado las medidas legislativas necesarias para su implementación (Federación de Rusia), cinco informaron que la implementación del Anexo VI en su legislación nacional se encontraba a la espera de la entrada en vigor del Anexo VI (Finlandia, Países Bajos, Noruega, la Federación de Rusia y Suecia).

(169) La mayoría de las demás Partes informaron encontrarse en proceso de implementar el Anexo VI en su legislación nacional. Algunas Partes informaron sobre trabajo intersesional que habían completado, entre ellas Japón, que había realizado un completo estudio sobre su implementación nacional. Diversas Partes indicaron que la implementación podría completarse en el curso del actual periodo legislativo. Algunas Partes informaron sobre la realización de consultas entre ministerios y con la industria.

(170) La Federación de Rusia presentó el Documento de trabajo WP 33, *Sobre los problemas en la aprobación del Anexo VI sobre "Responsabilidad emanada de emergencias ambientales" del Protocolo al Tratado Antártico sobre Protección del Medio Ambiente*. Expresando su inquietud con respecto de la general falta de progresos realizados con respecto a la entrada en vigor del Anexo VI, este documento proponía encomendar a la Secretaría que realice un seguimiento del estado de la aprobación del Anexo VI por aquellas Partes Consultivas que aún no han completado el proceso de aprobación.

(171) Nueva Zelandia presentó el Documento de trabajo WP 36, *Anexo VI al Protocolo al Tratado Antártico sobre Protección del Medio Ambiente: Próximos pasos,* preparado conjuntamente con los Países Bajos, Finlandia y Suecia. El documento recomendaba que la RCTA aprobara una decisión para abordar el mandato de la Decisión 4 (2010) en cuanto a que se considere reanudar las negociaciones sobre los aspectos relativos a la responsabilidad, de conformidad con el Artículo 16 del Protocolo. Asimismo, alentaba a las Partes que aún no han aprobado la Medida 1 (2005) a entregar información a la Secretaría con objeto de informar un debate centrado en los progresos, durante la XXXIX RCTA.

(172) La Reunión agradeció a la Federación de Rusia, Nueva Zelandia, los Países Bajos, Finlandia y a Suecia por sus documentos. Identificó dos importantes asuntos planteados por los Documentos de trabajo WP 33 y WP 36, a saber,

los avances en el proceso de aprobación y entrada en vigor del Anexo VI al Protocolo; y el abordaje de la Decisión 4 (2010) sobre el establecimiento de un marco temporal para reanudar las negociaciones, de conformidad con el Artículo 16 del Protocolo.

(173) La Reunión expresó su acuerdo en realizar un seguimiento de la implementación del Anexo VI. Algunas Partes consideraron que no sería apropiado o recomendable que la Secretaría recolecte o solicite información sobre la implementación del Anexo VI.

(174) Las Partes que ya han aprobado el Anexo VI al Protocolo, así como también aquellas que lo han implementado o que se encuentran en proceso de su implementación en su legislación nacional, ofrecieron compartir sus experiencias con las demás Partes.

(175) Algunas Partes sugirieron que era importante priorizar la entrada en vigor del Anexo VI antes de centrarse en los debates complementarios relativos a un régimen integral de responsabilidades. Algunas Partes expresaron su opinión en cuanto a que en la reunión del próximo año no se requerirían debates adicionales centrados en la materia.

(176) Señalando que existían otros mecanismos desarrollados para abordar la reparación y remediación del daño ambiental, la Reunión acordó invitar a la próxima RCTA, a través del Secretario Ejecutivo, a un representante de los Fondos Internacionales de Indemnización de daños debidos a la contaminación por hidrocarburos (FIDAC) como uno de los expertos asistentes. La Reunión señaló que este experto podría compartir sus experiencias acerca del funcionamiento de los fondos del FIDAC, las ventajas y desventajas asociadas, y la forma en que esto difiere del mecanismo previsto en virtud del Anexo VI.

(177) Tras el debate, la Reunión aprobó la Decisión 5 (2015), *Responsabilidad derivada de emergencias ambientales*.

Tema 10: Seguridad y operaciones en la Antártida

Asuntos relativos a aeronaves

(178) El SCAR presentó el Documento WP 27 *Distancias de aproximación a la vida silvestre en la Antártida*, y se refirió al Documento de antecedentes BP 22 *A meta-analysis of human disturbance impacts on Antarctic wildlife*. El Documento de trabajo WP 27 se preparó en respuesta a la solicitud de la XVII

Reunión del CPA y consideró más de 60 estudios de investigación realizados sobre 21 especies. El meta análisis indicó que las perturbaciones humanas tienen un impacto negativo importante sobre la vida silvestre antártica. En el caso de los campamentos y los UAV, el SCAR señaló que actualmente existe poca evidencia científica sobre la naturaleza o el alcance de su impacto sobre la vida silvestre antártica. El SCAR también señaló que hay investigaciones en curso a nivel mundial que contribuirán a una mejor comprensión del impacto de los UAV sobre la vida silvestre, las que también podrán ser útiles para diseñar políticas antárticas en esta materia. El SCAR recomendó que el CPA: aliente a los Miembros a realizar investigaciones adicionales con el fin de apoyar el establecimiento de directrices sobre la base de pruebas en cuanto a las distancias de aproximación a la vida silvestre en la Antártida; aliente a los Miembros que usan UAV cerca de concentraciones de vida silvestre a que apoyen la investigación sobre el impacto de los UAV; y aliente a los Miembros para que consideren evitar el lanzamiento de UAV a una distancia menor a 100 metros de vida silvestre y consideren evitar su aproximación vertical hasta que haya disponible información específica sobre la Antártida.

(179) El COMNAP presentó el Documento de trabajo WP 22, *Uso de UAV en la Antártida: riesgos y beneficios,* en el que presentó las ventajas prácticas de uso de UAV por los programas antárticos nacionales en respaldo a la ciencia, las operaciones y la logística. El COMNAP indicó que son claras las ventajas del uso de esta tecnología en la Antártida, incluidas sus ventajas para la seguridad de la vida humana y el apoyo a la investigación científica. De acuerdo a lo sugerido por una de las recomendaciones formuladas en el documento, los programas antárticos nacionales y demás operadores en la región antártica deberían hacer todos los esfuerzos posibles por recopilar y compartir información sobre el uso de UAV en la zona del Tratado Antártico y compartirla de manera abierta para agilizar la elaboración de directrices, normas y recomendaciones sobre la base de pruebas, según sea necesario. El COMNAP señaló además que en su próxima reunión general anual, en agosto de 2015, realizaría una sesión sobre UAV.

(180) La IAATO presentó el Documento de información IP 88, *IAATO Policies on the use of unmanned aerial vehicles (UAVs) in Antarctica.* La IAATO señaló que, tras la 26ª reunión de la IAATO, en Rotterdam, se implementaron nuevas directivas relacionadas con el uso de UAV y se plantearon las experiencias de los operadores, incluida una prohibición de su uso con fines recreativos en zonas costeras. La IAATO informó sobre los criterios bajo los cuales aceptaría el uso generalizado de UAV por parte de sus miembros. La IAATO destacó además que sus miembros habían acordado considerar la información relativa a los requisitos legales para

el uso de UAV, operaciones aéreas y pilotaje de UAV, restricciones a los vuelos, restricciones medioambientales y mantención de registros.

(181) La Reunión agradeció al SCAR, al COMNAP, a la IAATO y a Estados Unidos por la presentación de sus documentos. Al considerar estas contribuciones, las Partes formularon una serie de ideas y asuntos relativos a las ventajas del uso de UAV en la Antártida; la importancia de considerar los riesgos asociados al uso de UAV con fines de logística y científicos; y sobre sus propias experiencias en el uso y normativas sobre UAV.

(182) En relación con las ventajas asociadas al uso de UAV en las actividades científicas, Francia señaló las dificultades asociadas al ingreso en las Zonas Especialmente Protegidas y el posible uso de UAV para reducir a un mínimo los impactos ambientales asociados a la observación científica. Francia sugirió además el uso de UAV con fines de logística, incluida la navegación en zonas cubiertas de hielo y la detección de grietas en las zonas costeras, y subrayó la importancia de directrices que rijan su uso. Al identificar el posible uso de UAV para transferir grandes cantidades de datos con mayor rapidez que mediante la comunicación satelital, Estados Unidos señaló que aún estaban por determinarse muchos de los posibles usos de los UAV. Las Partes reconocieron ampliamente el uso de UAV y las importantes ventajas que estos ofrecen.

(183) Muchas Partes pusieron de relieve los riesgos asociados al uso de UAV, y Argentina expresó su preocupación en cuanto a que ya se habían perdido algunos de estos aparatos en relación con actividades recreativas realizadas en la Antártida. Las Partes estuvieron de acuerdo con el SCAR en cuanto a las importantes lagunas en la información científica en torno al uso de UAV, y respaldó las recomendaciones del COMNAP de intercambiar información en relación con el uso de UAV.

(184) Al informar sobre sus actividades con UAV, Argentina señaló que no utilizaba estos aparatos en las cercanías de poblaciones de pingüinos, tomando en cuenta la sugerencia de sus expertos en cuanto a que los pingüinos podrían confundir a los UAV con depredadores. Estados Unidos fue enfático en cuanto a que había prohibido el uso no controlado de UAV por su propio programa, y el Reino Unido informó sobre su completo programa de capacitación y cuidadoso seguimiento del uso de los aparatos. Otras Partes informaron a la Reunión que se encontraban en proceso de establecer directrices y normativas sobre los UAV.

(185) La Reunión expresó su respaldo general al uso de UAV, reconociéndolos como una importante herramienta para el futuro. Asimismo, expresó su

acuerdo en cuanto a que era necesaria más investigación. La Reunión agradeció los esfuerzos del COMNAP en esta materia, y expresó su interés en considerar las próximas directrices del COMNAP sobre el uso de UAV.

(186) Australia sugirió que la Reunión podría desear considerar programar, en el Plan de trabajo estratégico plurianual, un futuro debate sobre los desarrollos relativos a los UAV. Este podría realizar una nueva evaluación de la situación actual a la luz del asesoramiento de organismos tales como la IAATO, el COMNAP, el CPA y el SCAR, y considerar toda respuesta futura y los próximos pasos a seguir por la RCTA.

(187) También se presentaron los siguientes documentos, los que se consideraron como presentados en este tema:

- Documento de información IP 55, *Antarctic Flight Information Manual (AFIM)* (COMNAP). En este documento se proporcionó una actualización de los progresos en el cambio de formato del Manual de información sobre vuelos antárticos (AFIM) hacia un producto electrónico.

- Documento de información IP 82, *A risk-based approach to safe operations of unmanned aircraft systems in the United States Antarctic Program (USAP)* (Estados Unidos). El documento brindó información sobre el uso que hace el Programa Antártico de Estados Unidos de los sistemas aéreos no tripulados (UAS, por sus siglas en inglés); sobre las directrices operacionales y sobre una evaluación de riesgos en la operación de UAS realizada por la Fundación Nacional de Ciencias para validar y servir de base para la actualización de sus directrices.

- Documento de información IP 83, *Guidance on unmanned aerial system (UAS) use in Antarctica developed for applications to scientific studies on penguins and seals* (Estados Unidos). El Documento presentó las lecciones aprendidas por Estados Unidos en su operación de UAV en la Antártida, y describió el trabajo realizado por el programa de Recursos Marinos Vivos Antárticos (RVMA) de ese país para adelantar el trabajo del programa de vigilancia del ecosistema de la CCRVMA mediante el uso de UAV en el estudio de focas y pingüinos, y describió la rigurosa capacitación y proceso de selección de UAV realizado antes de que comenzaran las operaciones en terreno. Estados Unidos presentó este documento como una práctica referencia para aquellos que consideren otorgar permisos para operaciones de UAV en la Antártida.

Búsqueda y salvamento

(188) Nueva Zelandia presentó el Documento de información IP 52, *Joint Search and Rescue Exercise in the Antarctic*. El documento proporcionó información

acerca de un ejercicio teórico de SAR antártico realizado en febrero de 2015. El ejercicio presentó componentes vivos con la intención de poner a prueba protocolos existentes, planes de contingencia y líneas de comunicación entre los buques en zozobra, el Centro de Coordinación de Rescates de Nueva Zelandia (RCCNZ) y la IAATO. Nueva Zelandia destacó las diferencias entre las operaciones de SAR en el Mar de Ross en comparación con aquellas realizadas en la Península Antártica. Señaló que la distancia entre los buques que requieren asistencia y la instalación de SAR más cercana probablemente fuera mayor en el Mar de Ross que en la Península Antártica.

(189) La IAATO señaló además que, aparte del evidente valor de la capacitación y puesta a prueba de los sistemas, estos ejercicios SAR con actores diversos de varias naciones eran extremadamente útiles para crear confianza y para comprender diferentes perspectivas, y que recibiría con beneplácito la oportunidad de trabajar en el futuro con otros Centros de Coordinación de Rescate (RCC) en ejercicios SAR.

(190) La Reunión agradeció a Nueva Zelandia y a la IAATO por la información y por la organización del ejercicio SAR. Estados Unidos señaló el considerable efecto y la mayor atención hacia SAR tras los trabajos del Grupo de Trabajo Especial sobre SAR realizados en la XXXVI RCTA.

(191) Argentina señaló la reciente aprobación de un acuerdo entre la CCRVMA y los cinco RCC de los países con responsabilidades de coordinación de SAR en la Antártida, los cuales permitieron que los RCC tuvieran acceso a información mucho más completa sobre la situación existente en sitios específicos de accidentes o incidentes.

(192) El COMNAP presentó el Documento de información IP 60, *COMNAP Search & Rescue Workshop III - Advance notice of workshop plans*, que proporcionaba información anticipada de sus planes previstos para realizar el III Taller de SAR del COMNAP en Valparaíso, Chile, en 2016. El taller tendría naturaleza práctica y técnica, y tendría como fin mejorar la eficacia de las actividades de SAR.

(193) La Reunión agradeció al COMNAP y reiteró su respaldo al taller. Chile confirmó su disponibilidad para organizar el taller, y la IAATO señaló su disposición a prestar su asistencia si fuese necesaria.

(194) Estados Unidos señaló que había prestado asistencia en la respuesta a una situación de emergencia declarada por el *FV Antarctic Chieftain*, que navegaba con bandera australiana en febrero de 2015 (Documento de

información IP 51). Australia agradeció y reconoció la asistencia de Estados Unidos en el incidente.

(195) También se presentaron los siguientes documentos, los que se consideraron como presentados en este tema:

- Documento de información IP 51, *Search and Rescue Incident: Antarctic Chieftain (2015)* (Nueva Zelandia). El documento informaba sobre las medidas adoptadas en respuesta a la situación de urgencia declarada por el *FV Antarctic Chieftain* que navegaba con bandera australiana en febrero de 2015.

- Documento de antecedentes BP 9, *Polish Sailing Yacht Accident at King George Island (Antarctic Peninsula)* (Polonia).

- Documento de antecedentes BP 11, *Vigésima Tercera Expedición Científica del Perú a la Antártida (ANTAR XXIII)* (Perú).

- Documento de antecedentes BP 16, *Desarrollo y aplicación de eco-materiales para un prototipo habitable de emergencia en la Antártida* (Ecuador).

- Documento de antecedentes BP 18, *Results of an Investigation into the Aircraft Incident Mount Elizabeth, Antártida on January 23, 2013* (Canadá).

Asuntos marítimos

(196) Alemania presentó el Documento de información IP 61, *Improving Sea Ice Information in Antarctica*. El documento informaba acerca de la 15ª reunión del Grupo de Trabajo Internacional sobre Cartografía de Hielos (IICWG) acerca de la "Información sobre el hielo en el Océano Austral: Situación, Desafíos, y el Futuro", que se llevó a cabo en Punta Arenas, Chile, entre el 20 y el 25 de octubre de 2014. Alemania hizo notar el compromiso de las organizaciones del Hemisferio Sur, las que habían proporcionado información sobre el hielo en las aguas antárticas. Los cinco países con responsabilidades de transmisión de información meteorológica en la Antártida (Metáreas antárticas) expresaron su acuerdo en producir un informativo sobre el borde de hielo circumpolar actualizado regularmente para su transmisión por el Sistema mundial de socorro y seguridad marítimos (SMSSM). Alemania se refirió luego a los progresos realizados en la producción conjunta de la Carta de hielos antárticos. El país invitó a las Partes a la próxima reunión del Grupo de Trabajo Internacional de Cartografía de Hielos (IICWG), que tendría lugar entre el 19 y el 23 de octubre de 2015 en Alemania.

(197) La ASOC presentó el Documento de información IP 113, *Next Steps for Vessel Management in the Southern Ocean*. El documento ofreció una actualización de las disposiciones y restricciones del Código Internacional

relativo a embarcaciones que operan en Aguas Polares (Código Polar). La ASOC informó que la Parte 1 del Código y las enmiendas asociadas al Convenio Internacional para la Seguridad de la Vida Humana en el Mar (SOLAS) habían sido aprobadas en noviembre de 2014, y que su entrada en vigor se esperaba para el 1 de enero de 2017. La ASOC informó a la Reunión que la segunda etapa del trabajo, que debe comenzar en 2016, se centraría en la inclusión de las disposiciones del Código Polar con aplicación a las embarcaciones no cubiertas por el convenio SOLAS. La ASOC señaló que antes del comienzo de los trabajos, se necesitaría información sobre la cantidad de tales embarcaciones no cubiertas por el convenio que operan en aguas polares, e informes de los accidentes e incidentes, incluidos aquellos que requirieron de intervenciones de búsqueda y salvamento desde 2010. La ASOC instó a las Partes a asistir de manera formal en la etapa 2 de la elaboración de un Código Polar obligatorio mediante sus contribuciones al ejercicio de recopilación de información mediante la entrega a la OMI de las copias de los documentos e informes de la RCTA que fueran relevantes.

(198) Las Partes agradecieron a la ASOC por la actualización, y algunas expresaron su respaldo al desarrollo de la etapa 2 del Código Polar, así como también a la entrega de la información necesaria a la OMI. Estados Unidos señaló que Nueva Zelandia, Sudáfrica e Islandia habían presentado un documento en la sesión de la OMI de junio de 2015, en el que solicitaba información sobre incidentes ocurridos en aguas polares.

(199) El Documento de información IP 56, *COMNAP Sea Ice Challenges Workshop* (COMNAP), se consideró presentado. El documento describió el Taller sobre los desafíos del hielo marino realizado en Hobart, Australia, en mayo de 2015. El objetivo del taller era el de abordar los desafíos que estas tendencias imponen a los programas antárticos nacionales e identificar y analizar posibles soluciones. Se prevé una publicación acerca de este taller.

(200) En referencia al Documento IP 56, Estados Unidos agradeció al COMNAP por el documento y señaló las ventajas del taller en cuanto a reunir las perspectivas operacionales de corto plazo y las climáticas de largo plazo, en relación con los pronósticos del hielo marino. Expresó su interés en la publicación sobre el informe del taller.

Hidrografía

(201) Colombia presentó el Documento de información IP 28 *Contribución de Colombia a la Seguridad Marítima en la Antártica*. El documento se refería

a su proyecto "Investigación Científica Marina para la Seguridad Marítima en la Antártica – 2014/2018", que implicaba la construcción de modelos de simulación de deriva de hielos y trayectoria de manchas de hidrocarburos derramadas en el mar. De conformidad con el Documento de trabajo WP 39, Colombia manifestó su deseo de colaborar con otras Partes utilizando los datos producidos durante su expedición. También expresó su deseo de acceder a los datos de modelos atmosféricos mencionados en el Documento de trabajo WP 39. El proyecto colombiano incluía además una nueva expedición hidrográfica para actualizar las cartas náuticas del estrecho de Gerlache. Colombia señaló que esta era una contribución a la hidrografía de un área en la cual previamente no había información disponible, y agradeció a Chile y al Reino Unido por su apoyo.

(202) Chile agradeció a Colombia por la información, y se refirió al respaldo provisto a ese país por Colombia a través de la expedición hidrográfica. Chile sugirió que una traducción al inglés de los documentos de información IP 26 e IP 28 habría facilitado a las Partes el análisis de estos documentos.

(203) Australia presentó el Documento de información IP 44 *Australia's Antarctic Hydrographic Surveys*. El documento recordó la Resolución 5 (2014) sobre cooperación en materia de levantamientos hidrográficos y cartográficos. Australia alentó además el enlace y la cooperación entre los programas antárticos nacionales y las oficinas hidrográficas nacionales para asistir en el cumplimiento de los objetivos de seguridad, operacionales, medioambientales y científicos en la Antártida.

(204) El Documento IP 33, *The role of the United Kingdom in charting the waters of the Antarctic* (Reino Unido) se consideró presentado. El documento resumía el reciente trabajo realizado por la Oficina Hidrográfica del Reino Unido, British Antarctic Survey, y la Armada Real.

(205) Nueva Zelandia se refirió a los documentos de información IP 33 e IP 44, y señaló que estaba emprendiendo una evaluación de riesgo hidrográfico del Mar de Ross y la costa de Nueva Zelandia, y que se proponía presentar los resultados de dicho trabajo en la XXXIX RCTA.

Otros asuntos

(206) Nueva Zelandia presentó el Documento de información IP 50, *Damage to the Observation Hill Cross (HSM 20)*, el cual informaba sobre los daños en la cruz del cerro Observation (SMH 20), y las medidas adoptadas en respuesta. Estas incluyeron una demanda a un miembro del servicio de Nueva Zelandia

por los daños a la cruz, al amparo de la Ley de Disciplina de las Fuerzas Armadas de 1971 (Ley AFDA). En opinión del Gobierno de Nueva Zelandia, el resultado de la demanda fue el apropiado, y al mismo tiempo entregaba un valioso mensaje al personal apostado en la base Scott en cuanto al significado de la cruz del cerro Observation y otros monumentos de la isla Ross.

(207) El Reino Unido elogió a Nueva Zelandia por las medidas tomadas en este asunto.

(208) También se presentaron los siguientes documentos, los que se consideraron como presentados en este tema:

- Documento de información IP 74, *Waste Water Management in Antarctica COMNAP Workshop* (COMNAP).El documento informaba sobre los avances del taller sobre gestión de aguas residuales en estaciones antárticas, realizado en Nueva Zelandia en agosto de 2014. El taller debatió sobre temas relativos a los sistemas de gestión de residuos que se estaban utilizando en las estaciones antárticas.

- Documento de Información IP 15 *Proposed routes for all-terrain vehicles based on impact on deglaciated area of James Ross Island* (República Checa). El documento informaba sobre el uso de vehículos todo terreno por primera vez por parte de una expedición checa durante la expedición de 2015 en apoyo de los campamentos en terreno, con el fin de entregar carga científica y técnica, y alimentos.

(209) En relación con este tema se presentaron también los siguientes documentos:

- Documento de antecedentes BP 2, *Cooperation Visit to Stations/ Bases Facilities in Antarctica* (Brasil).
- Documento de antecedentes BP 3, *XXXIII Brazilian Antarctic Operation* (Brasil).

Tema 11: Turismo y actividades no gubernamentales en la zona del Tratado Antártico

Revisión de las políticas sobre turismo

(210) Nueva Zelandia presentó el Documento de trabajo WP 24, *Aprobación de un enfoque estratégico hacia el turismo y las actividades no gubernamentales gestionadas de manera responsable con el medioambiente en la Antártida*, preparado conjuntamente con el Reino Unido, Noruega, y los Países Bajos. En su reconocimiento a los esfuerzos realizados por examinar las políticas sobre turismo en anteriores RCTA, este documento destacaba que es poco lo que se ha avanzado en la consolidación de este trabajo y en progresar

61

hacia la definición de prioridades para su futura deliberación. El documento reconocía que el turismo está en expansión en la Antártida y que sus actividades se están diversificando. Los proponentes alentaron a la Reunión a adoptar un enfoque proactivo y de largo plazo hacia la gestión del turismo y las actividades no gubernamentales en la Antártida, con el propósito de elaborar un programa de trabajo para desarrollar una visión estratégica de la gestión del turismo.

(211) Nueva Zelandia, el Reino Unido, Noruega y los Países Bajos recomendaron encomendar a la Secretaría con la revisión y resumen de todos los debates y documentos de la RCTA relativos a la adopción de los Principios Generales de 2009 y por consiguiente, de todos los aspectos del turismo antártico, incluida la identificación de preguntas y asuntos pendientes sobre el turismo antártico. Esto debería incluir aquellos documentos y debates sostenidos y presentados durante las sesiones del Grupo de Trabajo Especial sobre Autoridades competentes durante la XXXVIII RCTA. Debería solicitarse a la Secretaría que informe en la XXXIX RCTA (2016); que establezca un GCI tras los debates sostenidos en la XXXIX RCTA (2016) para identificar preguntas prioritarias y desarrollar un borrador de programa de trabajo para su consideración en la XL RCTA (2017); y que integre las preguntas prioritarias convenidas en el Plan de Trabajo Estratégico Plurianual de la RCTA.

(212) La Reunión agradeció el documento a Nueva Zelandia, al Reino Unido, a Noruega y a los Países Bajos, y expresó su acuerdo en cuanto a la importancia de intentar crear una visión estratégica coherente para una gestión segura y responsable en lo medioambiental en la Antártida.

(213) Francia, con el respaldo de Canadá, mencionó que sería práctico elaborar un compendio de las actuales normativas sobre turismo aprobadas por la RCTA. Además de proporcionar una descripción general de las normativas, el compendio podría señalar también las deficiencias. Algunas Partes señalaron que la tarea más importante era determinar las prioridades, en particular aquellos temas específicos en los que habría que concentrarse en las futuras reuniones, sobre la base de los documentos de trabajo presentados con anterioridad a las reuniones.

(214) La ASOC agradeció a los copatrocinadores del Documento de trabajo WP 24, y señaló que desde los años 1960 el turismo ha sido un tema de debates de la RCTA, habiéndose progresado con la aprobación de la Resolución 7 (2009). La ASOC declaró también que en su opinión, ya era tiempo de pasar desde el pensamiento estratégico a la acción estratégica.

(215) En relación con el Documento de información IP 104 rev.1, *Towards a Comprehensive, Proactive and Effective Antarctic Tourism Policy: Turning Recommendations into Action,* presentado por India, y con otras síntesis existentes, algunas Partes sugirieron que la Reunión podría avanzar con el establecimiento de un GCI antes de la XXXIX RCTA.

(216) La Reunión solicitó a la Secretaría que revise todos los debates y documentos de la RCTA relativos a la adopción de los Principios generales de 2009 y por consiguiente, todos los aspectos del turismo antártico. Se solicitó a la Secretaría que durante la XXXIX RCTA presente un resumen de esta revisión, y que proporcione esta revisión para contribuir a los debates del GCI antes de la XXXIX RCTA. Este resumen incluiría la identificación de las preguntas y asuntos pendientes sobre el turismo antártico, incluidos aquellos surgidos durante las sesiones del trabajo del Grupo de Trabajo Especial sobre Autoridades Competentes de la XXXVIII RCTA. La Secretaría indicó que completaría la tarea solicitada a fines de septiembre de 2015.

(217) La Reunión acordó además establecer un GCI sobre Trabajo hacia el desarrollo de un enfoque estratégico en torno a la gestión ambiental responsable del turismo y las actividades no gubernamentales en la Antártida, el cual informaría a la XXXIX RCTA. El GCI tendrá los siguientes Términos de referencia:

1) Teniendo en cuenta el Documento de trabajo WP 24, y el Documento de información IP 104 rev.1 de la XXXVII RCTA, así como los Principios Generales del Turismo Antártico (2009), y a la luz de las recomendaciones existentes en el marco de la RCTA y del CPA, identificar preguntas prioritarias y deficiencias respecto del turismo antártico, sobre la base de los cuales se podría realizar en la XXXIX RCTA un debate centrado en la identificación de una cantidad limitada de preguntas prioritarias y deficiencias;

2) Al realizar esta tarea, los participantes del GCI deberán tener en cuenta, a título enunciativo y no limitativo:

   • Un resumen elaborado por la Secretaría según lo solicitado durante la XXXVIII RCTA;

   • Los resultados del Grupo de contacto intersesional de 2011/2012 "Preguntas pendientes" sobre Turismo antártico;

   • El Estudio sobre Turismo del Comité de Protección del Medio Ambiente (2012) y las acciones en curso para lograr avances en estas recomendaciones;

   • Los resultados del Grupo de Trabajo Especial sobre Autoridades Competentes (2015); y

> • Los documentos y recomendaciones existentes de la RCTA, el CPA y la RETA.
>
> 3) Informar ante la XXXIX RCTA.

(218) Se acordó además lo siguiente:

- Que los observadores y expertos que participan en la RCTA fuesen invitados a entregar sus contribuciones;
- Que el Secretario Ejecutivo abriría el foro de la RCTA para el GCI y le proporcionaría apoyo; y
- Que Nueva Zelandia e India desempeñarían en conjunto las funciones de coordinación.

(219) La Federación de Rusia presentó el Documento de trabajo WP 32, *Sobre las posibilidades de realizar el seguimiento del turismo aventura y las expediciones no gubernamentales en la Antártida*, que señalaba las inconsistencias en los requisitos para el otorgamiento de permisos entre las Partes y No Partes. Con relación a los recientes incidentes que requirieron de operaciones de búsqueda y salvamento, la Federación de Rusia llamó la atención sobre las actividades turísticas no oficiales asociadas al turismo de aventura y a las actividades de las organizaciones no gubernamentales en la Antártida. En algunos casos, la logística que permitía el acceso a la Antártida era proporcionada por operadores turísticos no regulados. La Federación de Rusia propuso que antes del comienzo de la temporada estival antártica, proporcionaría a la Secretaría, así como a los países que fueran puertas de entrada a la Antártida, una lista de los ciudadanos y organizaciones de la Federación de Rusia a las cuales les había sido otorgado el permiso de operar en la Antártida. El país señaló que esto podrá permitir a las autoridades portuarias la identificación de las personas y organizaciones rusas que no cuentan con la autorización de la Federación de Rusia. El país indicó que esta acción no impondría restricciones a las operaciones de operadores turísticos extranjeros, y alentó a las Partes que experimentaban problemas similares a unírseles en esta iniciativa.

(220) La Reunión agradeció a Federación de Rusia por su contribución. Además puso de relieve la importancia de un intercambio bilateral de información e hizo mención del Documento de información IP 75, en el que se describe el seguimiento de las actividades turísticas llevadas a cabo por ciudadanos franceses que han partido desde Chile. Nueva Zelandia señaló que sería práctico que las Partes, al otorgar permisos para actividades en la región del Mar de Ross, se comunicaran con Nueva Zelandia u otras autoridades

con conocimientos y experiencia en las condiciones medioambientales específicas de esa región.

(221) Argentina y Chile indicaron que, si bien para los países que son puertas de entrada a la Antártida sería práctica y bienvenida más información sobre las expediciones autorizadas, esto se haría sin perjuicio de las responsabilidades de los Estados en relación con las acciones de sus ciudadanos.

(222) La Reunión puso también de relieve la importancia y el valor del SEII como una herramienta esencial para el seguimiento de las actividades turísticas, y sugirió formas en que podría mejorarse el sistema. Instó a las Partes a proporcionar información completa y oportuna, con lo que la información proporcionada en el SEII no menoscabaría en forma alguna la responsabilidad del Estado del pabellón.

(223) La Federación de Rusia agradeció a las Partes por sus comentarios, señalando su utilidad. Señaló que las preocupaciones presentadas en el documento se relacionan en particular con las actividades no gubernamentales, y que la solución ideal sería que todas las Partes contaran con procedimientos y legislación nacionales relativos a la expedición de permisos.

(224) Ecuador presentó el Documento de trabajo WP 51, *Cómo enfrentar (o abordar) el problema de los navíos turísticos que navegan bajo la bandera de un tercer país en el área del Tratado Antártico*. El documento identificaba el problema de los buques turísticos con bandera de estados que no son Parte al Tratado Antártico, en particular aquellos que operan bajo Banderas de conveniencia y que visitan la zona del Tratado Antártico. Ecuador recalcó la necesidad de llegar a una decisión que permita a las Partes realizar el seguimiento de todo lo que ocurre en aguas de la zona del Tratado Antártico, y evitar así accidentes.

(225) La Reunión agradeció el trabajo de Ecuador durante el periodo intersesional, y la utilidad de los datos presentados en el documento. Expresó su acuerdo en cuanto a que una regulación regular y eficaz de los buques que visitan la región antártica es esencial para la protección del medioambiente.

(226) Al señalar que el Código Polar entraría en vigor para las embarcaciones SOLAS a partir del 1 de enero de 2017, algunas Partes reiteraron la integral protección medioambiental y seguridad que se proporcionan al interior del régimen de la OMI. Teniendo en cuenta que algunas embarcaciones privadas no sujetas al Convenio SOLAS utilizadas para realizar turismo en la zona del Tratado Antártico podrían ser de un tamaño tan grande como el de algunos buques que sí están cubiertos en este Convenio, varias Partes señalaron su

entusiasta apoyo a la labor de la OMI en el desarrollo de la nueva etapa de trabajo, tras el Código para la navegación en aguas polares, el cual tendría aplicación para las embarcaciones no sujetas al convenio SOLAS.

(227) Si bien indicó haber autorizado actividades turísticas que incluían la participación de buques que operan en la Antártida con frecuencia bajo una bandera de Estado que no es Parte, Canadá informó sobre sus requisitos de autorización, que incluyen seguros y la certificación de la OMI, y alentó a las Partes a utilizar las certificaciones y normativas de la OMI en la gestión de sus procesos de autorización. Canadá se refirió a los positivos resultados de las inspecciones de buques de turismo con autorización de Canadá, según lo informado en el Documento de información IP 57. Estados Unidos señaló también que todas sus actividades turísticas con permiso para operar en la Antártida tenían bandera de Estados que no son Parte, e indicó que no se habían presentado problemas.

(228) Ecuador agradeció a las Partes por sus comentarios, y recalcó que la Reunión debería buscar un mecanismo más fuerte entre la OMI y el Sistema del Tratado Antártico a fin de ayudar a las Partes a imponer sus sistemas preventivos.

(229) La Reunión confirmó que la OMI era un órgano apropiado para abordar las preocupaciones relativas a la seguridad y al medioambiente en relación con la navegación marítima, y alentó a las Partes a trabajar con la OMI en estas materias. Asimismo, alentó a las Partes en cuanto a presentar a la atención de la Reunión información relacionada con problemas en el contexto turístico.

(230) India presentó el Documento de información IP 104 rev.1, *Towards a Comprehensive, Proactive and Effective Antarctic Tourism Policy: Turning Recommendations into Action*. El documento señalaba que muchos de los problemas relacionados con la reglamentación del turismo antártico se habían mantenido durante varias décadas en el programa de la RCTA. Al aplicar un enfoque estratégico, el documento sugería que la RCTA podría hacer uso de su memoria institucional, y consideraba que eso contribuiría por un lado a evitar la repetición del debate de ciertas materias, subrayando la urgencia de continuar el debate en otros casos. India propuso además que la RCTA debería sostener un debate centrado en cómo formalizar, institucionalizar y operacionalizar de mejor manera las medidas sobre reglamentación del turismo que se han acumulado durante décadas a lo largo de diversas RCTA.

(231) La Reunión agradeció y felicitó a India por el completo análisis ofrecido en el Documento de información IP 104 rev.1, y consideró que se trataba

de un aporte crucial para la tarea que se había encomendado a la Secretaría. Varias Partes refrendaron las recomendaciones del documento, y expresaron su apoyo al desarrollo de un enfoque estratégico y gradual. Algunas Partes señalaron que las recomendaciones posibilitarían acciones más concretas, incluyendo el traslado de muchas de las recomendaciones a Medidas.

(232) La ASOC recordó a las Partes que algunas de las acciones identificadas en el documento aún no se habían completado, señalando, por ejemplo, que la Recomendación XVIII-1 aún no había entrado en vigor, puesto que faltaba su ratificación por una de las Partes Consultivas.

(233) Francia presentó el Documento de información IP 37, *French measures to increase the security of tourism and non-governmental activities in the Antarctic*, donde señaló que las autoridades competentes francesas se encontraban enfrentando una creciente cantidad de solicitudes relacionadas con actividades que implicaban un alto grado de riesgo para la vida humana. Francia señaló que había aprobado la Medida 4 (2004) en agosto de 2008. Recordó además que en ocasión de la XXXVII RCTA las Partes habían recomendado que se tomaran las medidas para implementar la Medida 4 en su legislación nacional, y a la espera de su entrada en vigor. Para abordar este asunto, y cumplir con las medidas y resoluciones aprobadas en conformidad con las normativas aprobadas por la RCTA, Francia informó sobre una orden emitida el 12 de febrero de 2015, que estaba en consonancia con las Resoluciones 6 (2014) y 7 (2014). Dicha orden establecía lo siguiente: los líderes de expediciones deben evaluar los riesgos de las actividades previstas así como la atención médica, medidas de evacuación, costos y seguros; y que la Autoridad Nacional Competente debe tener en cuenta la seguridad como parte del proceso de autorización. Tras señalar que ciudadanos franceses presentaban solicitudes similares a Autoridades Competentes de otras Partes, Francia instó a las Partes a implementar la Medida y a fortalecer la cooperación y el SEII en este ámbito.

(234) Alemania presentó el Documento de información IP 65, *Alleged Solo Expedition to the South Pole by a German National*, donde se destacaba la cooperación entre las autoridades competentes, y las empresas de logística relacionadas con la presunta expedición al Polo Sur por el ciudadano alemán Martin S. en enero de 2015. Señalando que la realización de una expedición a la Antártida no autorizada es una infracción administrativa conforme a la ley de ese país, Alemania informó a la Reunión que en este caso había debido cerrar el procedimiento administrativo debido a la falta de pruebas que confirmaran que la expedición se hubiera realizado. Alemania agradeció

a todas las Partes involucradas y a las empresas de logística contactadas por el asesoramiento y la información proporcionada para esclarecer el asunto, y destacó que este ejemplo demostraba la importancia de fortalecer la cooperación entre las Partes en el intercambio de información y en la organización de expediciones turísticas en la Antártida.

(235) La IAATO agradeció a Alemania por la presentación de este buen ejemplo de colaboración y cooperación entre los diversos participantes al amparo del Sistema del Tratado Antártico.

(236) La ASOC presentó el Documento de información IP 109, *Antarctic Tourism and Protected Areas*, que analizaba las dinámicas del turismo antártico y sus impactos previstos. El documento hacía referencia a la interfaz entre las zonas protegidas, en un sentido amplio, y la reglamentación y gestión del turismo, y recomendaba a las Partes que considerasen de manera estratégica el uso de ZAEP y ZAEA para normar el turismo actual y el posible turismo futuro. El documento reconocía que la ZAEA era una de las mejores herramientas para la gestión del turismo, entre otros, a nivel subregional. Señalaba que para ese efecto podría ampliarse convenientemente la cobertura brindada por la calidad de ZAEA. Además sugería que podrían designarse ZAEP para proteger del turismo algunos sitios que cumplieran con los criterios definidos en el Artículo 3(2) del Anexo V del Protocolo sobre Protección del Medio Ambiente.

(237) Nueva Zelandia optó por un enfoque más estratégico hacia este asunto y sugirió que esta línea de razonamiento podría extenderse a ejemplos particulares de zonas bajo la posible amenaza debido al aumento de las actividades turísticas en la Antártida. El Reino Unido agregó que la categoría de ZAEA podría ser una práctica herramienta de gestión para el manejo del turismo en las zonas del interior de la Antártida, en las que también se realizaran diversas actividades científicas y de otra índole. La IAATO expresó su acuerdo en que un enfoque estratégico hacia el uso de zonas protegidas y de otras herramientas de gestión de sitios era importante para el tratamiento que se le brinda a todas las actividades humanas en la Antártida, y no solo a las actividades de organizaciones no gubernamentales.

Actividades de yates y otras actividades en la Antártida

(238) El Reino Unido presentó el Documento de trabajo WP 18, *Inspección de yates en virtud del Tratado Antártico y su Protocolo de Protección del Medioambiente*, que informaba sobre las inspecciones de yates en la Antártida

realizadas durante las temporadas 2005, 2012 y 2014/2015, incluido un yate que se había negado a la inspección. El documento señalaba que, en virtud del Artículo VII del Tratado, los derechos de acceso a inspecciones se limitaban a los "puntos de embarque y desembarque de personal o de carga en la Antártida". Señalaba además que no sería conveniente perseguir yates ni tener que esperar su desembarque antes de realizar una inspección. El Reino Unido expresó encontrarse dispuesto por lo tanto a solicitar la opinión de las Partes en cuanto a si sería práctico aclarar que los yates podrían inspeccionarse mientras estuvieran en posibles sitios de desembarco, o en sitios en los que fuera posible desembarcar, ya sea que dicho yate estuviese o no en el proceso de "embarque o desembarque de carga o de personal".

(239) El Reino Unido señaló que algunas Partes llevaban varios años realizando inspecciones de yates. Señaló además que todos los yates que habían sido inspeccionados por observadores del R.U. habían acogido el proceso, en particular aquellos yates miembros de la IAATO. Aparte del yate sin autorización que se había negado a una inspección durante la temporada de 2015, el Reino Unido informó que no había enfrentado otros problemas en relación con la inspección de yates. El Reino Unido consideró que las inspecciones de yates proporcionaban una importante cantidad de información práctica, y alentó a las demás Partes que realizan inspecciones a inspeccionar también a los yates siempre que sea posible.

(240) El Grupo de Trabajo sobre Asuntos Jurídicos e Institucionales debatió por separado sobre las implicaciones jurídicas derivadas de este documento (véanse los párrafos 84 a 87).

(241) La Reunión agradeció al Reino Unido por la presentación de este provechoso documento, que había dado origen a importantes análisis del aspecto legal. El Reino Unido indicó que continuaría intentando obtener la participación de las demás Partes en nuevos debates intersesionales antes de determinar si seguiría adelante con esta propuesta y la forma en que lo haría.

(242) Nueva Zelandia presentó el Documento de información IP 49, *The unauthorized voyage of* SV Infinity *(2014): Next Steps*, preparado conjuntamente con Alemania. El documento proporcionaba una actualización de las medidas tomadas por Nueva Zelandia y Alemania en respuesta a un viaje no autorizado del *SV Infinity* en 2014, informado primero por Nueva Zelandia en el Documento de información IP 48 de la XXXVII RCTA. Nueva Zelandia señaló que, pese a que el *SV Infinity* infringió la legislación nacional, no se podrían tomar medidas sin la extradición, siendo esta una medida no factible ni apropiada en este caso. El documento señaló que se habían llevado a

cabo procedimientos legales contra el capitán de nacionalidad alemana del *SV Infinity* en relación con su ingreso no autorizado en la ZAEP 159, y que dichos procedimientos se encontraban en curso. Recomendó que las Partes se mantuvieran alertas con respecto de los viajes no autorizados a la zona del Tratado Antártico, y que compartan información y cooperen entre sí en respaldo de los procedimientos legales allí donde fuera posible en virtud de su legislación nacional.

(243) Alemania aclaró que si bien había iniciado procedimientos legales en contra del capitán del *SV Infinity* por su ingreso no autorizado a la ZAEP 159, no podría tomar medidas adicionales en relación con: (1) el ingreso no autorizado en la zona del Tratado Antártico, puesto que el viaje no había sido organizado en Alemania y no provenía de territorio alemán; o (2) el daño ocasionado a la cabaña histórica que forma parte del SMH 22, debido a la ausencia de pruebas en cuanto a que el daño hubiese sido ocasionado por la tripulación del *SV Infinity*.

(244) La Reunión tomó nota de este útil informe presentado por Alemania y Nueva Zelandia, y señaló que los problemas legales asociados a este se debatirían en pleno durante las sesiones del Grupo de trabajo especial sobre los Asuntos relativos a las autoridades competentes.

(245) Alemania presentó el Documento de información IP 64 rev. 1 *The yacht* Sarah W. Vorwerk *within the Antarctic Treaty area during the season 2014/2015*, preparado conjuntamente con Argentina. El documento entregaba un recuento de los hechos sobre las actividades del *Sarah W. Vorwerk*, un yate con registro alemán, no perteneciente a la IAATO, de cuyo capitán holandés se sospechaba que había realizado un viaje no autorizado a la zona del Tratado Antártico. El documento informaba que, en años anteriores, el buque había contado con el permiso de las autoridades alemanas, pero que debido a que el capitán ya no estaba domiciliado en Alemania y a que la organización del viaje no procedía de territorio alemán, ese país ya no era una autoridad competente en este caso. Señaló que las actividades incluyeron el buceo en las cercanías de la isla Decepción. De conformidad con el Protocolo sobre Protección del Medio Ambiente y la legislación nacional que lo implementa, se exigió a la expedición del *Sarah W. Vorwerk* que presentara a la autoridad competente una notificación y una EIA de la pretendida expedición antártica. El documento reconoció la existencia de una comunidad de personas que pasan gran parte del tiempo en el mar, sin domicilio registrado, lo que dificulta el determinar a la autoridad competente a cargo de expedir los permisos para sus viajes a la Antártida. El *Sarah W. Vorwerk* había sido

avistado en la Antártida, pero no estaba claro qué Parte había expedido el permiso. El documento planteó inquietudes en torno a las actividades no autorizadas en la zona del Tratado Antártico, y recomendaba que las Partes implicadas considerasen la forma de seguir adelante con respecto de este episodio en particular.

(246) Diversas Partes señalaron la importancia de este documento en exponer la complejidad que puede derivarse cuando se trata con yates con gran movilidad. Las Partes señalaron que los problemas de jurisdicción podrían generar desafíos para aplicar la legislación nacional. Destacaron que era esencial la cooperación entre las Partes para comprender la situación, tanto para permitir las actividades por adelantado como para resolver los problemas derivados de tales viajes.

(247) Argentina señaló que el capitán del *Sarah W. Vorwerk* había ingresado a ese país como turista en varias ocasiones, y que no había informado a las autoridades acerca de las actividades que se proponía, lo que dificultaba mucho los procesos judiciales. También puso de relieve el valor de la cooperación en estos asuntos.

(248) La IAATO agradeció a las Partes por el seguimiento realizado al problema de los yates en situación de incumplimiento, y señaló que tal seguimiento era importante para los operadores responsables.

(249) La Reunión agradeció a Alemania, Argentina, el Reino Unido y a Nueva Zelandia por su presentación de estos documentos. Señaló también que sería conveniente que las Partes aprendieran acerca del problema de las expediciones no autorizadas, y que tomen nota de la complejidad de estos asuntos. Señaló que los asuntos legales más complejos relativos a jurisdicción se debatirían en el Grupo de Trabajo sobre Asuntos relativos a las Autoridades Competentes.

(250) La IAATO presentó el Documento de información IP 86, *IAATO Guidelines for Sea Kayaking and Underwater activities.* Estas directrices se aprobaron en la 26ª Reunión realizada en Rotterdam, entre el 28 y el 30 de abril de 2015, y se incorporarán en el Manual de Operaciones en el Terreno de la IAATO a partir de la temporada 2015/2016 en adelante. La IAATO mencionó que las directrices tomaron en cuenta las recomendaciones sobre inspecciones del Tratado realizadas por la República Checa y el Reino Unido. Francia y el Reino Unido agradecieron a la IAATO por las directrices.

(251) La Reunión agradeció a la IAATO por su documento. Algunas Partes destacaron la utilidad de estas directrices en garantizar normas comunes entre

los operadores turísticos, en tanto reconocieron que operadores individuales debían mantener completa responsabilidad por la seguridad en la realización de tales actividades.

(252) El Reino Unido valoró particularmente la referencia de la IAATO a la recomendación contenida en el Documento de trabajo WP 19 rev. 1, que alentaba a dicha organización a elaborar directrices revisadas por la industria y por expertos para el abanico de actividades realizadas por pasajeros de cruceros (tales como canotaje y buceo de superficie y de profundidad).

(253) Francia informó a la Reunión que, si bien tendría en cuenta las directrices, se reservaba el derecho de aplicar normas más estrictas que las aplicadas por la IAATO.

Actividades relacionadas con los lugares de desembarque

(254) La IAATO presentó el Documento de información IP 85, *Report on IAATO Operator Use of Antarctic Peninsula Landing Sites and ATCM Visitor Site Guidelines, 2013-14 and 2014-15 Season*. La asociación confirmó que sus miembros mantenían su interés en conocer en mayor profundidad el uso que los visitantes que no son miembros de la IAATO le dan a las Directrices de la RCTA para sitios que reciben visitantes.

(255) Nueva Zelandia y Estados Unidos presentaron el Documento de información IP 102, *Antarctic Site Inventory: Results from long-term monitoring*. El documento proporcionaba una actualización de los resultados del proyecto del Inventario de sitios antárticos (ASI, por sus siglas en inglés) hasta febrero de 2015, señalando que dicho proyecto había realizado un seguimiento de los rápidos cambios relativos ocurridos en las poblaciones de pingüino de pico rojo, de barbijo y Adelia en toda la Península Antártica Occidental, que reveló que las poblaciones de pingüinos de pico rojo habían aumentado con rapidez, extendiéndose hacia el sur, en tanto que las poblaciones de las otras dos especies se habían reducido de manera importante.

(256) El Reino Unido destacó la importancia del proyecto ASI en producir datos de utilidad para el trabajo en curso de la RCTA.

(257) La ASOC señaló que el inventario de sitios era una práctica herramienta complementaria para informar la gestión del turismo.

(258) Argentina presentó el Documento de información IP 128, *Zonas de interés turístico en la región de la Península Antártica e Islas Orcadas del Sur. Temporada 2014/2015*. Argentina informó sobre la distribución de las visitas

de turistas en la Península Antártica y en la región de las islas Orcadas del Sur de acuerdo a los viajes realizados por buques que operaron a través del puerto de Ushuaia durante la temporada estival 2014/2015. Señaló que desde la XXXIV RCTA había presentado información acerca de la distribución de las visitas de turistas a las regiones de la Península Antártica y las islas Orcadas del Sur. Destacó que este documento detallaba las zonas más visitadas en la región.

(259) Argentina presentó el Documento de información IP 132, *Actividad Turística en la Base Científica Brown. Estudio, análisis y medidas de manejo,* en el que se proporciona una actualización sobre la evolución del programa de seguimiento del turismo de Argentina en la estación científica Brown. Señaló que la estación era una de las más visitadas en la Antártida y que todas las visitas a la estación se realizaban de conformidad con las Directrices Generales para Visitantes a la Antártida, aprobadas mediante la Resolución 3 (2011). Informó a la Reunión que ya había tomado medidas para mejorar la gestión de los visitantes a la estación Brown, incluyendo el marcado de senderos y el análisis de los buques de pasajeros. Señaló la importancia de la cooperación con los operadores turísticos y entre estos, en cuanto a facilitar el trabajo para mejorar la gestión del turismo. Destacó la necesidad de establecer normas para los visitantes a fin de garantizar que todas las visitas se realicen de conformidad con las medidas sobre protección del medioambiente.

(260) La Reunión agradeció los documentos de la IAATO, Nueva Zelandia, Estados Unidos y Argentina. Señaló que todos los documentos proporcionaban información útil.

Información general del Turismo Antártico en la temporada 2014/2015

(261) La IAATO presentó el Documento de información IP 53, *IAATO Overview of Antarctic Tourism: 2013-14, 2014-15 Season and Preliminary Estimates for 2015-16 Season.* Las cifras preliminares indicaron que el cuadro general correspondiente a la temporada 2014/2015 (36 702 personas) fue similar a las cifras previstas en el Documento de información IP 103 de la XXXVII RCTA, y levemente inferiores a las cifras finales correspondientes a la temporada 2013/2014 (37 405 personas). Los pronósticos para 2015/2016 indican que las cifras aumentarían a aproximadamente 40 029 personas, en gran parte debido a la adición de dos nuevos buques de pasajeros con capacidad para 200 personas y a un aumento en el turismo que combina modo aéreo y crucero. También señaló el desglose por nacionalidad de las cifras de turistas, y señaló que esta cantidad se correlaciona fuertemente con

el producto interno bruto de un país. La membresía de la IAATO continúa incluyendo la mayoría de los operadores turísticos del sector privado. Todos los operadores de buques comerciales sujetos al convenio SOLAS que realizaron actividades turísticas en la zona del Tratado Antártico eran miembros de la IAATO.

(262) El Reino Unido señaló que un operador terrestre, Arctic Trucks, había pasado recientemente a estar bajo la autoridad competente del Reino Unido. Varias Partes destacaron las ventajas de que todos los operadores estuviesen bajo la autoridad de algún país que haya implementado el Protocolo sobre Protección del Medio Ambiente.

(263) Varias partes señalaron el reciente aumento del turismo que combina modo aéreo y crucero, y expresaron sus inquietudes al respecto. Algunas Partes cuestionaron los futuros planes de la IAATO relacionados con buques de reabastecimiento de combustible y de acopio de combustible y suministros en relación con este aumento.

(264) La IAATO aclaró que ninguno de sus operadores reabastecían en la Antártida como tampoco acopiaban combustible ni suministros. Señaló que ninguno de sus operadores habían expresado el deseo de modificar las actuales prácticas en este sentido.

(265) En respuesta a una pregunta formulada por la ASOC en relación con el aumento en la cantidad de campamentos de turistas respecto del año anterior, expresado en los operadores adicionales que figuran en el informe de la IAATO, y en los lugares de operación de White Desert y Arctic Trucks, la IAATO aclaró que no se habían establecido nuevos campamentos. El Reino Unido informó a la Reunión que le complacía proporcionar información a las Partes y Observadores interesados en estas operaciones.

(266) La Reunión acogió de buen grado el documento y agradeció a la IAATO por proporcionar tan útil información a las Partes. Alentó a la IAATO a participar plenamente en el GCI el Trabajo hacia el desarrollo de un enfoque estratégico en torno a la gestión ambiental responsable del turismo y las actividades no gubernamentales en la Antártida.

(267) Bulgaria agradeció a la IAATO por el respaldo logístico brindado al Instituto Antártico de Bulgaria.

(268) El Reino Unido presentó el Documento de información IP 96, *Data Collection and Reporting on Yachting Activity in Antarctica in 2014-15*, preparado conjuntamente con la IAATO. El documento informaba sobre la cantidad

de yates avistados en la Antártida durante la última temporada. Los datos se obtuvieron del equipo británico en el puerto Lockroy. El Reino Unido, la IAATO y otras embarcaciones proporcionaron datos complementarios. En comparación con el año anterior, la cantidad general de yates avistados reveló una leve disminución. El documento destacó un aumento en los yates no autorizados, avistándose seis de estas embarcaciones. Tres de estos yates no autorizados navegaban con banderas de estados que habían implementado el Protocolo sobre Protección del Medio Ambiente; y otros tres portaban banderas de estados que no lo han hecho. El documento alentó a la Partes a continuar compartiendo información acerca de los yates autorizados por estas, entre otros a través de la Información de pretemporada del SEII y a través de los informes post-visita, de conformidad con la Resolución 5 (2005). La IAATO expresó que seguiría recibiendo con agrado información acerca de yates que reciben autorización no pertenecientes a su organización.

(269) Diversas Partes destacaron que la presencia de yates no autorizados en la Antártida era una preocupación en aumento. Francia se refirió a la zona gris del turismo, compuesta por actividades no autorizadas en las que participan yates que no son miembros de la IAATO, y que posiblemente naveguen bajo banderas de conveniencia. Las Partes señalaron que algunos capitanes parecían no estar conscientes de los peligros de navegar en las aguas antárticas ni de los desafíos de SAR asociados. Señalaron que las actividades de SAR eran una carga sobre los recursos de los programas antárticos nacionales, sobre los buques turísticos que cuentan con autorización y sobre los buques pesqueros que operan ceñidos a la ley.

(270) En respuesta a una pregunta formulada por la ASOC en relación con las actividades comerciales de yates que no son miembros de la IAATO, la organización señaló que la mitad de los buques autorizados y no pertenecientes a la IAATO realizaban con regularidad, si bien no anualmente, viajes a la Antártida.

(271) La Reunión agradeció a la IAATO y al Reino Unido por sus documentos. La Reunión reconoció que la consideración de los asuntos relativos a las actividades de los yates en la Antártida era un tema altamente prioritario que debería mantenerse en el programa. Reconoció que las funciones técnicas del SEII estaban actualmente en revisión, y solicitó a la Secretaría que produzca anualmente una página web en la que se incluya una lista de todos los yates, buques y aeronaves autorizadas para cada temporada.

(272) Argentina presentó el Documento de información IP 126, *Informe sobre flujos de visitantes y de buques de turismo antártico que operaron en el puerto de*

Ushuaia durante la temporada 2014/2015. El documento informaba sobre los cruceros que operan a través de Ushuaia, incluida su cantidad y capacidad. Identificó además las nacionalidades de los turistas, miembros del personal de la expedición, y los Estados del pabellón de los buques operados en la Antártida. Un total de 36 625 pasajeros a bordo de 28 buques había viajado a la Antártida a través de Ushuaia. La cantidad total de pasajeros fue 1,4 % inferior a la temporada 2013/2014. Argentina comentó que la información se basaba en los manifiestos de buques proporcionados a las autoridades portuarias argentinas.

(273) Argentina presentó el Documento de información IP 127 rev.1, *Embarcaciones de placer y/o deportivas no comerciales que realizaron viajes a la Antártida a través de Ushuaia durante la temporada 2014/2015.* Argentina indicó que desde la XXXVI RCTA había estado proporcionando información sobre embarcaciones de placer no comerciales que habían viajado a la Antártida a través de Ushuaia. El documento informaba sobre lo siguiente: la cantidad de embarcaciones de placer o deportivas que habían viajado a la Antártida desde Ushuaia; la duración de la temporada; los veleros identificados; y la cantidad y nacionalidad de las personas que viajaban a bordo de estos veleros a la Antártida.

(274) La Reunión agradeció a Argentina por proporcionar esta útil información. La IAATO señaló además que la recolección de datos a partir de diversas fuentes era práctica a los fines de verificación y para garantizar la exactitud de la información.

Grupo de trabajo especial sobre Asuntos relativos a las autoridades competentes

Tema 1: Introducción

(275) Durante la XXXVI RCTA, la Reunión aprobó la Decisión 5 (2013) *Plan de trabajo estratégico plurianual (MYSWP) para la Reunión Consultiva del Tratado Antártico,* cuya finalidad era complementar el Programa asistiendo a la RCTA en la identificación de asuntos prioritarios y operando de manera más efectiva y eficaz. La XXXVII RCTA decidió realizar una sesión especial sobre Asuntos relativos a las Autoridades Competentes en relación con el turismo y las actividades no gubernamentales en la Antártida y, mediante la Decisión 3 (2014), actualizó el Plan de Trabajo Estratégico Plurianual. Se decidió que un Grupo de Trabajo Especial sesionara durante un día en ocasión

de la XXXVIII RCTA. El objetivo del Grupo de Trabajo Especial era: permitir que las Partes, Observadores y Expertos intercambien sus experiencias en relación con ámbitos de inquietud particulares; analizar la implementación del Protocolo sobre Protección del Medio Ambiente; y debatir áreas de interés común que sirvan para definir futuras líneas de acción.

(276) El Grupo de Trabajo Especial sobre Asuntos relativos a las Autoridades Competentes sesionó el lunes 8 de junio de 2015 en Sofía, Bulgaria. Este Grupo de Trabajo fue presidido por Birgit Njåstad (Noruega) (Documento de Secretaría SP 16 rev.1).

(277) Los siguientes documentos se presentaron al Grupo de Trabajo Especial y se consideraron como presentados:

i. Documentos de información que resumen los procesos nacionales de autorización y permisos

- Documento de información IP 4, *Special WG on Competent Authorities issues: Summary of the United Kingdom's Antarctic Permitting Process* (Reino Unido). Este documento informaba sobre la implementación del Tratado Antártico y su Protocolo de Protección del Medioambiente (incluidos sus Anexos I a VI) en la legislación del Reino Unido a través de las Leyes sobre la Antártida del Reino Unido de 1994 y 2013, y las normativas sobre la Antártida asociadas.

- Documento de información IP 6 rev. 1, *Special WG on Competent Authorities issues: Summary of Japan's Certification Process of Antarctic Activity* (Japón). Este documento reseñó el proceso de certificación de la actividad antártica de Japón y las últimas tendencias. Además informó sobre las dificultades enfrentadas por Japón en su proceso de certificación, pese a las escasas solicitudes anuales presentadas por operadores no gubernamentales.

- Documento de información IP 36, *Special WG on Competent Authorities session - Brief summary of the French competent authority domestic process* (Francia). En el documento se reseñó el proceso de autorización de las autoridades competentes de ese país.

- Documento de información IP 38 *Special WG on Competent Authorities - Summary of South Africa's Antarctic Authorisation Process* (Sudáfrica). Este documento informaba sobre la Ley del Tratado Antárticos de Sudáfrica N° 60 de 1996, que incorpora el Tratado Antártico y su Protocolo sobre Protección del Medio Ambiente en la ley sudafricana. Reseñaba además el proceso de autorización sudafricano para las actividades antárticas.

- Documento de información IP 72, *Proceso de autorización de actividades no gubernamentales en la Antártica.* (Chile). Este documento informaba sobre el proceso de autorización aplicable a las actividades no gubernamentales realizadas por los ciudadanos chilenos u organizadas en territorio chileno, para cumplir con el Protocolo sobre Protección del Medio Ambiente y las normas complementarias sobre protección del medioambiente antártico.

- Documento de información IP 81, *Special WG on Competent Authorities issues - Summary of the United States Framework for Regulation of Antarctic Tourism* (Estados Unidos). Este documento presentaba una revisión del actual marco de Estados Unidos para normar las expediciones turísticas de ese país a la Antártida. Estados Unidos implementó el Protocolo a través de legislación y normas, y expresó su interés en reducir a un mínimo el impacto ambiental de los turistas norteamericanos y de los operadores turísticos basados en ese país.

- Documento de información IP 108, *Special WG on Competent Authorities Issues - Summary of Canada's Antarctic Permitting System* (Canadá). Este documento informaba sobre la Ley de protección del medioambiente antártico de Canadá (2003) (AEPA, por sus siglas en inglés) y las normas de protección del medioambiente antártico asociadas para implementar el Tratado Antártico y el Protocolo. También informó sobre el número de permisos otorgados cada año a los operadores turísticos antárticos, expediciones científicas, y expediciones de aventura.

- Documento de información IP 117, *Special WG on Competent Authorities issues - Summary of Parties'competent authority domestic process* (Noruega). Este documento presentaba una descripción general de los breves resúmenes sobre los procesos nacionales presentados por las Partes al Grupo de Trabajo Especial sobre Asuntos relativos a las Autoridades Competentes. El documento señalaba que habían respondido 13 de las 37 Partes que habían ratificado el Protocolo sobre Protección del Medio Ambiente.

ii. Documentos de información que contienen ejemplos y experiencias relevantes al programa del Grupo de Trabajo Especial sobre Asuntos relativos a las Autoridades Competentes.

- Documento de información IP 35, *Special WG on Competent Authorities session - French issues and experiences of relevance to the paragraphs III to VII of the agenda* (Francia). En este documento se destacaron los asuntos con relevancia para la autoridad francesa competente en relación con los temas III, IV, V, VI y VII del GT Especial sobre Asuntos relativos a las autoridades competentes.

- Documento de información IP 54, *Special WG on Competent Authorities Issues - Agenda Item V - Development of Domestic Guidance on Emergency Preparedness, Response Planning and Insurance Requirements (Measure 4 [2004])* (Nueva Zelandia). En este documento se proporcionó información sobre las orientaciones nacionales de Nueva Zelandia para postulantes sobre preparación ante emergencias, planificación de respuesta y requisitos relativos a seguros (Medida 4 [2004]).

- Documento de información IP 58, *Special Working Group on Competent Authorities issues - Examples and Issues from the United Kingdom* (Reino Unido). En este documento se destacaron algunos ejemplos de los últimos problemas derivados del trabajo de la autoridad competente del Reino Unido en la implementación del Tratado y el Protocolo: solicitudes de actividades adicionales en las expediciones autorizadas por otra Parte Consultiva; solicitudes que implican actividades relativamente nuevas o posiblemente muy riesgosas; solicitudes que implican recursos u operadores de Partes que no pertenecen al Tratado; y actividades británicas realizadas en la Antártida para las que no se han recibido solicitudes.

- Documento de información IP 66, *Special Working Group on Competent Authorities session – German contribution* (Alemania). En el documento se destacan algunas preguntas, entre las que se incluyen: si en el pasado otras Partes han denegado la autorización a actividades de aventura; y cuáles cláusulas y condiciones especiales estaban en vigor entre las Partes con el fin de normar tales actividades.

- Documento de información IP 75, *Special WG on Competent Authorities session - An illustration of successful cooperation between NCAs* (Chile y Francia). Este documento informaba sobre la experiencia de una actividad desarrollada por ciudadanos franceses durante la temporada 2014/2015. Luego de que la autorización para realizar la actividad fuera rechazada por la autoridad nacional francesa, la expedición intentó obtenerla de las autoridades chilenas. Gracias a la buena comunicación entre las autoridades chilenas y francesas, se hizo un seguimiento a la actividad y finalmente fue llevada a cabo en cumplimiento del marco regulatorio antártico.

- Documento de información IP 95, *Special WG on Competent Authorities session - Implementing the Madrid Protocol. Dutch experiences and questions for the ATCM workshop of Competent Authorities* (Países Bajos). En este documento se informó sobre el proceso de implementación del Tratado y su Protocolo en la ley holandesa a través de la Ley de protección de la Antártida de 1998.

- Documento de información IP 107, *Special WG on Competent Authorities Issues - Recent Canadian Permitting Issues* (Canadá). En este documento se informó sobre los recientes permisos otorgados por Canadá en relación con el turismo marítimo, con el apoyo aéreo a la investigación científica, y con una expedición de aventura en solitario. En el curso de sus actividades de expedición de permisos, Canadá había identificado una serie de áreas en las que podría ser beneficiosa una orientación o coordinación adicional, como por ejemplo las actividades de aventura, los UAV, los ciudadanos canadienses que operan como parte de recorridos turísticos organizados por otras Partes, la búsqueda selectiva de dispositivos jurídicos más convenientes, y las actividades con participación de bases nacionales.

- Documento de información IP 123, *Special WG on Competent Authorities session - Experiences and examples from the Norwegian Competent Authorities* (Noruega). Noruega consideró que una evaluación conjunta de todos los aspectos de una actividad podría proporcionar el mejor enfoque hacia los problemas que deben considerarse. Esto incluye el impacto ambiental, planes de contingencia y seguros.

iii. Otros documentos presentados a la RCTA que pueden informar los debates del Grupo de Trabajo Especial

Documento de información IP 37, *French measures to increase the security of tourism and non-governmental activities in the Antarctic* (Francia). Este documento informó que, de conformidad con las normativas aprobadas por la RCTA, y considerando la creciente cantidad de solicitudes relacionadas con actividades que implican un alto riesgo para la vida humana, la autoridad francesa competente aprobó una orden el 12 de febrero de 2015 donde se establecía que los líderes de expediciones deben evaluar los riesgos de la actividad prevista y la autoridad nacional competente debe tener en cuenta la seguridad como parte del proceso de autorización.

- Documento de información IP 49, *The unauthorised voyage of the* SV Infinity *(2014): Next Steps* (Nueva Zelandia y Alemania) En el documento se describió el viaje no autorizado del *SV Infinity* al Mar de Ross a principios de 2014, y brindó una actualización de las medidas tomadas en respuesta por Nueva Zelandia y Alemania.

- Documento de información IP 64 rev. 1, *The yacht* Sarah W. Vorwerk *within the Antarctic Treaty area during the season 2014/2015,* (Alemania y Argentina). Este documento se presentó en relación con el Artículo 13, párrafo 4 del Protocolo en relación con el intercambio de información de actividades que afectan la implementación del

Protocolo. En el se presentó una narración de los hechos derivados de las actividades del *SV Sarah W. Vorwerk*. Existía la sospecha de que, en diciembre de 2014, el yate había realizado un viaje a la zona del Tratado Antártico sin contar con autorización.

- Documento de información IP 65, *Alleged Solo Expedition to the South Pole by a German National* (Alemania). En este documento se destacó la cooperación entre las autoridades competentes, las Partes y las empresas de logística en relación con la supuesta expedición en solitario al Polo Sur realizada por el ciudadano alemán, Martin S. en enero de 2015.

Tema 2: La perspectiva de los operadores turísticos (postulantes) desde la Asociación Internacional de Operadores Turísticos en la Antártida (IAATO)

(278) La IAATO ofreció una descripción general de los asuntos relativos a las autoridades competentes desde la perspectiva de los operadores turísticos (postulantes), señalando que, entre estos, las actividades de los operadores de la IAATO fueron evaluadas por 14 autoridades competentes diferentes. Se realizó una comparación de los diversos enfoques de las autoridades competentes en el ámbito de las operaciones de los miembros de la IAATO, y la asociación señaló que estos diversos enfoques creaban algunas dificultades, si bien también creaban ciertas ventajas en términos del apoyo al Sistema del Tratado Antártico. La IAATO señaló que, desde su perspectiva, la clave principal en garantizar el éxito del sistema de autorizaciones era la buena comunicación entre todos los interesados, ya que esta permitía la transparencia y una clara comprensión de los diversos roles y responsabilidades.

(279) La Reunión agradeció la presentación de la IAATO y la útil información y puntos de vistas ofrecidos, y señaló que esto realmente serviría de base para los siguientes debates.

Tema 3: ¿Qué problemas han encontrado las autoridades competentes de las Partes al encargarse de actividades que involucran a participantes de diversas naciones y/u organizaciones?

Tema 4: ¿Qué problemas han encontrado las autoridades competentes de las Partes al encargarse de actividades en las que diferentes autoridades nacionales han manejado, aprobado, o permitido diversos elementos de las actividades?

(280) La Reunión debatió sobre un abanico de asuntos detectados por Autoridades Nacionales Competentes (ANC) para determinar si una actividad ha sido aprobada por otra ANC, y cómo evitar la repetición de autorizaciones, o su falta. Estas incluyeron:

- el asunto relativo a autorizaciones múltiples;
- la calidad de los mecanismos de comunicación entre las ANC;
- las limitaciones del SEII en relación con información relevante en lo que respecta a las autoridades competentes, información sobre expediciones, autorizaciones, información relativa a autorizaciones o permisos rechazados, y la actualización de la lista de contacto de las ANC;
- la necesidad de enfrentar el asunto de la búsqueda selectiva de dispositivos jurídicos más convenientes y los buques con bandera de terceros;
- la dificultad para acceder a las listas de autorizaciones o permisos rechazados, y para entender los motivos de tales rechazos;
- la conveniencia de que las ANC proporcionen información a las Partes con responsabilidades de coordinación de SAR antártico acerca de actividades que se prevé que se realizarán en sus áreas;
- los problemas relativos a la aplicación de disposiciones relevantes en el marco de su legislación nacional;
- la falta de progresos en la ratificación del Anexo VI del Protocolo sobre Protección del Medio Ambiente;
- las visitas a estaciones que incluyen la participación de múltiples ANC;
- las autorizaciones relacionadas especialmente con actividades de turismo deportivo de aventura; y
- las complicaciones derivadas de las expediciones en las que participa una combinación de visitantes de ONG y gubernamentales.

(281) Al reconocer el problema de la comunicación y notificación oportuna de actividades como un tema en común y una inquietud compartida entre las Partes, hubo amplio acuerdo en continuar actualizando SEII para hacerlo más sencillo de utilizar, más actual y más completo. Se sugirió que el SEII

se usara para producir información pormenorizada a la que se tuviera un más fácil acceso en las siguientes materias: permisos o autorización de actividades; información de contacto de las Autoridades Competentes; actividades permitidas o autorizadas que implicaran también a ciudadanos de diferentes Partes; y una lista de las actividades no permitidas o no autorizadas. Las Partes recomendaron además que la información de contacto de las Autoridades Competentes estuviese disponible en el sitio web de la Secretaría. Se sugirió además que se mejorase la comunicación con las ANC con responsabilidades de coordinación de SAR antártico.

(282) La Secretaría informó a la Reunión que contaba con la capacidad y la flexibilidad para mejorar la base de datos de contactos a fin de incluir información dinámica y pormenorizada sobre los contactos de las Autoridades Competentes, de conformidad con la sugerencia de las Partes.

(283) La Reunión analizó un abanico de asuntos sobre la forma de determinar cuál ANC es responsable del permiso o la autorización de una actividad en particular. La Reunión señaló que no siempre es claro cuál ANC es responsable de permitir o de autorizar una actividad no gubernamental propuesta, y señaló las complejidades que surgen, por ejemplo, cuando se ha contactado al menos a dos NCA en relación con la autorización de la misma actividad.

(284) Se señaló que, en el caso de turismo marítimo o terrestre, la práctica generalizada era que el operador, y no los turistas individuales, fueran identificados como entidades responsables. En el caso de expediciones menores, tales como las de yates, expediciones que se realizan sólo en una única oportunidad, y de turismo aventura, la entidad responsable es más difícil de determinar.

(285) Algunas Partes se refirieron también a las dificultades para procesar judicialmente las actividades no autorizadas de sus propios ciudadanos. Las complejidades relativas al procesamiento legal de los ciudadanos no autorizados incluyen las siguientes: tratar con personas con pasaporte de diversos países; legislación nacional que aplica solamente a las actividades organizadas a nivel nacional; y diferentes niveles de participación entre quienes inician una actividad y quienes son responsables de su realización. Una de las sugerencias apuntaba a que la Reunión considere debatir sobre un instrumento como la Medida de Conservación 10-08 (2009) de la CCRVMA, que promueve el cumplimiento de las medidas de conservación de la CCRVMA por parte de los ciudadanos de la parte contratante. Otra de las sugerencias fue considerar la noción de turismo "ilegal, no informado y no regulado".

(286) En los casos en los que hay operadores pertenecientes a más de una Parte implicados en permitir o autorizar una actividad, la Reunión destacó la importancia de la comunicación bilateral entre las ANC relevantes. Esta comunicación debería entablarse en adición al uso del SEII.

(287) Se sugirieron líneas de acción para progresar en esta materia, incluyendo la consideración de ideas sobre: realizar un seguimiento de los ciudadanos que participan en actividades no autorizadas; informar sobre observaciones *in situ* de actividades no autorizadas y sobre su seguimiento; considerar el alcance de las actividades no autorizadas; elaborar principios para la comunicación entre las ANC, que incluyan el momento en que debería iniciarse tal comunicación; y la presentación de informes coordinados y oportunos a través del SEII.

(288) La Reunión señaló una serie de ejemplos en los que se demostraba que una actividad se solía definir como una compilación de una o más subactividades menores y diferentes. Además señaló que, desde la perspectiva de las ANC, era importante garantizar que se consideraran de manera apropiada todos los aspectos de una actividad, garantizándose al mismo tiempo que ningún aspecto de la actividad fuese considerado por más de una Parte.

(289) Basándose en experiencias anteriores y en la información intercambiada, las Partes plantearon diversos puntos relativos a la identificación y autorización de subactividades. Entre ellas:

- tomar en cuenta los diversos procedimientos nacionales y la legislación de las ANC;
- las enmiendas a los proyectos de una actividad una vez que fuera otorgado un permiso o autorización; y
- establecer principios que definan en qué momento se requerirá la comunicación y las consultas con las demás Partes.

(290) La Reunión señaló que, al recibirse la notificación de tales subactividades, en ocasiones podría resultar difícil para una ANC identificar si dicha subactividad se ha considerado como parte de una actividad mayor que ya se ha permitido o autorizado, o si debería considerarse como una actividad aparte que necesita su propia aprobación o permiso. Esto podría ser particularmente complejo en los casos en que la actividad original (la actividad mayor) haya sido aprobada por otra Parte. Diversas Partes plantearon sus inquietudes en torno a que una actividad pueda encajar en las demás partes de la actividad de manera que se haga difícil distinguir a la entidad responsable. Se brindaron una serie de ejemplos, tales como las solicitudes tardías para el uso de UAV,

o solicitudes de permisos o autorizaciones adicionales para actividades de natación o buceo.

(291) La Reunión consideró que una actividad podría definirse como una "subactividad" si esta excede el marco de la actividad principal autorizada o permitida originalmente, o cuando se trate de una actividad cuya entidad solicitante del permiso o autorización inicial no tiene las competencias para supervisar, por ejemplo en el caso de una actividad científica no gubernamental que utilice un buque de turismo como transporte para realizar su trabajo en tierra. En este caso, o en casos similares, podría requerirse una aprobación adicional para la subactividad, lo que podría resultar problemático si los operadores se mostraran reticentes a solicitar permisos o autorizaciones adicionales o a volver a presentar una solicitud. Algunas Partes señalaron que el hecho de separar actividades implicaba algunos riesgos para el proceso de supervisión de todas las actividades implicadas. La Reunión reconoció las complicaciones involucradas en emitir diferentes permisos o autorizaciones para actividades similares o que estuviesen vinculadas, y que, en principio, las ANC deberían evaluar actividades con la mayor amplitud posible.

(292) La Reunión señaló la utilidad de los informes post-visita, según lo estipulado en la Resolución 6 (2005), para determinar el grado de ajuste entre las actividades propuestas y las actividades finalmente realizadas, e informadas. Los informes post-visita se habían utilizado también como una base para evaluar la renovación de permisos o autorizaciones. La Reunión expresó su interés en continuar los debates sobre informes post- visita y la posibilidad de compartir esta información de manera más amplia.

(293) La Reunión sostuvo provechosos debates sobre actividades que incluyen diversas subactividades. Hubo un acuerdo general en cuanto a que sería una práctica recomendable considerar la totalidad de la actividad durante el proceso de otorgamiento de permisos, autorizaciones o notificaciones, aunque se reconoció que esto no siempre era posible. La Reunión analizó además la necesidad de considerar de manera integral los planes de contingencia de las expediciones, incluyendo los seguros y servicios de SAR.

(294) La Reunión analizó las circunstancias que podrían permitir la búsqueda selectiva de los dispositivos jurídicos más convenientes Señaló que las Partes tenían matices en su forma de interpretar e implementar el Protocolo sobre Protección del Medio Ambiente, lo que podría arrojar diferencias en las normas y criterios de evaluación aplicados. Señaló además que, cuando una actividad implica a participantes de varias naciones, podría designarse a un organizador, quien

podría solicitar los permisos o autorizaciones de la Parte en la que los resultados del proceso de solicitud tuvieran más probabilidad de resultar favorable. La Reunión señaló que los participantes de una actividad que puedan demostrar que la actividad recibió la autorización de otra Parte no tendrían que solicitar la autorización de su propia Parte. Para establecer que estas actividades han recibido realmente los permisos o autorizaciones apropiadas, las autorizaciones o notificaciones requerirán que la autoridad competente contacte a sus colegas de las autoridades competentes de la otra Parte. Pero ya sería demasiado tarde como para revertir el proceso de la solicitud.

(295) La Reunión señaló que había aspectos tanto positivos como negativos asociados a esta búsqueda selectiva de dispositivos jurídicos. La práctica podría utilizarse en forma productiva para poner a los operadores de países que no han implementado el Protocolo sobre Protección del Medio Ambiente bajo la supervisión de las Partes que sí lo han hecho. Señaló además que sería positivo debatir sobre la búsqueda selectiva de los dispositivos jurídicos más convenientes, pero que el alcance del asunto no se entendía correctamente. Reconociendo que la búsqueda selectiva de los dispositivos jurídicos más convenientes era un tema importante, la Reunión señaló que sería de ayuda explorar más el alcance del asunto. La Reunión consideró que estaría en condiciones de elaborar prontamente formas de implementar los dos mecanismos sugeridos para disminuir, por medio de una mejor comunicación, la práctica de seleccionar dispositivos jurídicos. La Reunión expresó su preocupación en cuanto a que estos problemas probablemente aumentarán con la mayor diversificación de las actividades humanas en la Antártida y el mayor desarrollo de políticas nacionales en relación con la evaluación de los diversos tipos de actividades en la Antártida. Además, señaló que la búsqueda selectiva de los dispositivos jurídicos podría ser también un problema cuando la actividad implicara a participantes de una nación en busca de obtener la aprobación o el permiso de otra nación si sus procedimientos, requisitos o estrategias nacionales fueran considerados limitantes por estos.

(296) Se produjo un intercambio de información y de experiencias en el que las Partes debatieron sobre un ejemplo claro de búsqueda selectiva de los dispositivos jurídicos más convenientes por parte del organizador de una actividad de aventura potencialmente riesgosa. Las Partes implicadas señalaron que la comunicación y cooperación eficaces fueron fundamentales en garantizar que dicha actividad no se realizara en la Antártida. Las Partes destacaron además la importancia de cooperar con el MRCC relevante al recibirse este tipo de solicitudes. Asimismo, señalaron que en este caso

el organizador había intentado en dos oportunidades, sin éxito, obtener el permiso o autorización de la autoridad competente de una Parte. Esta Parte informó claramente a las demás que la solicitud había sido denegada por una serie de razones, entre las que se incluían inquietudes relacionadas con la seguridad y la responsabilidad. Una segunda Parte identificó entonces a los participantes de la actividad en un puerto de entrada a la Antártida, en donde se les informó que carecían de las autorizaciones necesarias para proseguir. En este punto el organizador intentó presentar una solicitud a la autoridad competente de la segunda Parte. La solicitud no fue aceptada y la expedición no prosiguió hacia la Antártida.

(297) La Reunión debatió sobre dos posibles mecanismos para mejorar la comunicación a fin de reducir la incidencia de la búsqueda selectiva de los dispositivos jurídicos más convenientes con potencial adverso. El primero de ellos implica el añadir un mecanismo en el SEII con objeto de alertar a todas las ANC al momento en que una solicitud es rechazada, de modo de informar sobre la presencia de una posible búsqueda selectiva de dispositivos jurídicos. Se señaló que esta notificación oficial había resultado muy útil en el ejemplo analizado anteriormente. El segundo mecanismo implica la creación de un mecanismo informal para que las autoridades competentes analicen las expediciones posiblemente problemáticas antes de llegar a una decisión oficial. Se sugirió que esto podría facilitarse con la creación de un foro protegido por contraseña en el sitio web de la STA dedicado a este fin, y que se tomaran las providencias para que únicamente las autoridades competentes tuvieran acceso. La Reunión consideró que estas comunicaciones precoces sobre expediciones podrían resolver problemas antes de que estos escalen.

(298) La Reunión puso de relieve la importancia de la comunicación y el intercambio de información cuando en una actividad estuviesen implicados participantes o entidades de diferentes naciones. La necesidad de comunicación entre las ANC y las Partes en estos casos ya se había reconocido, más recientemente , por medio de la Resolución 3 (2004). Esta Resolución alentaba a las Partes a: intercambiar información acerca de las actividades que involucren la posible participación de otras Partes; consultar a las Partes relevantes, según corresponda, durante el proceso de evaluación de actividades, y, si fuese necesario, antes de llegar a alguna decisión de autorizar la actividad o de permitir que proceda; y designar ante la Secretaría un único contacto a cargo de la información acerca del turismo y las actividades no gubernamentales en la Antártida. En vista de los asuntos mencionados por las Partes, se sugirió que aún había posibilidades de mejorar la implementación de estas resoluciones.

(299) Recordando la Resolución 3 (2004) *Turismo y actividades no gubernamentales: mayor cooperación entre las Partes* y la Resolución 6 (2010) *Mejora de la coordinación de las operaciones de búsqueda y salvamento marítimo en el Área del Tratado Antártico*, la Reunión señaló que estas eran resoluciones útiles, si bien podrían actualizarse para mejorar los esfuerzos de comunicación. En específico, la Reunión señaló que la Resolución 3 (2004) contenía una lista de un único contacto por Parte para las actividades turísticas de dicha Parte, y que este no siempre era la Autoridad Competente. Haciendo mención de la Resolución 6 (2010), se señaló que también sería práctico contar con esta información y con una lista de contacto de los cinco Centros de Coordinación de Rescates Antárticos (RCC, por sus siglas en inglés) disponibles en el sitio web de la Secretaría del Tratado Antártico.

(300) Sobre la base de este intercambio, la Reunión sugirió que una manera de avanzar sería crear una lista de los contactos de las Autoridades Competentes, y crear también una lista integral de los cinco contactos de los Centros de Coordinación de Rescates Antárticos (MRCC y RCC) relevantes. Señaló además que sería práctico considerar formas de intercambiar las lecciones aprendidas tras el cierre de los diferentes casos.

Tema 5: ¿Qué problemas han encontrado las autoridades competentes de las Partes al evaluar los problemas de seguridad relacionados con las actividades?

(301) La Reunión señaló que había una creciente cantidad de actividades en la Antártida. Además sugirió que las nuevas actividades, especialmente las asociadas a la aventura y al deporte, presentaban riesgos, y que las autoridades competentes podrían carecer de información sobre los riesgos implicados. La Reunión señaló además que era frecuente que los solicitantes subestimaran los riegos implicados, lo que imponía una consideración más profunda por parte de las ANC y una comunicación más amplia con los solicitantes en lo referente a este asunto. La Reunión señaló ejemplos de cooperación entre las ANC para refrenar la búsqueda selectiva de los dispositivos jurídicos más convenientes producida ante rechazos de autorizaciones, y expresó su acuerdo en que mejorar la cooperación entre las ANC era un punto de suma importancia para evitar la realización de expediciones posiblemente riesgosas en la Antártida.

(302) La Reunión señaló que, en relación con la Resolución 4 (2004), al evaluar las solicitudes podría dificultarse definir el concepto de "experiencia suficiente". Se señaló que la comprensión del concepto "experiencia suficiente" podría ser clave para entender algunos aspectos de seguridad de la actividad

propuesta. Las Partes señalaron además que, a medida que se diversifican las actividades, podría hacerse más difícil evaluar las solicitudes y determinar que se hayan garantizado la seguridad de los participantes y la protección del medio ambiente. Algunas Partes mencionaron ejemplos de situaciones en las que resultó difícil evaluar la seguridad de una actividad. La Reunión señaló que los cinco MRCC y RCC relevantes jugaban un papel fundamental en garantizar la seguridad de los participantes y del medioambiente, y que podían ser consultados en busca de asesoramiento. Algunas Partes señalaron que se deben evaluar los riesgos específicos de cada actividad particular, e hicieron mención a las matrices de evaluación de riesgos desarrolladas con ese propósito. Las Partes sugirieron además que las actividades particulares podrían necesitar incluir información adicional específica sobre riesgos, como por ejemplo certificados especiales de evaluación médica, a fin de garantizar que la evaluación se realizó a conciencia. La IAATO señaló que ya había implementado tal lista de control médico de muestra para sus miembros, y puso de relieve la importancia que tiene para los operadores el conocer a sus clientes y la actividad propuesta, a fin de poder adecuar en consecuencia sus capacidades médicas. La Reunión reconoció la importancia que tiene para quienes realicen la actividad el estar consciente de la situación y de las condiciones específicas del lugar, y de ser tan autosuficientes como sea posible para evitar que se produzcan situaciones de emergencia, y lidiar con estas a medida que se van presentando. La Reunión debatió en torno a que las actividades con posibilidades de ser riesgosas realizadas por las organizaciones no gubernamentales también presentan riesgos para los programas antárticos nacionales. Señaló que, cuando se producen emergencias, los recursos de los programas antárticos nacionales podían desviarse de sus objetivos centrales y destinarse a la respuesta a dichas emergencias.

(303) Se sugirieron formas de avanzar en estas materias, incluida la revisión de Directrices específicas para sitios que reciben visitantes, a fin de incluir una identificación de los riesgos asociados a las actividades acuáticas, y de elaborar directrices para evaluar la realización de actividades específicas en la Antártida.

(304) Se señaló que los debates y el intercambio de información durante la Reunión eran importantes, y que deberían continuar. La Reunión reconoció que eran necesarios más debates para comprender algunos elementos de la Medida 4 (2004), entre ellos la necesidad de comprender mejor, o de definir mejor, los conceptos de "experiencia suficiente" y de "requisitos médicos suficientes". Recordando la Resolución 7 (2014), la Reunión alentó además a las Partes para que la Medida 4 (2004) entre en vigor a fin de que pueda implementarse

cabalmente. La Reunión expresó su intención de considerar la elaboración de nuevas orientaciones para la revisión de actividades.

(305) También se alentó a las Partes para que hagan un seguimiento de los medios de comunicación social, como los sitios web o blogs de las expediciones, y los usen como fuente de información sobre las actividades no gubernamentales. Asimismo se alentó a las ANC para que comuniquen a sus contrapartes esta relevante información.

(306) Al reconocer que muchas ANC han elaborado directrices, o condiciones, o cláusulas sobre los permisos en relación con los procedimientos de evaluación, la Reunión señaló la conveniencia de intercambiar estas herramientas y consideró que sería apropiado un foro de intercambio de información. Esto se podría obtener mediante una lista de correos de las Autoridades Competentes. La IAATO recordó a las partes su Documento de información IP 72 rev.1 de la XXV RCTA, en donde se identificaron diversas directrices disponibles para sus miembros, y señaló su voluntad de participar en cualquier forma de intercambio de información. La Reunión hizo notar el valor de que la IAATO posea directrices evaluadas por la industria y por expertos y alentó a esa asociación a continuar compartiendo sus directrices con la RCTA, fin de que puedan ser utilizadas por las ANC en la evaluación de propuestas presentadas por operadores no pertenecientes a la IAATO.

Tema 6: ¿Qué problemas o desafíos con implicaciones o intereses más amplios han enfrentado las Autoridades Competentes de las Partes con respecto a los diferentes tipos de actividades?

(307) La Reunión analizó un abanico de asuntos que han enfrentado las ANC al evaluar la creciente diversificación de nuevas actividades. Estos incluyeron:

- la falta de directrices o de información sobre actividades con las que las ANC específicas no ha tratado antes, tales como ala-delta, buceo de superficie y pesca recreativa;
- la forma de abordar a las personas individuales de los programas antárticos nacionales que participan en actividades recreativas;
- las actividades de aventura posiblemente riesgosas ocultas tras solicitudes para actividades científicas;
- la falta de una posición armonizada entre las Partes del Tratado, especialmente en relación con actividades posiblemente riesgosas para el medioambiente y para la seguridad del medioambiente;

- la existencia de diferentes tipos de actividades que se han añadido a la diversidad de conductas hacia el medio ambiente y a su interacción con este;
- la dificultad en normar y anticipar los tipos de interacción con el medioambiente en relación con las nuevas actividades;
- la necesidad de descripciones exhaustivas de las actividades;
- la necesidad de considerar el impacto acumulativo al evaluar el rango de actividades propuestas;
- la dificultad en evitar la realización de expediciones no autorizadas; y
- la diversificación de los proponentes de actividades.

(308) La Reunión sugirió centrarse en los riesgos más que en los tipos particulares de actividades, y se refirió a la coherencia de este enfoque con las disposiciones contenidas en el Protocolo sobre Protección del Medio Ambiente. La Reunión identificó también la difusión de los requisitos y la aplicabilidad del Protocolo hacia los nuevos proponentes de actividades en la zona del Tratado Antártico como un importante paso en abordar la diversificación de los proponentes.

(309) Algunas Partes destacaron que la existencia de recursos y operadores no pertenecientes al Tratado en la zona del Tratado Antártico era una dificultad constante para la reglamentación integral de las actividades en la Antártida.

(310) La Reunión, al señalar que estos eran temas complejos, sugirió seguir considerándolos y debatiéndolos en el futuro.

Tema 7: ¿Las Autoridades Competentes de las Partes han encontrado dificultades o problemas relacionados con las actividades al considerar los propósitos y principios del Protocolo y otras recomendaciones relevantes de la RCTA?

(311) La Reunión consideró la forma en que las ANC han tomado en cuenta los principios generales del Protocolo sobre Protección del Medio Ambiente, según lo establecido en el Artículo 3(1). La Reunión se refirió a la forma en que la diversificación de las actividades permitidas en la Antártida plantea dificultades adicionales para las ANC habida cuenta de que el Protocolo no proporcionaba orientaciones específicas sobre la forma de incorporar los principios en el proceso de autorización de actividades. La Reunión debatió los casos en los que se habían desalentado actividades o en los que

91

se habían denegado permisos o autorizaciones en relación con los principios del Protocolo y otras recomendaciones relevantes de la RCTA.

(312) La Reunión consideró ejemplos en los que los permisos o autorizaciones habían sido ya sea dilatados o denegados luego de que fueran considerados inconsistentes con los principios establecidos en el Artículo 3(1) del Protocolo. Algunas ANC comentaron que han desalentado solicitudes de actividades que no eran coherentes con sus políticas y legislación nacionales. Otras Partes han rechazado permisos o autorizaciones basándose en una serie de motivos, entre ellos, inquietudes respecto del procedimiento o relativas a la seguridad, posibles impactos en el medio ambiente e infracciones a la legislación asociadas a los valores intrínsecos, de vida silvestre y estéticos. Algunas Partes señalaron que los valores intrínsecos de la Antártida, incluidos los de vida silvestre y estéticos, se habían incorporado en su legislación nacional, y que por consiguiente, servían de sustento para el trabajo de las ANC. Para las ANC podría ser de ayuda en su función de otorgar permisos o autorizaciones la existencia de una más acabada definición de los valores protegidos en virtud del Protocolo, como por ejemplo la vida silvestre, y de orientaciones respecto del papel de estos valores en la evaluación de actividades antárticas, en particular a la luz de la diversificación de actividades antárticas.

(313) La Reunión señaló que en los futuros debates sobre Autoridades Competentes deberían tomarse en cuenta los trabajos y recomendaciones existentes, con una referencia específica a la RETA sobre Actividades Turísticas y No Gubernamentales (2004); la RETA sobre Gestión del Turismo marítimo en la zona del Tratado Antártico (2009), y el Estudio sobre turismo del CPA (2012).

(314) Recomendó asimismo que, además de un enfoque cautelar, debería considerarse un enfoque preventivo en relación con áreas relativas a asuntos emergentes. Por ejemplo, las nuevas tendencias en el turismo aéreo que plantean un conjunto diferente de dificultades con respecto de aquellas que se abordaron en las recomendaciones surgidas en la RETA de 2009 sobre la gestión del turismo marítimo en el Área del Tratado Antártico.

Tema 8: Resumen general y comentarios finales

(315) El Grupo de Trabajo Especial ofreció a las ANC la posibilidad de intercambiar experiencias e información sobre una serie de asuntos relevantes y dificultades enfrentados por estas en la gestión de las actividades no gubernamentales

en la Antártida. La Reunión señaló la conveniencia de contar en el futuro con la oportunidad de estos intercambios a intervalos apropiados.

(316) La Reunión concluyó que existía la necesidad de elaborar: listas de contactos de las Autoridades Competentes y de los cinco RCC relevantes; orientaciones más completas para la evaluación de los diversos tipos de actividades; principios que rijan la comunicación entre las ANC; un foro el intercambio de información entre las autoridades competentes; un mayor desarrollo del SEII para mejorar su uso por las autoridades competentes; comprensión y orientación sobre la Medida 4 (2004); informar a las demás ANC acerca de las actividades no permitidas o autorizadas, tanto en términos de una denegación oficial de los permisos o autorizaciones como sobre aquellos operadores que hayan participado en una actividad y hayan sido desalentados; y aumentar la difusión hacia los nuevos proponentes de actividades en la Antártida.

(317) La Reunión informó sobre asuntos de permanente aparición relacionados con el trato con los participantes de actividades que no son ciudadanos de las Partes que autorizaron la actividad; y la forma de tomar acciones legales en contra de estos.

(318) La Reunión se refirió también a la utilidad de los informes post- visita al momento de deliberar sobre estos asuntos; así como a la conveniencia de que la Medida 4 (2004) entre en vigor.

Tema 12: Inspecciones en virtud del Tratado Antártico y el Protocolo sobre Protección del Medio Ambiente

(319) El Reino Unido presentó el Documento de trabajo WP 19 rev. 1, *Recomendaciones generales de las inspecciones conjuntas realizadas por el Reino Unido y la República Checa, en virtud del Artículo VII del Tratado Antártico y el Artículo 14 del Protocolo de Protección Ambiental,* e hizo referencia al Documento de información IP 57, *Report of the Joint Inspections undertaken by the United Kingdom and the Czech Republic under Article VII of the Antarctic Treaty and Article 14 of the Environmental Protocol.* Ambos documentos se elaboraron en forma conjunta con la República Checa. El Reino Unido informó sobre la inspección conjunta en virtud del Tratado Antártico realizada en la región de la Península Antártica durante la temporada 2014/2015 por el Reino Unido y la República Checa. Estas incluyeron 12 estaciones de investigación, una instalación no gubernamental, un refugio,

seis embarcaciones de crucero y cinco yates, e identificó un total de 26 recomendaciones. Varias de ellas eran recomendaciones de carácter general derivadas del programa de inspecciones, y se destacó que tenían relevancia más allá de constituir recomendaciones específicas para las estaciones y buques individuales contenidos en la versión completa del informe de inspección. Las recomendaciones se enmarcaron en las siguientes áreas: Personal y capacitación; Investigación científica; Logística e infraestructura; Seguridad en el transporte y en las comunicaciones; Procedimientos de capacitación y de emergencia; Gestión del medioambiente; Medicina; y Turismo.

(320) La Reunión agradeció a los proponentes por su documento, y felicitó a la República Checa por haber participado tan prontamente en su primera inspección, tras convertirse en Parte Consultiva en 2014. Las Partes reconocieron los gastos, el tiempo y la logística necesarios para llevar a cabo una inspección, y señalaron que las labores cooperativas en las inspecciones representaban el espíritu de cooperación que era la esencia del Sistema del Tratado Antártico.

(321) Algunas Partes informaron sobre las recomendaciones específicas formuladas en el Documento de información IP 57. En relación con las inspecciones realizadas en la Estación receptora antártica alemana O'Higgins (GARS), Alemania reiteró su opinión en cuanto a que la estación no se había utilizado para realizar actividades militares ni tampoco había procesado información para fines militares. Chile informó sobre un curso de capacitación especial implementado por ese país, el que incluyó una capacitación específica sobre el Tratado Antártico y las medidas de protección del medioambiente.

(322) En su respuesta a las recomendaciones contenidas en el Documento de información IP 57, Ucrania informó sobre el trabajo de desarrollo de su estación en curso, entre otros, sobre el plan de mejoramiento y modernización de la estación hasta 2020. El país señaló que se habían estudiado las observaciones del grupo inspector y que se habían tomado medidas para abordar las recomendaciones. Noruega señaló que los comentarios de Ucrania reflejaban las diferentes capacidades de las distintas Partes para responder a las recomendaciones, y consideró que estas capacidades deberían tenerse en cuenta en los informes sobre inspecciones.

(323) Ucrania se refirió también a la presentación de sus directrices para sitios en relación con su estación, y la IAATO comentó la utilidad de dichas directrices.

(324) Brasil agradeció el trabajo realizado por el Reino Unido y la República Checa, cuyas conclusiones acerca de la estación brasileña fueron muy positivas. Brasil reconoció la utilidad de las inspecciones en cuanto apuntan a fortalecer los objetivos del Tratado Antártico y del Protocolo. Brasil se refirió a las visitas de cortesía realizadas a siete estaciones junto con Argentina, las que se describen en el Documento de antecedentes BP 2. Brasil destacó el carácter de recomendación de los informes de inspecciones, los que reflejan la opinión de sus proponentes, y que las Partes inspeccionadas pueden tomar en cuenta según corresponda.

(325) Australia agradeció el informe sobre inspecciones de dos yates australianos y el proceso de consultas realizado posteriormente por las Partes a cargo de las inspecciones.

(326) En referencia a la Recomendación 9 del Documento de trabajo WP 19 rev.1, algunas Partes recomendaron a otras que fueran precavidas al momento de alentar la realización de actividades científicas en los buques de turismo, o como parte de una expedición turística, y se refirió a la tendencia entre los operadores turísticos de promover un componente científico en sus programas como una manera de justificar sus expediciones. Los Países Bajos hicieron referencia específica a un reciente accidente con resultados fatales sufrido por dos exploradores polares en el Ártico en el transcurso de un viaje que se había señalado como científico, pero que básicamente se había conducido como un viaje de aventura. En su respuesta a la Recomendación 9, la IAATO expresó su solidaridad respecto de las inquietudes planteadas por los Países Bajos, aunque señaló el importante valor de la ciencia llevada a cabo por civiles, y expresó su esperanza de que las Partes y operadores que autorizan estos viajes puedan resolver estos asuntos sin amenazar el potencial general de la ciencia llevada a cabo por civiles.

(327) Diversas Partes y la ASOC pusieron de relieve la importancia de que las Partes proporcionen a la RCTA un seguimiento de las recomendaciones de los informes de inspección, y mencionaron el Documento de antecedentes BP 14 de India como un buen ejemplo de esto. Argentina señaló la utilidad de los actuales procedimientos de inspecciones, los que permiten que las Partes inspeccionadas ofrezcan sus comentarios en un borrador de informe, e indicó que un seguimiento y un análisis durante la RCTA era la mejor forma de ofrecer retroalimentación.

(328) Diversas Partes expresaron sus reservas en relación con la Recomendación 7 del Documento de trabajo WP 19 rev.1, señalando específicamente que el alcance de las inspecciones debería limitarse al Artículo 14 del Protocolo

sobre Protección del Medio Ambiente, y no debería incluir comentarios sobre las actividades científicas llevadas a cabo por los programas antárticos nacionales. Otras Partes señalaron que el Artículo VII del Tratado Antártico permitía inspecciones más amplias que el Artículo 14, e hicieron hincapié en que la decisión sobre el alcance de la inspección en el contexto del Sistema del Tratado Antártico debería depender del inspector. En relación con la Recomendación 11, Argentina señaló que, si bien era deseable, no siempre era posible que las Partes utilizaran energías renovables. Argentina expresó también algunas inquietudes en relación con la Recomendación 20, y señaló que para las estaciones con diferentes cantidades de personal podrían ser apropiados diferentes sistemas de tratamiento de aguas residuales.

(329) La Reunión expresó su agradecimiento al Reino Unido y a la República Checa por la realización de estas inspecciones y por sus esfuerzos por materializar el informe. Además señaló su acuerdo en que las recomendaciones de los informes sobre inspecciones son específicas de los proponentes de las inspecciones, y que las Partes inspeccionadas deberían considerarlas como les resulte apropiado hacerlo.

Tema 13: Asuntos científicos, cooperación y facilitación científica

(330) El Reino Unido presentó el Documento de trabajo WP 16 *El rol de la Antártida en los procesos climáticos mundiales,* preparado conjuntamente con Noruega. El documento proponía que, antes de la 21ª Conferencia de las Partes (COP21) de la Convención Marco de las Naciones Unidas sobre el Cambio Climático (CMNUCC) programada para realizarse en París en diciembre de 2015, la RCTA aprobara una nueva Resolución destinada a poner de relieve la importancia de la ciencia y los conocimientos sobre el cambio climático en la Antártida, e instara a los programas antárticos nacionales a seguir adelante con este importante trabajo de incrementar su comprensión, y de pronosticar de manera más exacta las dinámicas mundiales en un contexto de cambio climático. Incluía además un borrador de Resolución sobre el rol de la Antártida en los procesos climáticos globales, que alentaba a los representantes de los programas antárticos nacionales a trabajar con el SCAR para considerar la mejor manera de promover la investigación internacional sobre el cambio climático antártico en la 21ª Conferencia de las Partes.

(331) En respuesta a las inquietudes iniciales planteadas por algunas Partes en cuanto a que una Resolución de esa naturaleza podría estar más allá del

mandato de la RCTA, algunas Partes hicieron hincapié en que los debates sobre cambio climático de la RCTA deberían centrarse únicamente en los efectos del cambio climático en la Antártida y que no deberían tratar asuntos relativos a medidas de mitigación o a cualquier otro aspecto asociado a la esencia de las negociaciones sobre cambio climático en el contexto de la CMNUCC. En respuesta, el Reino Unido y Noruega fueron enfáticos en cuanto a que el objetivo del borrador de Resolución era promover la importancia de las ciencias sobre el clima realizadas en la Antártida. La intención no era transmitir formalmente dicha Resolución a un organismo específico fuera de la RCTA. El Reino Unido aclaró también la razón de que esta propuesta no hubiera sido presentada al CPA, y señaló que el Documento de trabajo WP 16 se refería a la promoción de las ciencias sobre el cambio climático en la Antártida, y no a los efectos del cambio climático.

(332) La Reunión agradeció a Reino Unido y a Noruega, y reconoció que la investigación científica sobre el cambio climático realizada en la Antártida desempeñaba una importante función en mejorar la comprensión de los efectos del cambio climático. La ASOC respaldó también la resolución y señaló la importancia del liderazgo de la RCTA en la ciencia sobre el cambio climático en la Antártida.

(333) La Reunión aprobó la Resolución 6 (2015) *El rol de la Antártida en los procesos climáticos mundiales.*

Programas futuros

(334) El SCAR presentó el Documento de información IP 20, *Outcomes of the 1st SCAR Antarctic and Southern Ocean Science Horizon Scan*, que informaba a las Partes sobre los resultados del proyecto cuyo fin es identificar las preguntas científicas más importantes en y sobre la Antártida, y que deberían tratarse durante las próximas dos décadas y más a futuro. El documento informaba a las Partes que más de 70 de los principales científicos, responsables políticos y visionarios ligados a la Antártica habían identificado 80 preguntas de la mayor prioridad clasificadas en seis áreas generales. El SCAR señaló además que, para responder a estas preguntas sería necesario: proporcionar financiamiento constante, estable y de largo plazo para la investigación; garantizar el acceso a la Antártida durante todo el año; aplicar tecnologías emergentes; fortalecer la protección de la región; aumentar la cooperación internacional; y mejorar la comunicación entre todas las Partes interesadas.

(335) El COMNAP presentó el Documento de información IP 59, *The COMNAP Antarctic Roadmap Challenges (ARC) project*, que era un seguimiento realizado a partir del proyecto de búsqueda sistemática de horizontes científicos del SCAR. El proyecto ARC identificó las dificultades de naturaleza técnica y logística asociadas a la producción de este tipo de ciencia. Informó que los resultados se considerarían en un taller que tendría lugar en Tromsø durante 2015, el cual podría producir un documento resultante para los programas antárticos nacionales, que destaque las probables necesidades tecnológicas y logísticas de los futuros programas científicos en la zona del Tratado Antártico.

(336) La Reunión agradeció al SCAR y al COMNAP, y los felicitó por la realización de estos proyectos. Se señaló que los proyectos fortalecían los conocimientos acerca del Océano Austral y la Antártida, no solo para la comunidad científica antártica sino también en todo el mundo.

Cooperación científica internacional

(337) Australia presentó el Documento de información IP 116, *East Antarctic / Ross Sea Workshop on Collaborative Science*, preparado conjuntamente con China. El documento proponía organizar dos talleres sobre ciencias realizadas en forma colaborativa en la Antártida Oriental/Mar de Ross, los que tendrían lugar en Hobart, Australia, en 2016 y en China en 2017, con el fin de permitir que las naciones con programas de investigación activos en la Antártida Oriental y en la región del Mar de Ross ayuden en la planificación de importantes proyectos de investigación científica multinacionales y colaborativos desde 2017/2018 en adelante. El primero de los talleres identificaría los principales proyectos científicos que podrían emprenderse, en tanto el segundo taller se centraría en la logística. Australia invitó a los programas antárticos nacionales que desearan participar a que se pusieran en contacto con los organizadores.

(338) La Reunión agradeció a Australia y a China y elogió la iniciativa de promover la cooperación internacional en la ciencia antártica.

(339) A presentar el Documento de información IP 116, Australia se refirió a la prioridad del Plan de Trabajo Estratégico Plurianual de recolectar y comparar prioridades científicas estratégicas con miras a identificar posibilidades de cooperación. Australia señaló que promover la cooperación internacional en la realización de actividades científicas con importancia para el mundo en la Antártida era uno de los objetivos fundamentales del Tratado Antártico.

Australia respaldó que la RCTA tenga un mayor protagonismo en la identificación de objetivos científicos compartidos y en lograr progresos en la cooperación internacional para lograr estos objetivos. Australia invitó a la RCTA a considerar más profundamente este tema, con miras a ayudar a las Partes individuales a orientar sus programas científicos nacionales, evitar repetición de esfuerzos, y ayudar a identificar y coordinar de manera eficaz proyectos que requieran de la cooperación internacional para su concreción.

(340) Rumania presentó tres documentos que informaban sobre su cooperación con otras Partes en la Antártida: el Documento de información IP 91, *Cooperation between Romania and Korea (ROK) in Antarctica*; el Documento de información IP 135, *Cooperation of Romania with Australia in Antarctica*; y el Documento de información IP 136 *Cooperation of Romania with Bulgaria in the Antarctic field*. Rumania agradeció a la República de Corea, a Australia y a Bulgaria por sus esfuerzos de cooperación.

(341) Alemania presentó el Documento de información IP 63, *EU-PolarNet – Connecting Science with Society*, preparado conjuntamente con Bélgica, Bulgaria, Francia y Portugal. El documento informaba sobre los cinco años de acciones de coordinación y apoyo de Europa a través del EU-PolarNet. Entre 2015 y 2020 EU-PolarNet desarrollaría y proporcionaría un marco estratégico y mecanismos para priorizar la actividad científica; optimizaría el uso de la infraestructura polar; y forjaría nuevas alianzas que conducirían al diseño conjunto de proyectos de investigación polar. Esto comprende a todas las principales instituciones de investigación polar y a los proveedores de infraestructura polar de Europa. Los resultados se presentarían a aquellos que tomen decisiones políticas, y el objetivo sería lograr un diseño coherente de un programa europeo de investigación polar. EU-PolarNet fue coordinado desde el Instituto Alfred Wegener en Bremerhaven y el legado del proyecto será mantenido en el futuro por el Consejo Polar Europeo.

(342) La República de Corea presentó el Documento de información IP 70, *Report from Asian Forum of Polar Sciences to the ATCM XXXVIII*. El documento informaba que AFoPS, una organización asiática de 10 años de antigüedad dedicada a la investigación y cooperación sobre asuntos polares, se había convertido en un importante medio para esfuerzos colectivos de intercambio humano y de información, colaboración en la investigación, y cooperación logística entre las instituciones científicas polares asiáticas. La República de Corea mencionó que cuatro Partes Consultivas y una Parte No Consultiva son miembros de AFoPS y que actualmente la organización es presidida por

ese país. Señaló que la AFoPS está desarrollando nuevas iniciativas basadas en el marco generado por el proyecto de búsqueda sistemática de horizontes científicos del SCAR, y que pese a que estas iniciativas eran regionales, se habían concebido para su vinculación con la comunidad científica antártica en general. Por último, la República de Corea expresó su apoyo hacia las iniciativas presentadas por Australia y China en el Documento de información IP 116.

(343) El SCAR confirmó su compromiso de fortalecer sus lazos y de ampliar sus debates con la AFoPS.

(344) Uruguay presentó el Documento de información IP 125, *"From East to West" initiative*. La iniciativa se propone invitar al personal y a los científicos que operan en la Antártida Oriental a que visiten las estaciones antárticas uruguayas situadas en la Antártida Occidental. El Documento señaló también que en los sectores oriental y occidental de la Antártida existen condiciones científicas y operacionales diversas y que compartir las instalaciones era una práctica y comprobada herramienta para reducir la huella humana en el medioambiente y para promover la deseada cooperación entre las Partes. Uruguay mostró su aprecio por el asesoramiento y apoyo ofrecidos por el COMNAP en estas materias, y alentó a las Partes a unirse a esta iniciativa y a ofrecer similares oportunidades para visitar y realizar investigación científica en sus propias instalaciones antárticas.

(345) La Reunión señaló los muchos y buenos ejemplos de colaboración científica internacional entre las Partes presentados en estos documentos.

Actividades científicas nacionales

(346) La Federación de Rusia presentó el Documento de información IP 67, *Russian studies of subglacial Lake Vostok in the season 2014–2015*. El documento recordaba que, el 5 de febrero de 2012, los científicos rusos habían sido los primeros en el mundo en penetrar el lago Vostok. La información y los resultados científicos preliminares se exhibieron en los siguientes documentos presentados por la Federación de Rusia: Documento de información IP 74 de la XXXV RCTA, *Results of Russian activities for penetration to the subglacial Lake Vostok in the season 2011-2012*, y el Documento de información IP 49 de la XXXVI RCTA, *Results of studies of the subglacial Lake Vostok and drilling operations in deep ice borehole at Vostok station in the season 2011-2012*. La Federación de Rusia señaló que los trabajos de perforación continuaron durante las temporadas de trabajo

de campo 2012/2013, 2013/2014 y 2014/2015. El 25 de enero de 2015, se produjo la segunda penetración de la sonda en la capa superficial del lago subglacial Vostok. Los resultados demostraron que los operadores rusos de estas sondas habían llegado a dominar la tecnología de gestión de aumento en el nivel del agua en el pozo de sondeo, y que podían regular el proceso a través de repetidas perforaciones de los "tapones de hielo" que se crearían al término de cada temporada antártica antes de investigar las características de la columna de agua del lago. La Federación de Rusia expresó que esperaba presentar los resultados científicos preliminares en la XXXIX RCTA.

(347) En respuesta a una pregunta formulada por Francia, que indagaba los motivos por los que este Documento de información no se había presentado también este año al CPA, la Federación de Rusia recordó a la Reunión que había presentado al CPA varios documentos en relación con el posible impacto medioambiental de los procesos de perforación, y que se había tenido en cuenta el asesoramiento del CPA. La Reunión agradeció las futuras actualizaciones sobre los resultados científicos de la Federación de Rusia.

(348) India presentó el Documento de información IP 100, *Antarctic Lakes and Global Climate Perspectives: The Indian Footprint*. El documento informaba sobre estudios de paleolimnología de largo plazo centrados en los lagos del Oasis Schirmacher y las colinas de Larsemann en la Antártida Oriental.

(349) Colombia presentó el Documento de información IP 23, *Primera Expedición Científica Colombiana a la Antártica 2014/15*. . El documento informaba sobre la primera expedición científica colombiana a la Antártida durante el verano de 2014/2015, y señalaba que la expedición había tomado en cuenta el marco proporcionado por el Programa Científico Antártico de Colombia. Los proyectos científicos estaban centrados en los ámbitos de la física, la química y la oceanografía biológica, así como también en el de la biología marina en la zona del estrecho de Gerlache. Otros proyectos se relacionaban con la ingeniería marina y la fisiología humana. Los datos y muestras obtenidos se procesaron y sus resultados se difundieron ampliamente. Colombia consideró que el componente de la cooperación internacional había sido una prioridad en esta expedición, y agradeció a Brasil, a Chile, a Ecuador, a Argentina y a la República de Corea por su apoyo. Basándose en la positiva experiencia operativa obtenida por la Armada y la Fuerza Aérea de Colombia, y al buen trabajo científico de equipo desarrollado en la Antártida, ese país destacó que continuaría con su trabajo científico, ya sea valiéndose de su propia logística o celebrando acuerdos de cooperación con otros países.

(350) Colombia presentó además el Documento de información IP 26, *Agenda Científica Antártica de Colombia 2014 – 2035*. Este documento presentó el Programa científico de asuntos antárticos de Colombia, incluidos sus objetivos, principios estratégicos y plan de acción. La agenda se desarrolló tomando en cuenta Búsqueda sistemática de horizontes científicos del SCAR, y se trató de un esfuerzo nacional que incluyó a universidades, centros de investigación, ONG y otras instituciones, y que concluyó con la priorización de ocho ámbitos de investigación.

(351) Venezuela presentó el Documento de información IP 47, *VIII Campaña Venezolana a la Antártida 2014-2015,* que informaba sobre la octava campaña antártica venezolanas realizada entre octubre de 2014 y marzo de 2015. Venezuela expresó su gratitud a Argentina y a Chile por su colaboración en el desarrollo de la campaña.

(352) Canadá presentó el Documento de información IP 134, *Update on the Canadian Polar Commission and Canadian High Arctic Research Station (CHARS) Project*. El documento proporcionaba una actualización del trabajo de ese país para establecer un programa nacional de investigación antártica liderado por la Comisión Polar de Canadá. Asimismo proporcionó una actualización acerca de la fusión de la Comisión Polar de Canadá con el proyecto Estación para la investigación del alto Ártico de Canadá (CHARS) para crear un nuevo organismo federal denominado *Polar Knowledge Canada*, que continuaría los trabajos de desarrollo de un programa nacional de investigación antártica para ese país. El *Polar Knowledge Canada* explorará oportunidades de operar a través de alianzas con los programas nacionales de otros países a fin de facilitar el acceso a la infraestructura y logística para investigación antártica existentes, y a su vez, proporcionará acceso a la infraestructura y logística que posee ese país en el Ártico.

(353) Portugal presentó el Documento de información IP 3, *Portugal's Antarctic Science and Policy Activities: a Review*, que ofrece una perspectiva general de las actividades desarrolladas en la Antártida por ese país desde 2005. Además de su compromiso con la excelencia científica, Portugal llamó la atención hacia sus actividades de educación y difusión (Documento de información IP 2). Portugal señaló además que en 2015 su programa polar nacional se unió al COMNAP en calidad de Observador.

(354) Finlandia presentó el Documento de información IP 25, *Finlandia's Antarctic Research Strategy 2014*, donde proporcionó información sobre su Estrategia de investigación antártica para 2014, la que fue actualizada por el Comité de coordinación científica de investigación antártica de Finlandia. En el

documento se indicó que la estrategia consideró la evolución de los entornos y prioridades de la investigación científica nacional e internacional desde su estrategia anterior, en 2007. Finlandia señaló que la Academia de Finlandia había entregado 2,5 millones de euros destinados a la investigación en la Antártida durante el periodo 2013 a 2016.

(355) Japón presentó el Documento de información IP 30, *Japan's Antarctic Research Highlights 2014–15*. En este documento se presentaron tres temas selectos de la Expedición Japonesa de Investigaciones Antárticas de la última temporada. Entre estos se incluyeron las observaciones de la atmósfera llevadas a cabo por un rentable sistema híbrido de UAV y un globo que regresó de manera autónoma a Syowa luego de su observación y recolección de datos sobre distribución de aerosoles a una altura de hasta 23 kilómetros. Otra actividad fue la culminación de la construcción del mayor sistema de radar atmosférico en la Antártida, denominado PANSY. Con un reabastecimiento previsto de combustible, el sistema daría inicio a la observación continua de los vientos hasta los 500 kilómetros sobre la estación Syowa, durante 12 años aproximadamente, un período algo mayor que un ciclo solar. Esto contribuiría de manera importante al desarrollo de modelos de circulación mundial. El tercer tema se refiere a las observaciones del hielo marino en torno al área de navegación de Shirase con imágenes satelitales y con un sensor aéreo del espesor del hielo.

(356) Australia presentó el Documento de información IP 115, *Australian Antarctic Science Program: highlights of the 2014/15 season*. El documento analizaba la investigación realizada al interior del Programa Antártico Australiano, orientado por el "Plan estratégico de ciencias antárticas de Australia 2011-2012 a 2020-2021". El plan centra sus esfuerzos en cuatro temas de investigación: (a) Procesos climáticos y su cambio; (b) Ecosistemas terrestres y costeros: cambio y conservación del medioambiente; (c) Ecosistemas del Océano Austral: cambio y conservación del medioambiente; y (d) Ciencia de vanguardia. El documento puso de relieve la extensa colaboración internacional al alero del Programa de Ciencias Antárticas de Australia.

(357) India presentó el Documento de información IP 99, *Recent Developments in Indian Ice-core Drilling Program in Dronning Maud Land, East Antarctica*. India destacó que uno de los objetivos más importantes del Programa indio de perforación de la capa de hielo era la reconstrucción del clima antártico durante los últimos dos milenios utilizando una serie de núcleos de hielo de profundidad superficial a media desde el sector costero de la Tierra de la Reina Maud.

(358) El SCAR presentó el Documento de información IP 98, *Report on the 2014-2015 activities of the Southern Ocean Observing System (SOOS)*. El informe destacaba los logros del Sistema de Observación del Océano Austral (SOOS) en 2014 y las actividades previstas para 2015.

(359) Malasia presentó el Documento de información IP 130, *XXXIV SCAR Biennial Meetings including the 2016 Open Science Conference, August 2016, Kuala Lumpur, Malaysia*. El país señaló que sería la sede de la XXXIV Reunión Bienal del SCAR, incluyendo la Conferencia Abierta de Ciencias de 2016, en Kuala Lumpur, entre el 19 y el 31 de agosto de 2016.

(360) También se presentaron los siguientes documentos, los que se consideraron como presentados en este tema:

- Documento de información IP 14, *Research Activity Report Czech Antarctic Expedition to James Ross Island Jan-Feb 2015* (República Checa). Este documento proporcionaba una descripción general de las actividades asociadas a proyectos de corto y largo plazo llevadas a cabo durante la expedición antártica checa a la isla James Ross (Estación Mendel) realizada entre enero y febrero de 2015, incluyendo proyectos en las siguientes disciplinas: climatología, glaciares y permacongelamiento, hidrología y limnología, biología terrestre, ciencias del medioambiente, y ciencias médicas.

- Documento de información IP 79, *Programa chileno de ciencia antártica: evolución y desafíos* (Chile). El documento describe la sólida trayectoria en el estudio de la ecología terrestre y costera, con énfasis en la ecofisiología. Los efectos del cambio climático en el gradiente terrestre-costero-marino constituyen por lo tanto un tema fundamental. Los desafíos actuales no solo incluyen la evaluación del estado y las tendencias, sino también la de las respuestas en la evolución de las poblaciones, las comunidades y los ecosistemas frente al cambio climático. Para realizar estos estudios se requiere la labor complementaria de equipos multidisciplinarios y multinacionales que sean capaces de llevar a cabo investigaciones de este tipo.

- Documento de información IP 94, *Climate Change in Antarctica* (Reino Unido). Este documento presentó un gráfico producido por el British Antarctic Survey que muestra los patrones y las magnitudes del cambio en el clima de la Antártida y el Océano Austral.

(361) En relación con este tema se presentaron también los siguientes documentos:

- Documento de antecedentes BP 1, *Resumen de la conferencia del SCAR: Acidificación del Océano Austral* (SCAR).

- Documento de antecedentes BP 4, *The Scientific Committee on Antarctic Research (SCAR) Selected Science Highlights for 2014/15* (SCAR).

- Documento de antecedentes BP 5, *Action Plan: Development of the Brazilian Antarctic science* (Brasil).

- Documento de antecedentes BP 8, *Report from the Republic of Korea on Its Cooperation with the Consultative Parties and the Wider Polar Community* (República de Corea).

- Documento de antecedentes BP 10, *Actividades del Programa Nacional Antártico Perú periodo 2014 – 2015 (*Perú).

- Documento de antecedentes BP 15, *Síntesis de biodiesel a partir de aceite producido por microalgas antárticas. (*Ecuador).

- Documento de antecedentes BP 24, *Determinación del marco de referencia geodésico oficial de la Estación Maldonado* (Ecuador).

- Documento de antecedentes BP 25, *Implementación de UAV's en la generación de cartografía oficial de la Estación Maldonado* (Ecuador).

Tema 14: Implicaciones del cambio climático para la gestión del Área del Tratado Antártico

(362) Estados Unidos presentó el Documento de trabajo WP 39, *Prioridades científicas compartidas y cooperación: Observaciones y modelamiento sistemático en el Océano Austral*, elaborado en forma conjunta con Australia. Estados Unidos recordó que una de las prioridades del Plan de Trabajo Estratégico Plurianual se relacionaba con la colaboración y la creación de capacidades científicas, y particularmente en relación con el cambio climático. El documento destacó el papel del Océano Austral en el clima y la productividad mundial, y las señales de cambios en el Océano Austral. Señaló que la escasez de datos limitaba su comprensión, por lo que destacaba la necesidad de cooperación internacional en las observaciones y el modelamiento del Océano Austral. El documento alentó a las Partes a respaldar el sistema SOOS y a participar en el. Estados Unidos además había iniciado el proyecto de Observación y modelamiento del clima y el carbono del Océano Austral (SOCCOM), que es una contribución a SOOS y expresó que recibiría favorablemente a quienes quisieran participar. El SOCCOM conlleva un programa exhaustivo de observaciones logrado a través de un sistema de observación robótica para la creación de una base de datos sin precedentes destinada a las actividades de modelamiento. Estados Unidos remitió a las Partes al Documento de información IP 98 para obtener más

información acerca de las actividades asociadas a SOOS desde la última RCTA.

(363) La Reunión agradeció a Estados Unidos y a Australia, y reconoció la fundamental importancia de la observación y el modelamiento a largo plazo para mejorar la comprensión actual del Océano Austral y para elaborar proyecciones de la trayectoria futura del clima del Océano Austral y de la Tierra. Portugal puso de relieve las implicaciones de esta investigación para el IPCC y las relaciones con el proyecto Búsqueda sistemática de horizontes científicos del SCAR. Varias Partes informaron acerca de sus contribuciones científicas al sistema SOOS y alentaron a las demás Partes a contribuir a la cooperación en la observación y modelamiento de largo plazo del Océano Austral.

(364) Argentina hizo ver que el concepto de "Océano Austral" se utiliza solamente para denotar a los océanos que rodean a la Antártida desde un punto de vista científico. Señaló que, desde el punto de vista político o legal, se asignaban al concepto diversos sentidos, tal como quedaba en evidencia por la falta de definición al interior de la OHI.

(365) Recordando el Plan de Trabajo Estratégico Plurianual de la RCTA, y en particular la Decisión 3 (2014), Australia se refirió al Documento de Secretaría SP 7, *Medidas tomadas por el CPA y la RCTA sobre las Recomendaciones de la RETA sobre las implicaciones del cambio climático*. Australia alentó a las Partes a considerar las Recomendaciones 9 a 17 de la RETA mencionadas en el Documento de Secretaría SP 7, las que se priorizaron para su debate en la XXXVIII RCTA. Sugirió además que se agregara una medida al Plan de Trabajo Estratégico Plurianual de la XXXIX RCTA, en la que se pidiera la revisión del estado de los conocimientos sobre el cambio climático en la Antártida. En general, Australia consideró que la RCTA podría avanzar convenientemente en una serie de recomendaciones de la RETA, alentando la investigación relevante por los programas nacionales y el SCAR. Con respecto de la Recomendación 9, Australia sugirió que la RCTA debería seguir recibiendo con agrado el aporte, la asistencia y los informes de la OMM a la RCTA. Con respecto de la Recomendación 14 de la RETA, Australia sugirió que los debates sobre el Documento de trabajo WP 39 representaban una apropiada respuesta de la RCTA a la recomendación de que las Partes deberían alentar enérgicamente la colaboración y el desarrollo de sistemas sostenidos de observación integrada.

(366) El Reino Unido expresó su acuerdo con Australia y también señaló que las Recomendaciones 12 y 13 se referían a la colaboración de los modelos integrados

del Sistema Terrestre y las observaciones coordinadas de la región antártica desde el espacio, ambas abordadas en el Documento de trabajo WP 39.

(367) Brasil reiteró que la Reunión debería limitar el debate sobre el cambio climático a sus implicaciones en la Antártida, y no extralimitar su mandato.

(368) La Reunión manifestó su acuerdo en continuar abordando las recomendaciones del Documento de Secretaría SP 7.

(369) También se presentaron los siguientes documentos, los que se consideraron como presentados en este tema:

- Documento de Información IP 92 *Antarctic Climate Change and the Environment – 2015 Update* (SCAR). El documento proporcionó una actualización de los últimos progresos en la comprensión del cambio climático y de su impacto en el continente antártico y el Océano Austral. La actualización se basó en el material incluido en el Informe sobre el cambio climático y el medio ambiente en la Antártida (Informe ACCE).

- Documento de información IP 110, *Climate Change 2015: A Report Card* (ASOC). El documento proporcionó un resumen de las conclusiones científicas hasta la fecha acerca del cambio climático actual y futuro en la Antártida.

- Documento de información IP 114 *The Antarctic Treaty System, Climate Change and Strengthened Scientific Interface with Relevant Bodies of the United Nations Framework Convention on Climate Change (UNFCCC)* (ASOC). El documento señalaba que el Sistema del Tratado Antártico tiene un importante papel que desempeñar en promover la relevancia de la investigación relacionada con el clima de la Antártida para la comunidad del cambio climático, incluyendo la CMNUCC.

Tema 15: Temas educacionales

(370) Bulgaria presentó el Documento de trabajo WP 52, *Informe de los copresidentes acerca del Taller sobre educación realizado en Sofía, Bulgaria, en mayo de 2015*, preparado conjuntamente con Bélgica, Brasil, Chile, Portugal y el Reino Unido. El documento informaba acerca del taller sobre actividades de educación y difusión, realizado el 31 de mayo de 2015, y señalaba que había contado con la asistencia de 97 participantes provenientes de 37 Partes, Observadores y Expertos. Bulgaria informó que se habían presentado en el taller un total de 26 presentaciones orales y 19

presentaciones con posters y 22 documentos, los que apuntaban a: aprender más acerca de las actividades de educación y difusión; analizar la posibilidad de establecer un foro virtual sobre difusión con fines de educación; y analizar el 25º aniversario del Protocolo sobre Protección del Medio Ambiente durante la XXXIX RCTA, en Chile.

(371) Bulgaria señaló que los participantes del taller habían recomendado la creación de un foro de la RCTA en el ámbito de educación y difusión, y que el país proponía que tomara la forma de un GCI. Bulgaria destacó que este foro trabajaría en conjunto para aprovechar todo lo posible el impacto del 25º aniversario del Protocolo de Madrid.

(372) La Reunión señaló que en el taller se recibieron los siguientes documentos:

- Documento de trabajo WP 47, *Taller sobre educación y difusión: Informe sobre los debates informales acerca del Desarrollo de una publicación en ocasión del 25° aniversario del Protocolo de Madrid* (Argentina). Este documento presentaba el informe de los debates informales, y recomendaba que el CPA: reconociera los progresos obtenidos durante los debates informales; considerara las diversas opciones planteadas por los participantes; continuara este debate en el contexto del Taller sobre educación y difusión; y analizara la conveniencia de formalizar el proceso de elaborar la publicación durante el próximo periodo intersesional.

- Documento de Información IP 2 *Workshop on education and outreach - Portugal's Antarctic education and outreach activities* (Portugal). Este documento reseñaba las actividades de educación y difusión realizadas por Portugal desde 2005, durante sus preparativos del Año Polar Internacional (2007/2008) con la participación de organizaciones de educación, la Asociación de Jóvenes Científicos Polares, y *Polar Educators International*. El documento además informaba sobre proyectos específicos que destacaban el compromiso de Portugal con la educación en relación con las regiones polares y con la RCTA.

- Documento de información IP 9 rev. 1, *Workshop on educación y difusión - making an impact: national Antarctic program activities which facilitate education and outreach.* (COMNAP). Este documento hizo notar el compromiso de los programas miembros del COMNAP en comunicar historias antárticas de sus países a nivel nacional. El documento presentó una compilación de la información reunida sobre las actividades de educación y difusión entregadas por cada Programa Antártico Nacional. Los resultados demostraron que el rango de actividades de educación y difusión facilitadas actualmente por los programas antárticos nacionales o realizados en asociación con los programas antárticos nacionales era significativo. El documento además analizó la función del COMNAP en su apoyo a los programas antárticos nacionales en el intercambio de información y de ideas sobre educación, comunicación, participación del público y difusión.

- Documento de información IP 17 *Workshop on education and outreach - APECS-Brazil E&O activities during the XXXVII Antarctic Treaty Consultative Meeting (ATCM)*. (Brasil). Este documento informó sobre la función de la APECS de Brasil y sobre sus actividades durante 2014. En particular, señalaba la "I Jornada Científica: Brasil y el Tratado Antártico"; la "XII Semana Polar Internacional"; y el "II Taller sobre desarrollo profesional", que se realizó en octubre de 2014 en el sur de Brasil junto con una exposición fotográfica organizada por Brasil y Portugal denominado *"Glances over a Frozen Continent"* (Una mirada sobre el continente helado). Informaba además acerca del "Día de celebración de la Antártida" y el proyecto *"Researcher-Educator and Educator-Researcher Training Program"* (Programa de capacitación del Investigador al educador y del educador al investigador).

- Documento de información IP 18 *Workshop on education and outreach - cultural contest - "Brazil in Antarctica"* (Brasil). Este documento informaba sobre un concurso realizado a nivel nacional organizado por la Armada brasileña denominado *"Brazil in Antarctica"* (Brasil en la Antártida). El público objetivo de la actividad fueron los estudiantes de secundaria, de entre 15 y 19 años, y tuvo como fin el promover la conciencia acerca de la importancia del continente para las futuras generaciones. El concurso, y el viaje mismo, se transmitieron por el más importante canal de televisión brasileño, y tuvo llegada a un público amplio y diverso.

- Documento de información IP 31 *Workshop on education and outreach - UK's Antarctic education and public engagement programmes.* (Reino Unido). Este documento informaba que la educación y difusión eran parte importante de la política antártica general del Reino Unido. Los asociados antárticos claves del Reino, entre ellos el Ministerio de Relaciones Exteriores y del Commonwealth, British Antarctic Survey, Scott Polar Research Institute y el Fondo Fiduciario para el Patrimonio del Reino Unido, compartían un objetivo común de dar a conocer a los diferentes sectores de la sociedad la importancia científica mundial de la Antártida y los objetivos y el trabajo del Sistema del Tratado Antártico.

- Documento de información IP 43 *Workshop on education and outreach - education and outreach activities of the United States Antarctic Program (USAP)* (Estados Unidos). Este documento informaba sobre el respaldo del Programa Antártico de Estados Unidos (USAP) a las actividades de educación y difusión para el API 2007-2009, y sobre una variedad de eventos que el USAP había continuado apoyando en forma directa o junto a otras organizaciones. El documento informó también de la participación y respaldo de las iniciativas de educación y difusión del SCAR y de COMNAP, y sobre las futuras instrucciones para las actividades de educación y difusión del USAP, entre otros, los esfuerzos por llevar la información científica directamente desde las regiones polares a las aulas y por aumentar la colaboración internacional para los científicos que están iniciando sus carreras profesionales.

- Documento de información IP 48, *Taller sobre educación y difusión - proyecto libro digital juguemos en la Antártida (*Venezuela). Con la finalidad de promover la educación y difusión sobre la Antártida, Venezuela presentó este libro digital: "Juguemos en la Antártida", una herramienta pedagógica cuyo propósito es motivar a los niños a aprender sobre la Antártida. El libro digital presenta los conocimientos esenciales de las ciencias antárticas a los niños en etapa preescolar y al comienzo de la escuela primaria.

- Documento de información IP 62 *Workshop on education and outreach - whom, how and what do we reach with Antarctic education and outreach?* (Alemania). El documento informó sobre la extensa tradición de las actividades de educación y difusión sobre la Antártida en Alemania. Durante más de 30 años, los investigadores polares han intentado acercar al público general la fascinante vida silvestre y los remotos entornos del Océano Austral y del Continente Blanco. Este documento informó sobre el uso de un amplio abanico de programas destinados al público general con algún interés básico en la Antártida, así como a programas con formato especializado, que se han desarrollado con el fin de fortalecer la interfaz entre las escuelas y las instituciones antárticas y los expertos.

- Documento de Información IP 73, *Taller sobre educación y difusión - principales actividades de divulgación y educación del programa chileno de ciencia antártica.* (Chile). El documento informaba sobre los aspectos principales de una variedad de actividades desarrolladas por Chile en el marco de la educación y difusión en cuanto a la ciencia antártica, efectuadas en los campos de educación, cultura y publicaciones científicas, haciendo uso eficaz de las redes y la colaboración con varias instituciones locales o internacionales.

- Documento de Información IP 76, *Workshop on education and outreach - Antarctic education & outreach in Italy before and after the 4th International Polar Year* (Italia). Este documento informó sobre el continuo interés de Italia en actividades educativas y de capacitación relacionadas con la Antártida y con los temas polares, iniciadas por un grupo de científicos y personal logístico desde los inicios del *"Programma Nazionale di Ricerche in Antartide"* de Italia, y en el positivo resultado de las colaboraciones internacionales desarrolladas en este campo después de la participación en el cuarto API.

- Documento de Información IP 87, *Workshop on education and outreach - using education to create a task force for Antarctic conservation* (IAATO). La IAATO informó que desde hace mucho tiempo venía señalando la importancia de la educación y difusión y, como parte de sus programas de educación en curso, fomentó el trabajo del Tratado Antártico entre un público más amplio, compuesto principalmente de ciudadanos de países que sostienen sus propios programas antárticos nacionales. El documento describía los diferentes componentes del programa educacional de la IAATO: antes de salir del lugar de origen, durante el trayecto hacia la Antártida, y durante el trayecto de regreso al origen.

- Documento de Información IP 89, *Workshop on education and outreach – New Zealand ICE-REACH: inspiring communities to connect with Antarctica* (Nueva Zelandia). Este documento incluía un resumen del trabajo de tres organizaciones con sede en Christchurch, el puerto de entrada a la Antártida en Nueva Zelandia, que conectan las iniciativas de comunicaciones, difusión y educación nacionales e internacionales: *Antarctica New Zealand*, que permite lograr objetivos de educación; el Consejo Municipal de Christchurch, que organiza el *NZ IceFest*, un festival que se realiza cada dos años para celebrar a la Antártida; y *Gateway Antarctica* de la Universidad de Canterbury, que proporciona un entorno de aprendizaje de primera categoría. También informaba sobre las actividades de educación y difusión relacionadas con la Antártida en toda Nueva Zelandia.

- Documento de Información IP 90, *Workshop on education and outreach - education and outreach in the Australian Antarctic Programme* (Australia). Este documento analizó la variedad de actividades de medios, relaciones públicas y educación utilizadas por la División Antártica Australiana (AAD). La AAD fue responsable de dirigir el programa *Australian Antarctica*, incluyendo el liderazgo y la coordinación de actividades de educación y difusión. La AAD gestionó las interacciones mediáticas, las relaciones públicas y los multimedios, mantuvo un completo sitio web y respaldó un compromiso cada vez mayor hacia el uso de las redes sociales. La AAD también llevó a cabo un programa educacional, una iniciativa clave que permite a los estudiantes realizar una visita virtual a las estaciones antárticas australianas desde sus aulas.

- Documento de Información IP 97, *Workshop on education and outreach – examples of educational and outreach activities of the Belgian scientists, school teachers and associations in 2013-2015* (Bélgica). El documento reseñaba las actividades de educación y difusión realizadas por científicos, maestros escolares y asociaciones belgas en el período 2013-2015 desde que Bruselas fue anfitrión de la XXXVI RCTA. Ilustró el compromiso de Bélgica con la educación y la difusión en relación con los estudios del continente antártico y el rol del Tratado Antártico.

- Documento de Información IP 105 *Workshop on education and outreach - Antarctic education and outreach activities in Bulgaria.* (Bulgaria). Este documento hizo notar que Bulgaria y en particular el Instituto Antártico de Bulgaria (BAI) reconocieron la necesidad de una continua difusión pública y educativa relacionada con las regiones polares de los últimos quince años. El documento definió las actividades de educación y difusión emprendidas por Bulgaria desde el año 2000, que involucraban a la Asociación de Jóvenes Científicos Polares (APECS) de Bulgaria y algunas organizaciones de educación nacionales en proyectos como *"Antarctica in your school"* (La Antártida en tu escuela), *"Antarctic Arts"* (Artes antárticas) y *"Polar Science Communication"* (Comunicación Científica Polar).

- Documento de información IP 118 rev. 1, *Workshop on education and outreach - Norway's Antarctic education and outreach activities.* (Noruega). El documento reseñaba las actividades de educación y difusión realizadas por Noruega durante los últimos años, e incluía dos publicaciones sobre la Antártida, una visita de la realeza con motivo de la celebración de los diez años de funcionamiento ininterrumpido de la estación Troll, la base de datos gratuita *Quantartica*, la actualización del sitio web y de las hojas técnicas del Instituto Polar Noruego, la elaboración de cartografía de la Antártida, la participación del establecimiento del Portal de medioambientes antárticos y los planes para la producción de un informe oficial sobre la Antártida.

- Documento de Información IP 120, *Workshop on education and outreach - summary of CCAMLR initiatives.* (CCRVMA). Este documento proporcionó un resumen de las iniciativas de la CCRVMA relacionadas con la creación de capacidades, el respaldo a profesionales en el inicio de sus carreras, la concientización y las relaciones públicas. Entre las iniciativas, que complementaban actividades relacionadas respaldadas por miembros individuales de la CCRVMA a nivel nacional, se encontraban asociaciones, pasantías y programas de becas, además de actividades de concientización y relaciones públicas centradas en el sitio web de la CCRVMA y el uso de redes sociales.

- Documento de Información IP 124 *Workshop on education and outreach - South Africa's Antarctic education and outreach activities.* (Sudáfrica). El documento reseñaba las actividades de educación y difusión realizadas por Sudáfrica. Aunque el Programa Antártico Nacional Sudafricano (SANAP) no ha estructurado formalmente una estrategia de educación y difusión, sí ha hecho uso efectivo de las oportunidades que surgieron ocasionalmente y durante eventos de celebración anuales. El documento informó sobre las actividades relacionadas con las colecciones, exhibiciones y materiales de la biblioteca, la interacción con los medios, las actividades para escuelas y otras actividades relacionadas.

- Documento de Información IP 129, *Taller sobre Educación y Difusión - Programa de Arte y Cooperación Internacional de Argentina. Arte en Antártida, 2005/2015* (Argentina).

- Documento de antecedentes BP 7 *Workshop on education and outreach - education and outreach activities of the United States Antarctic Program (USAP)* (Estados Unidos).

- Documento de antecedentes BP 19, *Taller sobre educación y difusión - el tema antártico en los textos del nivel secundario del Ecuador.* (Ecuador).

- Documento de antecedentes BP 20, *Programa de Difusión, Educativo y Cultural del Instituto Antártico Uruguayo* (Uruguay).

- Documento de antecedentes BP 21, *Workshop on Education and Outreach – Poster Abstract On Education And Outreach Activities Of Bulgarian Antarctic Institute (BAI)* (Bulgaria).

- Documento de antecedentes BP 23, *Workshop on Education and Outreach - First Uruguayan Antarctic Research School: training the next generation of Uruguayan Antarctic researchers* (Uruguay).

- Documento de antecedentes BP 26, *Report on the ATCM XXXVIII Workshop on Education and Outreach* (Bulgaria, Bélgica, Brasil, Chile, Portugal y el Reino Unido).

(373) La Reunión agradeció a Bulgaria por organizar el taller y enfatizó la importancia de que las Partes aumentaran sus esfuerzos de educación y difusión. Australia señaló su interés en mejores foros de colaboración virtual y en explorar diferentes vías de difusión. Varias Partes, además de la IAATO y la ASOC, expresaron su interés en participar en el GCI.

(374) La Reunión decidió establecer un GCI sobre educación y difusión, bajo los siguientes Términos de referencia:

- impulsar la colaboración y el apoyo, a nivel tanto internacional como nacional;

- elaborar, alentar e intercambiar los resultados de iniciativas de educación y difusión que promuevan las observaciones y los resultados científicos, las iniciativas de protección del medio ambiente y el trabajo de las Partes del Tratado Antártico en la gestión de la Zona del Tratado Antártico, como un instrumento educacional y de difusión que reafirme la importancia del Tratado Antártico y de su Protocolo de Protección Ambiental;
- reconocer las actividades de educación y difusión realizadas por grupos de expertos y alentar la cooperación con estos grupos;
- coordinar las actividades de educación y difusión relacionadas con las celebraciones del 25° aniversario del Protocolo de Madrid; y
- proporcionar un informe inicial para el Grupo de Trabajo 2 de la XXXIX RCTA.

(375) Se acordó además lo siguiente:

- Que los Observadores y Expertos que participan en la RCTA fuesen invitados a entregar sus contribuciones;
- Que el Secretario Ejecutivo abriera el foro de la RCTA para el GCI y le proporcionara apoyo; y
- Que Bulgaria se desempeñe como coordinador e informe ante la próxima RCTA sobre el progreso obtenido por el GCI.

(376) El Documento de información IP 101, *COMNAP practical training modules: Module 2 – non-native species*, (COMNAP) se presentó también en el Tema 15 del programa. Este documento presentó el segundo módulo de capacitación titulado "Especies no autóctonas", como resultado de la identificación de áreas de interés de capacitación común en todos los programas antárticos nacionales, llevada a cabo por el Grupo de Expertos en Capacitación del COMNAP durante su Reunión Anual General de 2013.

Tema 16: Intercambio de información

(377) Australia presentó el Documento de trabajo WP 14, *Informe del Grupo de contacto intersesional creado para examinar los requisitos de intercambio de información*. El GCI se había creado durante la XXXVII RCTA para realizar una revisión exhaustiva de los requisitos existentes para el intercambio de información y para identificar cualquier otro requisito adicional. Además, Australia señaló que, de conformidad con el acuerdo alcanzado por la XXXVII RCTA, el GCI inició deliberaciones con el objetivo de: revisar

la información que actualmente se requiere intercambiar; considerar si era valioso que las Partes intercambien información sobre cada uno de los temas, y si algunos de estos necesitaban modificarse, actualizarse, describirse de manera diferente, hacerse obligatorios (allí donde actualmente se definan como voluntarios), o eliminarse; considerar los asuntos pendientes relacionados con el intercambio de información enumerados por el Documento de Secretaría SP 7 de la XXXVII RCTA; considerar los casos en que otros mecanismos de intercambio de información (por ejemplo, aquellos con los que trabaja el COMNAP) pueden superponerse con los requisitos de la RCTA; considerar la calendarización del intercambio de información, incluyendo si sería recomendable que las Partes intercambiaran información de manera continua o en forma anual; y considerar la forma en que cada uno de los temas se ajusta de mejor manera a las categorías de información de pretemporada, anual, y permanente.

(378) Australia presentó un resumen de cuatro categorías y temas de Intercambio de información: Medioambiental, Científica, Operacional y Otros. Además de los asuntos sobre intercambio de información que la Reunión podría resolver fácilmente, el documento también proporcionó información sobre las áreas en las que aún no se ha alcanzado un acuerdo claro.

(379) El GCI recomendó que la RCTA: considere su informe, y todo asesoramiento del CPA en torno al Intercambio de información relacionado con asuntos medioambientales; que analice aquellos sobre los que, a través de cambios menores, se pueda obtener respaldo general, con el fin de aplicar los cambios que fueran necesarios; que considere las categorías y los temas de información en que posiblemente sea necesario un mayor análisis; y que proponga un proceso para realizar avances en ese trabajo.

(380) Después de debatir al respecto, la Reunión aprobó la Decisión 6 (2015) sobre el intercambio de información para que sirva como un único punto de referencia de la información que debe ser intercambiada por las Partes. Las consideraciones relativas a las enmiendas a los requisitos de intercambio de información, anexos a la Decisión, se incluyen en el Apéndice 1 de este Informe. La Reunión acordó revisar más a fondo y modificar periódicamente la lista consolidada de la información que deben intercambiar las Partes, tal como se indica en la Decisión.

(381) La Reunión también acordó establecer un nuevo Grupo de Contacto Intersesional para avanzar en el examen integral de los actuales requisitos de intercambio de información, iniciado en ocasión de la XXXVII RCTA, bajo los siguientes Términos de referencia:

1. Revisar los elementos de información cuyo intercambio se exige en la actualidad, centrándose en aquellos elementos que, como fuera identificado, requieren mayor atención (según lo que se menciona en el Anexo 1 del Documento de trabajo WP 14 presentado a la XXXVIII RCTA);

2. Formular recomendaciones sobre:

    a. si sigue siendo valioso que las Partes intercambien información sobre estos temas;

    b. si algunos de estos necesitan modificarse, actualizarse, describirse de manera diferente, hacerse obligatorios (allí donde actualmente se definan como voluntarios) o eliminarse;

    c. La calendarización del intercambio de información sobre estos temas;

    d. la forma en que cada uno de los temas se ajusta de mejor manera a las categorías de información de pretemporada, anual, y permanente;

    e. si la información podría intercambiarse de mejor manera a través de otros mecanismos (por ejemplo, aquellos operados por el COMNAP);

3. Informar ante la XXXIX RCTA.

(382) Se acordó además lo siguiente:

*   Que los observadores y expertos que participan en la RCTA sean invitados a entregar sus contribuciones;
*   Que el Secretario Ejecutivo abra el foro de la RCTA para el GCI y le proporcione apoyo; y
*   Que Australia sea el país coordinador.

(383) La Federación de Rusia presentó el Documento de información IP 68, *Russia-U.S. Removal of Radioisotope Thermoelectric Generators from the Antarctic*, preparado conjuntamente con Estados Unidos. La Federación de Rusia presentó el proyecto conjunto entre Rusia y EE. UU., que consistía en retirar equipos isotópicos radiactivos de varias estaciones rusas antárticas. Señaló que el retiro de generadores termoeléctricos con radioisótopos (RTG, por sus siglas en inglés) fue causado por la amenaza del uso no autorizado de los RTG antárticos para actos de terrorismo. La Federación de Rusia también agradeció a Argentina y Alemania por permitir el paso del *R/V Akademik Fedorov* por sus respectivos puertos marítimos con una carga de RTG, en camino para su desmantelamiento en San Petersburgo.

(384) Estados Unidos puso de relieve que este documento de información demostraba un ejemplo importante de cooperación para el control de armas. También proporcionó un ejemplo valioso sobre cómo podía mantenerse en la Antártida la cooperación entre las Partes del Tratado Antártico, sin importar las diferencias que pudieran existir en otras regiones del planeta.

(385) La Reunión felicitó a la Federación de Rusia por el exitoso retiro de los equipos isotópicos.

(386) El retiro de los RTG se identificó como un ejemplo de remediación medioambiental. Además, se hizo referencia a las Recomendaciones VI-5 y VI-6 relativas al control de los radioisótopos en las investigaciones científicas y al intercambio de información sobre el uso de radioisótopos.

Tema 17: Prospección biológica en la Antártida

(387) Los Países Bajos presentaron el Documento de información IP 133, *An Update on Status and Trends Biological Prospecting in Antarctica and Recent Policy Developments at the International Level*. El documento proporcionó una actualización sobre el estado y las tendencias de la prospección biológica en la Antártida, además de una revisión de los avances recientes de las correspondientes políticas a nivel internacional. Los Países Bajos señalaron que estos asuntos fueron considerados por la Asamblea General de las Naciones Unidas a través del Grupo de trabajo informal *ad hoc* de composición abierta para estudiar aquellos asuntos relacionados con la conservación y el uso sostenible de la biodiversidad marina en zonas que se encuentran fuera de la jurisdicción nacional. También señalaron que la novena reunión del Grupo de trabajo había recomendado, a principios de 2015, que se tomara una decisión durante la 69ª sesión de la Asamblea General de la ONU, con el fin de desarrollar un nuevo instrumento jurídicamente vinculante sobre biodiversidad que se encuentra fuera de la jurisdicción nacional, de conformidad con la Convención de las Naciones Unidas sobre Derecho marítimo. Los Países Bajos recalcaron que el Grupo de trabajo no había excluido los recursos marinos vivos antárticos y destacaron la importancia de este asunto para la RCTA.

(388) La Reunión agradeció a los Países Bajos por esta actualización. En respuesta a la posible negociación de un instrumento pertinente a la Zona del Tratado Antártico, varias Partes destacaron que la recolección y el uso de material biológico en la Antártida deben analizarse al interior del Sistema del Tratado

Antártico. Se señaló que las Partes deben estar conscientes del sistema normativo del Sistema del Tratado Antártico y tener cautela al iniciar debates sobre las posibles aplicaciones de otros regímenes que posiblemente estén en conflicto. La Reunión confirmó que el Sistema del Tratado Antártico era el marco adecuado para gestionar la recolección de material biológico y considerar su uso en la Zona del Tratado Antártico. Varias de las Partes destacaron la importancia de mantener la prospección biológica en el programa de la RCTA.

Tema 18: Preparativos para la 39ª Reunión

a. Fecha y lugar

(389) La Reunión agradeció la amable invitación extendida por el gobierno de Chile de organizar la XXXIX RCTA en Santiago de Chile, teniendo como fecha tentativa entre el 6 y el 15 de junio de 2016.

(390) A los fines de planificación futura, la Reunión tomó nota del siguiente cronograma posible de las próximas RCTA:

- 2017 China
- 2018 Ecuador.

b. Invitación a las organizaciones internacionales y no gubernamentales

(391) Conforme a la práctica establecida, la Reunión acordó que las siguientes organizaciones con intereses científicos o técnicos en la Antártida sean invitadas a enviar a sus expertos para asistir a la XXXIX RCTA: la Secretaría del ACAP, la ASOC, el Grupo Intergubernamental de Expertos sobre Cambio Climático (IPCC, por sus siglas en inglés), la IAATO, la Organización de Aviación Civil Internacional (OACI), la OHI, la OMI, la COI, los Fondos Internacionales de Indemnización de los Daños causados por la Contaminación por hidrocarburos (FIDAC), la UICN, el PNUMA, la CMNUCC, la OMM y la OMT.

c. Preparación del Programa de la XXXIX RCTA

(392) La Reunión aprobó el Programa Preliminar para la XXXIX RCTA (véase el Apéndice 2).

d. *Organización de la XXXIX RCTA*

(393) Tras debatir sobre los métodos de trabajo de la RCTA, la Reunión decidió hacer cambios al número regular de Grupos de Trabajo. En 2016, el Grupo de Trabajo WG1 abordaría asuntos políticos, legales e institucionales y el Grupo de Trabajo WG2 tendría la responsabilidad de operaciones, ciencia y turismo. Además, podría establecerse un Grupo de Trabajo Especial (WG3) según sea necesario. Para 2016, la Reunión acordó establecer el Grupo de trabajo WG3 para el 25° aniversario del Protocolo de Protección del Medioambiente.

(394) De conformidad con las Reglas de Procedimiento aprobadas durante esta RCTA, los presidentes de estos grupos deben nombrarse antes del cierre de la Reunión y, si no se realizan nominaciones, debe nombrarse a los presidentes al inicio de la siguiente RCTA. La Reunión acordó el nombramiento de René Lefeber, de los Países Bajos, como presidente del Grupo de trabajo WG1 durante 2016. La Reunión acordó el nombramiento de Máximo Gowland, de Argentina, y de Jane Francis, del Reino Unido, como copresidentes del Grupo de trabajo WG2 de 2016. Chile, como país anfitrión de la próxima RCTA, acordó establecer un presidente para el Grupo de trabajo WG3.

e. *La Conferencia del SCAR*

(395) Teniendo en cuenta la valiosa serie de conferencias entregadas por el SCAR en diversas RCTA, la Reunión decidió invitar al SCAR a brindar otra conferencia sobre asuntos científicos relevantes durante la XXXIX RCTA.

Tema 19: Otros asuntos

(396) En cuanto a las referencias incorrectas al estado territorial de las Islas Malvinas, Georgias del Sur y Sandwich del Sur formuladas en documentos relacionados con esta Reunión Consultiva del Tratado Antártico, Argentina rechazó cualquier referencia a estas islas como una entidad separada de su territorio nacional, atribuyéndoles un estatus internacional que no tienen, y afirmó que las Islas Malvinas, Georgias del Sur y Sandwich del Sur y los espacios marítimos circundantes son parte integrante del territorio nacional argentino. Por otra parte, Argentina rechazó que se otorgue a los barcos banderas ilegales de las Islas Malvinas por las supuestas autoridades británicas y también rechazó el uso de puertos de matrícula en dichos

archipiélagos, y cualquier otro acto unilateral realizado por las autoridades coloniales, que no son reconocidas y son rechazadas por Argentina. Las islas Malvinas, Georgias del Sur y Sandwich del Sur, y los espacios marítimos circundantes, son parte integrante del territorio nacional argentino, están bajo ocupación británica ilegal y son objeto de una disputa reconocida por las Naciones Unidas sobre soberanía entre la República Argentina y el Reino Unido de Gran Bretaña e Irlanda del Norte.

(397) En respuesta, el Reino Unido manifestó que no tenía duda alguna respecto de su soberanía sobre las islas Falkland, Georgias del Sur y Sandwich del Sur y sobre sus zonas marítimas circundantes, como es de conocimiento de todos los delegados. En ese sentido, el Reino Unido no posee ninguna duda acerca del derecho del gobierno de las islas Falkland de llevar un registro de buques que operan con bandera del Reino Unido y de Falkland.

(398) Argentina rechazó la declaración británica y reafirmó su bien conocida posición legal.

Tema 20: Aprobación del Informe Final

(399) La Reunión aprobó el Informe Final de la 38ª Reunión Consultiva del Tratado Antártico. El presidente de la Reunión, el embajador Rayko Raytchev, pronunció las palabras de cierre.

Tema 21: Clausura de la reunión

(400) La Reunión se clausuró el miércoles 10 de mayo a las 12:50 horas.

2. Informe de la XVIII Reunión del CPA

Índice

Informe de la Décima Octava Reunión del Comité para la Protección del Medio Ambiente (XVIII Reunión del CPA)

Sofía, Bulgaria, 1 a 5 de junio de 2015

(1)   De conformidad con el Artículo 11 del Protocolo al Tratado Antártico sobre Protección del Medio Ambiente, los Representantes de las Partes del Protocolo (Alemania, Argentina, Australia, Belarús, Bélgica, Brasil, Bulgaria, Canadá, Chile, China, Ecuador, España, Estados Unidos, Federación de Rusia, Finlandia, Francia, India, Italia, Japón, Mónaco, Países Bajos, Noruega, Nueva Zelandia, Perú, Polonia, Portugal, República Checa, Reino Unido, República de Corea, Rumania, Sudáfrica, Suecia, Ucrania, Uruguay, Venezuela,) se reunieron en Sofía, Bulgaria, entre el 1 y el 5 de junio de 2015, con el propósito de proporcionar asesoramiento y formular recomendaciones a las Partes en relación con la implementación del Protocolo.

(2)   De conformidad con la Regla 4 de las Reglas de procedimiento del CPA, asistieron también a la Reunión los siguientes observadores:

- Partes Contratantes del Tratado Antártico que no son parte al Protocolo: Malasia, Mongolia, Suiza y Turquía;

- el Comité Científico de Investigación Antártica (SCAR), el Comité Científico de la Convención sobre la Conservación de los Recursos Marinos Vivos (CC-CRVMA), y el Consejo de Administradores de Programas Antárticos Nacionales (COMNAP); y

- organizaciones científicas, medioambientales y técnicas: la Coalición Antártica y del Océano Austral (ASOC), la Asociación Internacional de Operadores Turísticos Antárticos (IAATO), la Unión Internacional para la Conservación de la Naturaleza (UICN), el Programa de las Naciones Unidas para el Medio Ambiente (PNUMA) y la Organización Meteorológica Mundial (OMM).

Tema 1: Apertura de la Reunión

(3)   El Presidente del CPA, Sr. Ewan McIvor (Australia), declaró abierta la reunión el lunes 1 de junio de 2015 agradeciendo a Bulgaria por organizar la Reunión en la ciudad de Sofía y por ser su país anfitrión.

(4) El Comité expresó a Bélgica sus sinceras condolencias por la sensible pérdida del Sr. Frédéric Chemay, el difunto representante belga del CPA, quien falleció en septiembre de 2014.

(5) En nombre del Comité, el Presidente dio una cálida bienvenida a Venezuela y a Portugal, que se convirtieron en miembros del CPA tras su adhesión al Protocolo el 31 de agosto de 2014 y el 10 de octubre de 2014, respectivamente. El Presidente señaló que el CPA estaba compuesto por 37 Miembros.

(6) El Presidente resumió el trabajo realizado durante el periodo intersesional, señalando que se habían emprendido todas las acciones planteadas en la XVII Reunión del CPA con resultados previstos para la XVIII Reunión del CPA (Documento de información IP 121).

Tema 2: Aprobación del programa

(7) El Comité aprobó el siguiente programa y confirmó la asignación de 41 Documentos de trabajo (WP), 45 Documentos de información (IP), 4 Documentos de la Secretaría (SP) y 9 Documentos de antecedentes (BP), a los temas del programa:

1. Apertura de la reunión

2. Aprobación del programa

3. Deliberaciones estratégicas sobre el trabajo futuro del CPA

4. Funcionamiento del CPA

5. Cooperación con otras organizaciones

6. Reparación y remediación del daño al medioambiente

7. Implicancias del cambio climático para el medioambiente: enfoque estratégico

8. Evaluación del impacto ambiental (EIA)

    a. Proyectos de evaluación medioambiental global

    b. Otros asuntos relacionados con la evaluación del impacto ambiental

9. Protección de zonas y planes de gestión

    a. Planes de gestión

    b. Sitios y Monumentos Históricos

    c. Directrices para sitios

    d. Protección y gestión del espacio marino

e. Otros asuntos relacionados con el Anexo V

10. Conservación de la flora y fauna antárticas

a. Cuarentena y especies no autóctonas

b. Especies Especialmente Protegidas

c. Otros asuntos relacionados con el Anexo II

11. Vigilancia del medioambiente e informes sobre el estado del medioambiente

12. Informes de inspecciones

13. Asuntos generales

14. Elección de autoridades

15. Preparativos para la próxima reunión

16. Aprobación del informe

17. Clausura de la reunión

Tema 3: Deliberaciones estratégicas sobre el trabajo futuro del CPA

(8)   Nueva Zelandia presentó el Documento de trabajo WP 21 *Portal de medioambientes antárticos: Conclusión del proyecto y próximos pasos,* y se refirió al Documento de información IP 11, *Antarctic Environmental Portal content development and editorial process,* preparado conjuntamente por Australia, Bélgica, Noruega y el SCAR. Los documentos informaron sobre los progresos obtenidos en la culminación del proyecto del Portal de medioambientes antárticos desde la XXXVII RCTA. El trabajo intersesional incluyó: la promoción del Portal durante la Conferencia Abierta de Ciencias del SCAR de 2014, donde se incluyó la realización de un taller de la Asociación de Jóvenes Científicos Polares (APECS) sobre el Portal; el establecimiento de dos grupos asesores que proporcionan retroalimentación sobre los aspectos del Portal y un taller separado para poner a prueba y afinar el proceso editorial. Nueva Zelandia señaló además que se contrató un editor y se estableció el Grupo Editorial del Portal, a quien se le encargó desarrollar, revisar y mantener actualizado el contenido del Portal. El Grupo Editorial actualmente estaba supervisando la preparación de 15 artículos de interés directo para el Comité. Estos artículos involucran contribuciones de 50 autores pertenecientes a 15 países. Nueva Zelandia señaló que el Portal se encontraba en proceso de ser transferido a *Gateway Antarctica*, en la Universidad de Canterbury y que se crearía un Consejo de Administración Provisional a cargo de supervisar la operación del Portal. Nueva Zelandia

señaló además que se había enviado una propuesta de financiamiento a una fundación internacional para apoyar la operación del Portal durante los próximos tres años.

(9)   Los copatrocinadores del Documento de trabajo recomendaron que el Comité: acoja la culminación del proyecto del Portal de medioambientes antárticos e indique su apoyo al producto final; considere maneras en las que se pueda usar el Portal como ayuda para sus debates, su asesoramiento a la RCTA y su planificación del trabajo prioritario futuro; considere si podría participar en el Portal, y en caso de hacerlo, cómo podría proporcionar miembros para el Grupo Editorial en el futuro; y aporte ideas sobre la futura administración del Portal.

(10)   El Comité elogió a Nueva Zelandia, Australia, Bélgica, Noruega y al SCAR por el considerable trabajo realizado desde la XVII Reunión del CPA en el desarrollo y culminación del Portal de medioambientes antárticos. Los Miembros destacaron la capacidad de respuesta de los coproponentes a los temas planteados en anteriores reuniones del CPA, en particular el desarrollo de un exhaustivo proceso editorial para garantizar que el Portal contenga información científica de la más alta calidad, y señalaron que todos los contenidos eran equilibrados y políticamente neutros.

(11)   En relación con la posibilidad de utilizar el Portal en respaldo de las deliberaciones del Comité, se acordó que los Miembros puedan aprovechar el Portal para respaldar su trabajo, incluyendo: la elaboración de políticas; como recurso para respaldar los procesos de evaluación del impacto ambiental, y para ser usado como insumo para preparar las reuniones y los debates que allí se sostengan. El Comité señaló que podría sugerir temas que resulten relevantes para los asuntos que se encuentra abordando para su futura inclusión en el Portal.

(12)   Se formuló una consulta sobre la manera en que se escogería el grupo editorial en el futuro, y se señaló que en reuniones posteriores el Comité debería volver a debatir sobre la futura gobernanza y gestión del Portal. Con relación a esto, se plantearon algunas inquietudes sobre el futuro financiamiento del Portal y sobre la necesidad de garantizar que no se altere la naturaleza políticamente neutra de su contenido y administración, sugiriéndose que la Secretaría podría ser el anfitrión final del Portal.

(13)   El Comité recibió con beneplácito la noticia sobre la transferencia del Portal a la Universidad de Canterbury, y advirtió que estaba en marcha una solicitud para su financiamiento externo.

(14) Francia ofreció contribuir a la traducción al francés a través de la provisión de recursos específicos.

Asesoramiento del CPA a la RCTA sobre el Portal de medioambientes antárticos

(15) El Comité acordó recomendar a la RCTA que: acoja de buen grado la culminación del proyecto del Portal de medioambientes antárticos, exprese su respaldo al producto final, y reconozca la utilidad del Portal de medioambientes antárticos como una herramienta voluntaria para garantizar que el Comité se mantenga tan informado como sea posible acerca del estado de los medioambientes antárticos.

(16) El Comité refrendó un borrador de Resolución sobre el futuro uso y gestión del Portal de medioambientes antárticos y aceptó remitirlo a la RCTA para su aprobación.

25° Aniversario del Protocolo sobre Protección del Medio Ambiente

(17) Noruega presentó el Documento de trabajo WP 44 *Un simposio que celebra el 25° aniversario del Protocolo al Tratado Antártico sobre Protección del Medio Ambiente*, preparado conjuntamente por Australia, Chile, Francia, Nueva Zelandia y el Reino Unido. Tras una sugerencia formulada por Noruega en la XVII Reunión del CPA, el Documento de Trabajo WP 44 sugería la realización de un simposio conmemorativo para celebrar y analizar los logros obtenidos en relación con la función del Protocolo como marco de trabajo para la protección del medioambiente, y que este se realizara en conjunto con la 39ª RCTA y la 19ª Reunión del CPA.

(18) El documento recomendaba que la RCTA y el CPA: tomen la decisión de realizar un simposio para el 25° aniversario en conjunto con la XXXIX RCTA y la XIX Reunión del CPA en Chile, el día sábado inmediatamente tras la conclusión de la Reunión del CPA; acepten el marco propuesto en el Documento de trabajo WP 44 como punto de partida para la posterior elaboración del programa del simposio; acepten la oferta de Noruega (junto con la de otros) de coordinar la planificación y asumir la responsabilidad de la implementación práctica del simposio; y acepten que se utilice el Foro de debates del STA como una plataforma para que los Miembros ofrezcan sus aportes a los organizadores en relación con el programa del simposio.

(19) El Comité consideró y estuvo de acuerdo en que el 25° aniversario del Protocolo es un hito que ofrecía una ocasión oportuna y pertinente para

centrarse en el Protocolo de Protección del Medio Ambiente como marco de gestión del medioambiente para la Antártida, y que un simposio sería un práctico y apropiado vehículo para lograrlo.

(20) El Comité manifestó su acuerdo en cuanto a que tal simposio conmemorativo debería realizarse en conjunto con la XIX Reunión del CPA y la XXXIX RCTA en Chile, posiblemente el día sábado inmediatamente tras la reunión del CPA.

(21) Con respecto del alcance, varios Miembros expresaron su deseo de que dicho simposio conmemorativo no debería limitarse únicamente a celebraciones internas, y que debería utilizarse como una oportunidad para difundir y crear un enfoque hacia el exterior. Las sugerencias abarcaron desde la posibilidad de ofrecer una plataforma para que políticos se reúnan para debatir esos asuntos hasta la apertura del simposio al público en general. Varios Miembros sugirieron el desarrollo de algún tipo de "producto" del simposio como elemento de difusión, si bien no se exploró en mayor detalle lo que esto podría implicar. Además, los Miembros expresaron su deseo de aprovechar la oportunidad para observar el Protocolo desde diversas perspectivas, incluyendo sus antecedentes históricos y sus contextos jurídico y social.

(22) La ASOC expresó su apoyo al simposio propuesto, el cual se consideró como una oportunidad excelente para evaluar la implementación y efectividad del Protocolo a la fecha, y además una oportunidad para pensar estratégicamente sobre la manera en que el Protocolo puede abordar los desafíos actuales y futuros. La ASOC sugirió que los debates incluyan una revisión de las inspecciones que se han llevado a cabo de conformidad con el Artículo 14 del Protocolo, las cuales constituyen una evidencia concreta y verificada en el terreno sobre la forma práctica en que se implementó el Protocolo.

(23) El Comité señaló que había una serie de iniciativas adicionales que podrían servir como elemento de difusión externo para las celebraciones del 25 aniversario. El folleto conmemorativo de los 25 años, sugerido por Argentina fue una de estas propuestas y productos. Durante el fin de semana anterior a la XXXVIII RCTA / XVIII Reunión del CPA, el Taller sobre Educación y difusión propuso establecer un foro electrónico sobre educación y difusión que utilizaría el 25° aniversario para ofrecer la oportunidad de realizar campañas conjuntas de educación y difusión.

(24) El Comité señaló también que el simposio debería ofrecer la oportunidad de centrarse tanto en los logros obtenidos en el pasado como en los desafíos que esperan en el futuro, y que debería incluir un procedimiento claro para garantizar un equilibrio adecuado entre las presentaciones y entre los

expositores invitados al simposio. Se señaló además que el Simposio debía organizarse considerando el actual marco presupuestario de la Secretaría.

Asesoramiento del CPA a la RCTA sobre un Simposio para celebrar el 25° aniversario del Protocolo al Tratado Antártico sobre Protección del Medioambiente

(25) El CPA expresó su acuerdo en recomendar que el 25° aniversario del Protocolo es un hito que ofrecía una ocasión oportuna, pertinente, y deseable para centrarse en el Protocolo de Protección del Medio Ambiente como marco de gestión del medioambiente para la Antártida, y que un simposio sería un práctico y apropiado vehículo para lograrlo.

(26) El CPA acordó recomendar a la RCTA que dicho simposio conmemorativo debería realizarse en conjunto con la XIX Reunión del CPA y la XXXIX RCTA en Chile, posiblemente el día sábado inmediatamente posterior la reunión del CPA.

(27) El CPA aceptó recomendar que debía establecerse un Comité directivo compuesto por representantes de los países proponentes, otros Miembros interesados incluyendo posiblemente a los anteriores presidentes del CPA. Este comité directivo debería continuar desarrollando el programa del simposio, considerando, según corresponda, las ideas propuestas por los Miembros del CPA en relación con los las posibilidades asociadas a su alcance, a la forma de equilibrar presentaciones y presentadores y a su marco presupuestario. El comité directivo debería considerar los mecanismos para garantizar una oportunidad para que las Partes le brinden asesoramiento sobre el desarrollo del programa del simposio durante el período intersesional.

(28) Argentina presentó el Documento de trabajo WP 47, *Taller sobre educación y difusión: Informe sobre los debates informales acerca del Desarrollo de una publicación en ocasión del 25° aniversario del Protocolo de Madrid*. El documento presentó los resultados de los debates informales encabezados por Argentina, incluido un borrador de índice de los temas para una publicación y las posibles formas de avanzar. Argentina puso de relieve la importancia de informar al público en general acerca de los muchos logros obtenidos durante los últimos 25 años. Señaló que durante el debate informal se expresaron diversas posturas en relación con el alcance de la publicación. Argentina señaló que algunos participantes consideraban que el alcance debería limitarse al trabajo y logros del Comité hasta ahora, en tanto que otros sugirieron que la publicación debería reseñar los futuros desafíos y objetivos fundamentales. Sugirió que el formato y diseño de la publicación

debían ser fáciles de usar e interactivos. Argentina recomendó que el CPA: reconozca los progresos obtenidos durante los debates informales; considere las diversas opciones sugeridas por los participantes; y analice la conveniencia de formalizar el proceso de publicación para el siguiente periodo intersesional.

(29) El Comité agradeció a Argentina por dirigir los debates intersesionales informales y apoyó el establecimiento de un proceso formal con una autoría equilibrada para preparar una publicación que refleje los logros del Protocolo y del CPA, así como también los desafíos futuros. El Comité convino en que esta publicación debe ser concisa, políticamente neutra y preparada en un lenguaje accesible para un público amplio.

(30) El Comité señaló que durante el Taller sobre educación y difusión realizado antes de la XXXVIII RCTA se analizó la idea de un foro para coordinar las actividades de difusión asociadas al 25° aniversario del Protocolo, y que este foro podría ser un medio útil para la difusión de información acerca de esta publicación hacia un público más amplio.

(31) La ASOC señaló que el 25° aniversario era un punto de referencia importante en la historia de la gobernanza de la Antártida, y que era adecuado dejar un registro para reflejar los logros y desafíos de los pasados 25 años, además de evaluar los que se presentarán durante los próximos años. La ASOC expresó su deseo de contribuir en el proceso de publicación.

(32) El SCAR también expresó su deseo de contribuir en el proceso de publicación.

(33) El Comité decidió establecer un GCI sobre el desarrollo de una publicación sobre el 25° aniversario del Protocolo de Madrid con los siguientes TdR:

1. Establecer un pequeño Grupo de autores para desarrollar el proceso de redacción de la publicación, teniendo en cuenta el equilibrio geográfico y la diversidad de las Partes del CPA en términos de experiencia, incluidos los anteriores presidentes del Comité. Además, crear un Grupo editorial que compile y edite el texto en cuando se reciban las contribuciones;

2. Desarrollar una publicación neutra, breve, concisa y en línea que incluya herramientas visuales y dinámicas, teniendo en cuenta los objetivos ya definidos por el CPA para la publicación;

3. Identificar los diferentes medios de difusión de la publicación; y

4. Presentar a la XIX Reunión del CPA el proyecto de publicación a fin de que las Partes lo analicen y aprueben antes de su publicación en ocasión de la fecha del aniversario en octubre de 2016.

(34) El Comité aceptó agradecido la oferta de Argentina de coordinar el GCI y alentó una amplia participación en este trabajo durante el próximo período intersesional. El Comité acogió de buen grado la oferta de Patricia Ortúzar (Argentina) de actuar como coordinadora para el GCI.

Plan de trabajo quinquenal del CPA

(35) El Comité consideró el Plan de trabajo quinquenal del CPA aprobado en la XVII Reunión del CPA (Documento de trabajo WP 5) y, en conformidad con el acuerdo alcanzado durante la XV Reunión del CPA (2012), consideró brevemente el plan de trabajo al término de cada tema del programa.

(36) El Comité revisó y actualizó su Plan de trabajo quinquenal (Apéndice 1). Entre los cambios principales se incluyen actualizaciones que reflejen las acciones acordadas durante la Reunión, incluida la adición de un nuevo tema sobre la protección de valores geológicos destacados. El Comité también decidió eliminar una serie de temas para los que no se habían identificado tareas específicas (gestión de especies especialmente protegidas; respuesta en casos de emergencia y planificación de contingencia; actualización del Protocolo y revisión de los Anexos; inspecciones; residuos y gestión energética), teniendo en cuenta que algunos de ellos eran temas permanentes en su programa y que estos asuntos, así como todos los nuevos asuntos, pueden agregarse fácilmente al Plan de trabajo en el futuro, lo mismo que con cualquier nuevo tema.

(37) El Comité convino en que, para las reuniones futuras, el Plan de trabajo quinquenal debe presentarse en un Documento de Secretaría, junto con el plan de trabajo de la RCTA.

Tema 4: Funcionamiento del CPA

(38) El Presidente se refirió al Documento de Secretaría SP 2, *Informe de la Secretaría 2014/2015*, que resumió las actividades de la Secretaría durante el año pasado. El Presidente agradeció a la Secretaría por su trabajo de apoyo al Comité.

(39) Australia presentó el Documento de trabajo WP 14, *Informe del Grupo de contacto intersesional creado para examinar los requisitos de intercambio de información*. El Comité había señalado durante la XVII Reunión del CPA su interés en contribuir al debate sobre los requisitos de intercambio de información sobre el medioambiente. La XXXVII RCTA solicitó

posteriormente al CPA que prestara asesoramiento sobre esta materia. Australia resumió el trabajo del Grupo de contacto intersesional, que identificó dos categorías generales de sugerencias de intercambio de información. En primer lugar, se encontraban aquellos elementos o categorías en los que uno más participantes habían sugerido cambios o aclaraciones relativamente simples sin debate, y que podrían obtener apoyo general de las Partes. En segundo lugar, se hallaban aquellos elementos o categorías sobre los que no hubo un acuerdo claro y donde quizás se necesitara mayor debate sobre los cambios sugeridos.

(40) En el documento se recomendó que el Comité debería: considerar el informe con referencia al intercambio de información relativo a los asuntos medioambientales; analice las categorías y elementos de información, sobre los que, a través de cambios menores, se pueda obtener respaldo general, con el fin de aplicar los cambios que fueran necesarios; y, para aquellas categorías donde tal vez fuera necesario un mayor análisis, determinar si es necesario trabajar sobre estas categorías y temas, y proponer un proceso para realizar avances en ese trabajo.

(41) El Comité agradeció a Australia por coordinar el GCI y por el completo informe sobre los debates. El Comité expresó su interés en considerar cambios adicionales a los requisitos de intercambio de información relacionados con los temas medioambientales. También observó que los debates de la RCTA sobre este documento tomarían en cuenta las contribuciones realizadas por los representantes del CPA durante el transcurso de la Reunión, y se mostró listo para proporcionar asesoramiento adicional a la RCTA, según corresponda, sobre el intercambio de información relacionado con temas medioambientales.

(42) El Presidente recordó que durante la XXXVII RCTA se había actualizado el Plan de trabajo estratégico plurianual de la RCTA para incluir una prioridad relativa a "fortalecer la cooperación entre el CPA y la RCTA". El Presidente señaló que el Comité tenía una buena relación de trabajo con la RCTA, si bien destacó el valor en identificar oportunidades para mejorar aún más la relación por parte del Comité y pidió la opinión de los Miembros con respecto a este tema.

(43) El Comité acogió con beneplácito la decisión de la RCTA de dar prioridad a la consideración de su relación con el CPA y expresó su apoyo a los pasos dados por el Presidente, entre ellos: proporcionar a las delegaciones de la RCTA un informe preliminar sobre los temas que debe considerar el Comité y que también podrían ser de interés e importancia para las deliberaciones

de la misma RCTA; aprovechar durante la reunión las oportunidades para coordinar con los presidentes de los Grupos de trabajo de la RCTA y transmitir de manera informal los resultados de los debates relevantes del CPA; intentar centrar la presentación del informe del CPA en los temas para los que el Comité ha desarrollado asesoramiento específico para la RCTA.

(44) El Comité recordó su rol como órgano asesor de la RCTA, como se indica en el Artículo 12 del Protocolo, y señaló la necesidad de un diálogo eficaz entre la RCTA y el CPA. El Comité además señaló la importancia de responder a las solicitudes de asesoramiento de la RCTA y de ser proactivos en cuanto a informar sobre los problemas importantes.

(45) El Comité acordó que sería útil solicitar que la RCTA proporcionara retroalimentación sobre la forma en que el Comité presta su asesoramiento, y sobre si dicho asesoramiento se orienta hacia los temas prioritarios para la RCTA. Con respecto a esto, el Comité observó que sería conveniente que la RCTA considerase las prioridades del Plan de trabajo quinquenal del CPA.

Asesoramiento del CPA a la RCTA sobre las oportunidades para fortalecer la cooperación entre el CPA y la RCTA

(46) El Comité acogió la prioridad asignada por la RCTA de considerar su relación con el CPA e instó a la RCTA a proporcionar retroalimentación sobre las oportunidades de mejorar su método de proporcionar asesoramiento, incluida la de alinearse más estrechamente con las prioridades de la RCTA.

Tema 5: Cooperación con otras organizaciones

(47) El COMNAP presentó el Documento de información IP 8 *Informe anual de 2014/2015 del Consejo de Administradores de los Programas antárticos nacionales (COMNAP)*, que también se había presentado a la RCTA. El COMNAP informó al Comité que el Dr. Anoop Tiwari es el nuevo líder del Grupo de Expertos Ambientales del COMNAP, y expresó su agradecimiento a la anterior líder del Grupo, la Dra. Sandra Potter, por sus años de servicio en esa función.

(48) El Observador del CC-CRVMA presentó el Documento de información IP 12 *Report by the SC-CAMLR Observer*. Al igual que en años anteriores, el documento se centró en los cinco asuntos de interés común para el CPA y el CC-CRVMA de acuerdo a lo identificado en 2009 en su primer taller conjunto: a) Cambio climático y medioambiente marino de la Antártida;

b) Biodiversidad y especies no autóctonas en el medio-ambiente marino de la Antártida; c) Especies antárticas que requieren protección especial; d) Gestión de espacios marinos y zonas protegidas; y e) Seguimiento del ecosistema y el medioambiente.

(49) El Documento de información IP 12 incluyó los avances sobre estos cinco temas y destacó algunas iniciativas importantes del CC-CRVMA, entre ellas: el Programa de Becas científicas de la CCRVMA y el trabajo del CC-CRVMA en los campos de AMP y ecosistemas marinos vulnerables, y la necesidad de un mayor desarrollo del conjunto actual de parámetros del Programa de Seguimiento del Ecosistema de la CCRVMA (CEMP) como parte del desarrollo de métodos de gestión de la retroalimentación sobre las pesquerías de krill. El informe completo de la 33ª Reunión del CC-CRVMA está disponible en el sitio web de la CCRVMA, *http://www.ccamlr.org/en/meetings/27*.

(50) En respuesta a dos preguntas formuladas por Turquía, el Observador del CC-CRVMA señaló que la evaluación más reciente de la población de krill en el Área de la Convención se calculó a partir de un estudio sinóptico de la CCRVMA realizado en el año 2000. Este estudio dio como resultado un cálculo poblacional de 60 millones de toneladas de krill, y el CC-CRVMA reconoció que este cálculo era anticuado, pero que no hay evidencias de estudios anuales a menor escala sobre el krill que permitan sugerir alguna tendencia de biomasa de krill desde la realización de aquel estudio. El Observador del CC-CRVMA informó además que no se había informado a la CCRVMA sobre especies marinas no autóctonas, pero señaló el acuerdo de que el CPA debería tomar la iniciativa en el asunto de las especies no autóctonas en el medioambiente antártico.

(51) El SCAR presentó el Documento de Información IP 19, *Informe anual del Comité Científico de Investigación Antártica (SCAR) para el período 2014-2015,* e hizo referencia al Documento de antecedentes BP 4 *The Scientific Committee on Antarctic Research (SCAR) Selected Science Highlights for 2014/15.* El documento destacó varios ejemplos de sus actividades, ente las que se encuentran el Atlas Biogeográfico del Océano Austral, la finalización del proyecto de búsqueda sistemática de los horizontes científicos del SCAR (Documento de información IP 20) y las publicaciones resultantes en las revistas *Antarctic Science* y *Nature,* y la participación en el desarrollo del Portal de medioambientes antárticos. El SCAR señaló los avances en la preparación de un informe sobre la acidificación del Océano Austral y recordó a los representantes que este sería el tema de la conferencia del SCAR en la XXXVIII RCTA (Documento de antecedentes BP 1). El SCAR también informó a los representantes que el

XII Simposio Internacional sobre las Ciencias de la Tierra Antártica (ISAES) 2015 se llevaría a cabo desde el 13 al 17 de julio en Goa, India y las reuniones de la XXXIV Reunión y la Conferencia Abierta de Ciencias del SCAR se realizarían en Kuala Lumpur, Malasia, desde el 19 al 31 de agosto de 2016. El SCAR observó que en 2018, las reuniones y su Conferencia Abierta de Ciencias se realizarían desde el 15 al 27 de junio en Davos, Suiza. También señaló que continuará desarrollando programas de becas para investigadores jóvenes y apoyando la creación de capacidades.

(52)   El SCAR señaló la designación del Dr. Aleks Terauds como el nuevo Director del Comité Permanente en el Sistema del Tratado Antártico (SCATS, por sus siglas en inglés) y que se unieron a dicho comité varios miembros nuevos.

(53)   Chile presentó el Documento de información IP 106 *Informe del Observador del CPA para la XXXIII Reunión de delegados del SCAR,* que mostró los aspectos de mayor importancia de la reunión con relevancia para el Comité. Chile aprovechó la oportunidad para agradecer al SCATS, y al Dr. Steven Chown por el apoyo brindado al Comité en el pasado y le deseó mucho éxito al Dr. Aleks Terauds con sus tareas. También recordó que, durante la Conferencia Abierta de Ciencias del SCAR, el SCATS había organizado un "simposio invertido" con presentaciones sobre la opinión actual de los investigadores de la Antártida sobre conservación, biodiversidad, observación, sitios protegidos, impactos locales, especies invasivas y el rol de los programas antárticos nacionales, además de los desafíos que presentaron al Sistema del Tratado Antártico y a la comunidad científica internacional. Se señaló que esta información puede ser útil para el trabajo del CPA.

(54)   Malasia informó al Comité que la siguiente Conferencia Abierta de Ciencias del SCAR se realizaría desde el 19 al 31 de agosto del 2016 en Kuala Lumpur, y remitió a los miembros al sitio web de la conferencia *(http://scar2016.com/)* para obtener mayores detalles.

Nominación de los Representantes del CPA a otras organizaciones.

(55)   El Comité nominó al Dr. Yves Frenot (Francia) como representante del CPA en la 27ª Reunión general anual del COMNAP, que se realizará en Tromsø, Noruega, desde el 26 al 28 de agosto de 2015, y a la Dra. Polly Penhale (Estados Unidos) como representante del CPA en la 34ª Reunión del CC-CRVMA, que se realizará en Hobart, Australia, desde el 19 al 23 de octubre de 2015. El Presidente del CPA también aceptó una invitación del Comité Científico de la CRVMA para asistir a la reunión del CC-CCRVMA 2015.

Taller del CPA y el CC-CCRVMA

(56) Estados Unidos presentó el Documento de trabajo WP 6, *Taller conjunto propuesto del CPA y el CC-CCRVMA (2016) sobre cambio climático y seguimiento*, preparado en conjunto con el Reino Unido. Las reuniones del CPA y el CC-CRVMA de 2014 respaldaron la idea de efectuar un segundo taller conjunto del CPA y el CC-CCRVMA en 2016. Ambos comités acordaron que el ámbito general del taller podría ser la identificación de los efectos del cambio climático con mayor probabilidad de generar un impacto en la conservación de la Antártida, y la identificación de las actuales y posibles fuentes de datos de investigación y seguimiento con relevancia para el CPA y el CC-CCRVMA. A partir de los debates realizados durante la XVII Reunión del CC-CRVMA, se estableció un comité directivo conjunto, coordinado conjuntamente por las Dras. Polly Penhale (Vicepresidenta del CPA, Estados Unidos) y Susie Grant (Vicepresidenta del CC-CRVMA, Reino Unido) y que incluye a los Presidentes del CPA (Sr. Ewan McIvor, Australia) y del CC-CRVMA (Dr. Christopher Jones, Estados Unidos). Además, se mencionó que el Dr. So Kawaguchi (Australia) y el Dr. Anton Van De Putte (Bélgica) fueron nominados para unirse al comité directivo. El Comité directivo solicitó ahora la colaboración de los miembros del CPA en cuanto a los términos de referencia del taller propuesto, los elementos específicos del programa y las nominaciones de miembros adicionales del Comité Directivo.

(57) El Comité expresó un sólido apoyo para la realización de un segundo taller conjunto del CPA y el CC-CRVMA en 2016.

(58) El Comité expresó su acuerdo en que los TdR propuestos incluidos en el Documento de trabajo WP 6 brindan una base sólida para el taller y acordó priorizar el TdR (ii), centrado en una revisión de los actuales programas de seguimiento y el posible desarrollo de nuevos métodos y (iii) el desarrollo de mecanismos para la cooperación práctica entre el CPA y el CC-CRVMA con respecto del cambio climático y el seguimiento. Además, el Comité reconoció la necesidad de tener precaución al ampliar los TdR del taller y recomendó centrarse en el seguimiento de los efectos del cambio climático en lugar de debatir sobre sus medidas de mitigación.

(59) Se consideró adecuada la composición del Comité Directivo, y de un tamaño ideal para trabajar de manera eficiente. Se acordó que el taller fuese abierto a todos los Miembros del CPA y del Comité Científico de la CRVMA, y que también se invitase a todos los Observadores del CPA y del CC-CVRMA. El

Comité científico de investigación antártica (SCAR) y la Coalición Antártica y del Océano Austral (ASOC) expresaron su interés en asistir al taller.

(60) Además, el Comité acordó que debía considerarse invitar a expertos que puedan compartir sus experiencias sobre sistemas de observación y seguimiento del cambio climático, como aquellos que funcionan en el Ártico.

(61) El Comité acordó que, para los miembros del CPA, la fecha de realización más conveniente para el taller conjunto sería justo antes de la Reunión de la RCTA y el CPA en Chile, en 2016. Se reconoció que esta fecha y ubicación podrían no ser tan convenientes para los participantes del CC-CRVMA, por lo que se recomendó explorar mecanismos para que quienes no puedan asistir en persona participen de manera remota. Si bien existen costos potenciales y problemas técnicos asociados a la participación remota, se consideró que vale la pena explorar este recurso.

(62) Chile expresó interés en que el taller conjunto se realice en Chile en una fecha previa en 2016, aunque señaló que por el momento no podía expresar su compromiso definitivo, por lo que esperaba que se lograra una decisión en el segundo trimestre de 2015, tras finalizar la revisión del ámbito general y el presupuesto del apoyo necesario para la Reunión de la RCTA y el CPA.

(63) La ASOC declaró que el medioambiente antártico no reconoce los límites institucionales, en especial tratándose de los efectos del cambio climático, por lo que se requiere la cooperación entre los diferentes organismos del STA. Con esto, la ASOC expresó su enérgico respaldo a un segundo taller conjunto del CPA y el CC-CRVMA.

(64) En relación con este tema del programa se presentaron también los siguientes documentos:

- Documento de referencia BP 4, *The Scientific Committee on Antarctic Research (SCAR) Selected Science Highlights for 2014/15* (SCAR).
- Documento de antecedentes BP 6, *Submission to the CCAMLR CEMP database of Adélie penguin data from the Ross Sea region* (Nueva Zelandia).

Tema 6: Reparación y remediación del daño al medioambiente

(65) El Presidente recordó que el CPA había asesorado a la XXXVI RCTA (2013) sobre la reparación y remediación del daño al medioambiente, conforme a lo estipulado en la Decisión 4 (2010). En su reunión de 2014 la RCTA había

considerado dicho asesoramiento, había agradecido al Comité por su valioso trabajo, y decidido que no se requería más asesoramiento en ese momento. Considerando que en la XXXVIII RCTA se tratarían los asuntos relacionados con la responsabilidad por el daño al medioambiente de conformidad con la Decisión 4 (2010), el Comité convino en que estaría preparado para proporcionar asesoramiento sobre este tema según resultase necesario.

(66) Brasil presentó el Documento de trabajo WP 49, *Remediación del medioambiente en la Antártida*, elaborado en forma conjunta con Argentina, e hizo referencia al Documento de Información IP 16 *Bioremediation on the Brazilian Antarctic Station area*. En el Documento de trabajo WP 49 se presentaron los resultados de un debate bilateral sostenido entre Brasil y Argentina para compartir las experiencias relacionadas con la remediación y el riesgo ambiental, incluidas la biorremediación de los sitios antárticos contaminados por hidrocarburos. En el documento se explican las dificultades para establecer parámetros adecuados para medir los niveles de contaminación de la Antártida, ya que algunos parámetros establecidos internacionalmente no se aplican al medioambiente de la Antártida. Con relación a este asunto, ambos Miembros propusieron utilizar experiencias previas de cooperación en el seguimiento de la contaminación. Este documento también planteó la importancia de contribuir con el Manual sobre Limpieza para compartir información sobre prácticas recomendables. Brasil y Argentina recomendaron que el Comité: observe y reconozca la conveniencia de los resultados de los talleres bilaterales y multilaterales que permiten un intercambio más riguroso de opiniones y experiencias; aliente a los programas antárticos nacionales a cooperar en los asuntos relacionados con las experiencias de remediación; y aliente a los Miembros y a los Observadores para que en el futuro incluyan las experiencias de sus países en el Manual sobre Limpieza.

(67) Varios Miembros y la ASOC señalaron la alta calidad del trabajo presentado por Brasil y Argentina, que podría agregarse a los estudios de caso contenidos en el Manual sobre Limpieza y así mejorar las prácticas recomendables de reparación y remediación. Los Miembros también reconocieron el excelente trabajo presentado por Australia en los Documentos de antecedentes BP 12 y BP 13, señalando que agregan más valor al cuerpo existente de estudios de caso. Nueva Zelandia informó al Comité que pronto se publicará en el Portal de medioambientes antárticos un informe resumen sobre el estado actual de los conocimientos sobre reparación y remediación.

(68) Varios Miembros señalaron deberían considerarse las especies no autóctonas en los esfuerzos de reparación y remediación. India elogió los esfuerzos de biorremediación *in-situ* realizados por Brasil, Argentina y Australia, debido a que son de bajo costo, pero advirtió que el uso de fertilizantes sin optimización de dosis podría permitir que se establezcan especies no autóctonas en las cercanías del sitio remediado, por lo que se podría intentar convencerlos de continuar la investigación sobre este asunto. Ecuador recordó al Comité que era importante y preferible trabajar con comunidades de microbios y bacterias autóctonas al realizar la biorremediación.

(69) La ASOC señaló que la reparación y remediación del daño ambiental es un requisito del Protocolo relevante a los anexos I, III y VI, y que se debería realizar en el mayor grado posible, si bien deben tomarse en cuenta los posibles efectos ambientales adversos de la reparación y remediación. Habrá instancias en las que, frente al daño ambiental, no se requiera acción. En este contexto, la ASOC agradeció a Brasil y Argentina por su interesante documento, y respaldó las sugerencias de aumentar tanto la cooperación como el conocimiento sobre remediación ambiental.

(70) El Comité refrendó las recomendaciones presentadas en el Documento de trabajo WP 49.

(71) Estados Unidos presentó el Documento de información IP 41 *Remediation and Closure of Dry Valley Drilling Project Boreholes in Response to Rising lake Levels*. En este documento se analizan la remediación y el cierre de dos pozos de sondeo instalados como parte del Proyecto de perforación de Valle Seco para mitigar el riesgo de contaminación de los lagos o del medioambiente de Valle Seco como resultado del aumento de los niveles del lago. Estados Unidos recalcó que al revisar el estado de los sitios donde hubo actividad en el pasado se debe considerar el cambio del medioambiente.

(72) En relación con este tema del programa se presentaron también los siguientes documentos:

• Documento de antecedentes BP 12 *Remediation of fuel-contaminated soil using biopile technology at Casey Station* (Australia).

• Documento de antecedentes BP 13 *Remediation and reuse of soil from a fuel spill near Lake Dingle, Vestfold Hills* (Australia).

Tema 7: Implicancias del cambio climático para el medioambiente: enfoque estratégico

(73) El Reino Unido y Noruega presentaron el Documento de trabajo WP 37 *Informe del GCI sobre cambio climático*. Ambos países recordaron al Comité que durante la XVI Reunión del CPA se estableció el GCI sobre cambio climático con objeto de desarrollar un Programa de Trabajo de Respuesta al Cambio Climático (CCRWP por sus siglas en inglés) para el CPA. En el documento se señaló que, durante dos años de consultas, se había concebido un CCRWP en el que se describieron los problemas enfrentados por el CPA como resultado del cambio climático en la Antártida, las acciones y tareas necesarias para abordar estos problemas, su priorización y sugerencias sobre cómo y cuándo deben tomarse acciones de la mejor manera, y sobre quién debe llevarlas a cabo. También indica que se llegó a acuerdo sobre una declaración de objetivos adjunta al CCRWP, considerándose además la futura gobernanza del CCRWP. El Reino Unido y Noruega enfatizaron que el CCRWP se debe considerar como un documento dinámico que requerirá de revisiones periódicas y nuevas versiones para que mantenga su relevancia. También señalaron que estos esfuerzos requerirán la amplia participación y gran compromiso por parte de los Miembros. Ambas Partes alentaron a los Miembros a aprobar el CCRWP y a centrarse en la implementación de las tareas y acciones identificadas.

(74) El Comité agradeció al Reino Unido y a Noruega por organizar el GCI, y agradeció a todos los participantes del GCI por sus contribuciones. El Comité recibió favorablemente el informe completo sobre el debate contenido en el Documento de trabajo WP 37.

(75) Tras algunas modificaciones menores para incorporar las sugerencias sobre referencias a la aplicación de los criterios de la lista roja de la UICN y a las directrices sobre bioincrustaciones de la OMI, el Comité aprobó el CCRWP (Apéndice 2). Al hacer esto, el Comité señaló que el CCRWP identificaba acciones que son coherentes con sus roles y funciones, centradas específicamente en abordar los impactos del cambio climático en la Antártida y en no repetir las actividades de mitigación del cambio climático cuya responsabilidad corresponda a otros organismos. El Comité convino en retener el CCRWP como un documento independiente a fin de mantenerlo flexible y dinámico, y a actualizarlo anualmente según sea necesario.

(76) En cuanto a los aspectos restantes identificados en el Documento de trabajo WP 37 que no se habían incorporado en el CCRWP (el carbono negro, el

ozono, los contaminantes climáticos de vida corta, la eficiencia energética, la energía renovable), Francia, con el apoyo de los Países Bajos, destacó la importancia de considerar su inclusión en el CCRWP en una etapa posterior.

(77) Respecto de la priorización de tareas en el plan de trabajo, Argentina señaló que su implementación constituiría un desafío, pero que con el tiempo sería posible abordar este asunto. También volvió a enfatizar que el enfoque debería centrarse en las consecuencias del cambio climático y señaló la inclusión en el documento de una referencia a prácticas realizadas en las estaciones antárticas que no tienen impacto en el cambio climático, la cual Argentina ya había solicitado que fuese eliminada. Con relación a la gobernanza del CCRWP, Argentina enfatizó la necesidad de encontrar un mecanismo para aumentar la participación de los Miembros, incluida la traducción a los cuatro idiomas oficiales, y señaló que un grupo subsidiario podría no ser la mejor opción para lograr dicho objetivo.

(78) La ASOC sugirió que la RCTA y el CPA podrían aprender de la experiencia de abordaje del cambio climático en el Ártico cuando corresponda, por ejemplo del trabajo realizado por grupos de expertos, tales como la Evaluación del Impacto Climático en el Ártico.

(79) El Comité también reconoció la importancia de obtener el máximo de participación y compromiso en este tema, y en la implementación del CCRWP. En este sentido, el Comité acordó agregar a su programa un tema del CCRWP para las reuniones futuras, y alentó a los Miembros a considerar los mejores mecanismos para administrar y apoyar la implementación del CCRWP antes de la XIX Reunión del CPA.

Asesoramiento del CPA a la RCTA sobre un Programa de trabajo de respuesta para el cambio climático del CPA

(80) El Comité refrendó un borrador de Resolución donde se expresa la intención de implementar el Programa de trabajo de respuesta para el cambio climático (CCRWP) con carácter prioritario y acordó remitir dicho borrador a la RCTA para su aprobación.

(81) El Reino Unido presentó el Documento de trabajo WP 38, *Aplicación de la herramienta de planificación para la conservación RACER (Evaluación rápida de la resiliencia del ecosistema que rodea al Ártico) a la isla James Ross,* e hizo referencia al Documento de información IP 34, *Results of RACER Workshop Focused on James Ross Island,* elaborado en forma

conjunta con la República Checa. En la XXXVII Reunión del CPA, el Comité reconoció que: la resiliencia debería ser un factor clave en la designación, gestión y revisión de las áreas protegidas, y también reconoció al programa RACER como una posible herramienta para determinar las características fundamentales con importancia para conferir resiliencia; e instó a que se continuara colaborando para investigar la aplicabilidad de RACER en la Antártida. El documento WP 38 describió otra actividad intersesional relacionada con RACER, que incluye la identificación de rasgos clave en la isla James Ross que podrían persistir bajo diferentes escenarios climáticos. Los proponentes pusieron de relieve que esta metodología no tiene como objetivo reemplazar, modificar, o entrar en conflicto con el Anexo V del Protocolo.

(82) Se solicitó al Comité que: tome nota del análisis RACER realizado en la isla James Ross durante el período intersesional y que refrende los resultados en cuanto a que brindan fundamento para una nueva zona protegida basada en el criterio de resiliencia; y que refrende la continuación del trabajo por parte de la República Checa con apoyo del Reino Unido y otras partes interesadas, para presentar una propuesta al CPA para designar inicialmente al valle Torrent y una zona cercana, la meseta Johnson y la cuenca del lago Monolith, dentro de una única ZAEP compuesta por varios sitios, sobre la base del criterio de resiliencia.

(83) El Comité agradeció al Reino Unido y la República Checa por su informe sobre este trabajo, en el que han puesto a prueba la aplicación de la metodología RACER en la isla James Ross. El Comité refrendó las recomendaciones formuladas en el Documento de trabajo WP 38, señalando la recomendación del Reino Unido y la República Checa en cuanto a que este trabajo de identificar zonas para protección en base a la resiliencia se estaba realizando en el marco de las disposiciones del Anexo V del Protocolo y que no se buscaba agregar otras disposiciones.

(84) Argentina agradeció a la República Checa y el Reino Unido por su trabajo y presentación. Argentina expresó interés en participar, señalando que varios científicos argentinos han estado trabajando en la isla James Ross durante más de 30 años, y que cuentan con amplia experiencia y gran conocimiento de la zona, además de muchos datos para contribuir.

(85) La ASOC también agradeció al Reino Unido y la República Checa, y respaldó enérgicamente la recomendación de desarrollar una ZAEP compuesta de varios sitios para la península Ulu en la isla James Ross, la que, pese a ser una de las zonas sin hielo más grandes de la Antártida, actualmente no se

encuentra representada en el sistema de zonas protegidas. La ASOC señaló su especial aprecio por la pericia y conocimientos demostrados por los científicos checos y por las demás Partes que operan en la Zona, y señaló que la designación de zonas protegidas para promover la resiliencia climática es una tarea crucial para la RCTA.

(86) El Comité espera recibir más información acerca de la propuesta de designar una ZAEP compuesta de varios sitios en la isla James Ross, señalando además la conveniencia de haber tenido la oportunidad de considerar y proporcionar comentarios en una etapa inicial. Estados Unidos y Argentina señalaron la importancia de llevar a cabo un estudio general compuesto por varias disciplinas científicas a fin de complementar los resultados del análisis RACER y expresaron su interés en participar en futuros trabajos. La República Checa señaló la importancia de complementar el análisis RACER con los datos científicos disponibles, además de incluir sitios con valores paleontológicos destacados en la propuesta de ZAEP.

(87) Estados Unidos presentó el Documento de trabajo WP 39, *Prioridades científicas compartidas y cooperación: Observaciones y modelamiento sistemático en el Océano Austral*, elaborado en forma conjunta con Australia. Este documento pone de relieve al Océano Austral como un componente importante del sistema climático de la Tierra. Las limitadas observaciones indican que el Océano Austral está experimentando cambios (su temperatura aumenta o disminuye a ciertas profundidades, presenta cambios ecológicos y de circulación, además de la acidificación), pero los procesos y las tasas de cambio aún no se comprenden bien debido a que las observaciones son escasas, los datos cronológicos abarcan periodos breves y a que los muestreos geográficos y temporales son dispares. Estos vacíos en los conocimientos tienen importantes ramificaciones para la gobernanza y la gestión de esta y otras regiones.

(88) Estados Unidos y Australia recomendaron que las Partes adviertan la importancia de las observaciones del Océano Austral y del modelamiento para comprender el cambio climático y la necesidad de cooperación internacional en esta Zona. El apoyo sería especialmente valioso para el Sistema de Observación del Océano Austral (SOOS), que proporciona un excelente mecanismo para mejorar el progreso científico.

(89) Estados Unidos señaló que había inaugurado recientemente el Programa de Modelamiento y Observaciones del Carbono y Clima del Océano Austral (SOCCOM, por sus siglas en inglés), cuyo objetivo es cubrir lagunas en la observación utilizando flotadores que elaboran perfiles dotados de sensores

de nueva generación. Estados Unidos señaló que recibiría favorablemente la participación de otros programas nacionales.

(90) El COMNAP informó que, tras un exitoso taller del SOOS, había iniciado un grupo de reflexión sobre el SOOS, y que recibiría favorablemente la participación de los Miembros interesados.

(91) La ASOC recordó al Comité el trabajo realizado por la CCRVMA en relación con el Océano Austral, y señaló que el objetivo de las observaciones y modelamiento, en conjunto con la protección medioambiental y la gestión de la CCRVMA y la RCTA, deben ser la distinción de los efectos provocados por el cambio climático con respecto de aquellos que pueden ser causados por las pesquerías.

(92) Argentina agradeció a Australia y a Estados Unidos por su contribución, y expresó su enérgico apoyo al documento, destacando su consideración del Océano Austral como descripción científica y no política. Argentina también consideró que era valioso continuar trabajando para comprender el estado medioambiental de los océanos y para desarrollar aún más el conocimiento oceanográfico de estas zonas.

(93) Los Miembros enfatizaron la importancia de la investigación científica colaborativa sobre el Océano Austral en el contexto actual del cambio climático, que induce cambios profundos en las condiciones del hielo marino alrededor del continente y que tiene un fuerte impacto en las actividades logísticas de los programas antárticos nacionales.

(94) El SCAR recibió favorablemente este documento, y señaló que ha sido un apoyo clave para el SOOS desde sus inicios, y que se mantiene comprometido a facilitar sus constantes esfuerzos multinacionales para realizar observaciones en el Océano Austral. El SCAR señaló que existen vacíos similares en los conocimientos sobre los sistemas antárticos terrestres, y que agradecería los esfuerzos cooperativos de este tipo para realizar observaciones y modelamiento en estas zonas.

(95) El Comité agradeció cálidamente a Estados Unidos y Australia por presentar este tema, y apoyó las recomendaciones del Documento de trabajo WP 39. Varios Miembros expresaron su voluntad de participar en el proceso en curso de observación del Océano Austral y el desarrollo posterior del SOOS.

Asesoramiento del CPA a la RCTA acerca de las observaciones y el modelamiento del Océano Austral

(96) El Comité señaló la relevancia de los asuntos presentados en el Documento de trabajo WP 39 para el taller del CPA/CC-CRVMA propuesto, y para

las acciones identificadas en el Programa de trabajo de respuesta al cambio climático para apoyar y llevar a cabo un monitoreo colaborativo de largo plazo del cambio en el medioambiente antártico, y refrendó las recomendaciones presentadas en el documento.

(97) El SCAR presentó el Documento de Información IP 92 *Antarctic Climate Change and the Environment – 2015 Update.* El SCAR informó sobre las actualizaciones al Informe sobre el cambio climático y el medioambiente en la Antártida (Informe ACCE) relativas a la comprensión del cambio climático en todo el continente Antártico y el Océano Austral, y el impacto en la biota terrestre y marina. El SCAR destacó una serie de estudios científicos recientes que han contribuido de manera sustantiva a la comprensión de los impactos del cambio climático en los medioambientes físicos y biológicos. Entre estos, el SCAR observó que la acidificación del océano se convertiría en uno de los mayores desafíos para el ecosistema antártico en el futuro. El SCAR señaló que realiza actualizaciones constantes del informe ACCE a través de un sitio web colaborativo (wiki). El Comité agradeció esta actualización por parte del SCAR.

(98) El Reino Unido presentó el Documento de Información IP 94, *Climate Change in Antarctica.* Este documento presentó un gráfico producido por British Antarctic Survey que muestra los patrones y las magnitudes del cambio en el clima de la Antártida y el Océano Austral.

(99) La ASOC presentó el Documento de Información IP 110 *Climate Change 2015: A Report Card*, que resume las conclusiones científicas actualizadas acerca del cambio climático actual y futuro en la Antártida. La ASOC enfatizó la importancia del apoyo a la investigación científica por parte de los Miembros.

(100) La ASOC presentó también el Documento de Información IP 114, *The Antarctic Treaty System, Climate Change and Strengthened Scientific Interface with Relevant Bodies of the United Nations Framework Convention on Climate Change (UNFCCC).* El documento señalaba que el Sistema del Tratado Antártico tiene un importante papel que desempeñar en promover la relevancia de la investigación relacionada con el clima de la Antártida para la comunidad del cambio climático, incluyendo la CMNUCC. La ASOC sugirió que los científicos del Grupo Intergubernamental de Expertos sobre el Cambio Climático sean invitados a futuros eventos del CPA y de la RCTA, y agradeció la participación del SCAR en una próxima sesión de la CMNUCC.

(101) Francia apoyó las recomendaciones formuladas en el Documento de información IP 114, y sugirió que se podría informar a la Conferencia de las Partes, CoP 21, del CMNUCC sobre la evolución del CCRWP.

(102) En relación con este tema del programa se presentaron también los siguientes documentos:

- Documento de Secretaría SP 7, *Medidas tomadas por el CPA y la RCTA sobre las Recomendaciones de la RETA sobre las implicaciones del cambio climático* (Secretaría).

- BP 1 *Resumen de la conferencia del SCAR: Acidificación del Océano Austral* (SCAR).

Tema 8: Evaluación del impacto ambiental (EIA)

8a) Proyectos de evaluación medioambiental global

(103) No se presentaron proyectos de CEE para su consideración por el Comité en la Reunión.

(104) Italia presentó el Documento de Trabajo WP 30, *Hacia la presentación de un proyecto de Evaluación medioambiental global para la construcción y operación de una pista de aterrizaje de grava en la zona de la estación Mario Zucchelli, Tierra de Victoria, Antártida*. Italia recordó al Comité que este documento se produjo tras los informes acerca de la intención expresada por ese país en anteriores reuniones del CPA en cuanto a construir una pista de aterrizaje de grava (Documento de Información IP 57 de la XVII Reunión del CPA, Documento de Información IP 80 de la XVI Reunión del CPA y Documento de Información IP 41 de la XV Reunión del CPA). Este documento informó sobre los progresos logrados por Italia en la preparación de un proyecto de CEE, e Italia alentó a los Miembros a ofrecer asesoramiento sobre una versión "en progreso" del documento. Este resumía los fundamentos para la construcción de una pista de aterrizaje de grava cerca de la estación Mario Zucchelli, específicamente para reducir la dependencia respecto de los programas antárticos nacionales vecinos, reducir la dependencia del alquiler bianual de un buque de reaprovisionamiento, y para aumentar la flexibilidad del respaldo a la ciencia en la región. Italia describió además brevemente los impactos ambientales, las iniciativas de seguimiento, y las mitigaciones contempladas durante la preparación del proyecto de CEE informal. Italia señaló su propósito de distribuir de manera

oficial un proyecto de CEE en conformidad con las disposiciones estipuladas en el Anexo 1 del Protocolo sobre Protección del Medio Ambiente antes de la XXXIX RCTA. Italia invitó a las Partes y a los observadores a expresar sus opiniones en comentarios pormenorizados durante el próximo periodo intersesional.

(105) El Comité agradeció a Italia por la nueva actualización sobre sus planes de una pista de aterrizaje de grava en la estación Mario Zucchelli según lo presentado en el Documento de Trabajo WP 30. Varias Partes, además de la ASOC, señalaron los beneficios de recibir notificaciones por adelantado acerca del CEE, e indicaron que ya habían realizado un examen preliminar del proyecto de CEE y ofrecieron entregar sus comentarios pormenorizados directamente a Italia. Algunos Miembros expresaron su deseo de recibir más información en relación con lo siguiente: acuerdos formales de colaboración entre los programas antárticos nacionales que operan en las cercanías de la estación Mario Zucchelli; la relación entre la nueva pista de aterrizaje de grava con las pistas que existen en la Antártida; el grado en que la operación de una nueva pista de aterrizaje puede incrementar el transporte aéreo en la región; el uso de la pista por otros operadores; los tipos de aeronaves que se prevé serán empleados; el uso de combustibles y su manipulación; el respaldo a los pronósticos meteorológicos y climáticos; las medidas de mitigación; el potencial de impacto acústico y su mitigación; los posibles impactos de la nueva pista en los valores de vida silvestre; los impactos indirectos y acumulativos asociados a la construcción y operación de la pista; la infraestructura adicional, como por ejemplo un camino de grava entre la nueva pista y la estación Mario Zucchelli y la consideración de otras alternativas, incluyendo la alternativa de no proceder.

(106) La ASOC agradeció a Italia por la transparencia del enfoque hacia la actividad propuesta. Aunque comprendió las dificultades científicas que enfrenta Italia, la ASOC señaló que los grupos medioambientales habían planteado observaciones sobre el establecimiento de nuevas pistas de aterrizaje debido a los impactos directos, indirectos y acumulativos. La ASOC sugirió que el proyecto formal de CEE debería considerar las distintas opciones, como por ejemplo la alternativa obligatoria de no continuar, y debería considerar el uso previsible y razonable de la pista de aterrizaje, incluyendo una declaración sobre turismo.

(107) En respuesta a una pregunta, Italia señaló que podría encontrarse preparado para presentar el proyecto de CEE en curso en el foro del CPA ya en julio de 2015. El Comité alentó a los demás Miembros interesados a ofrecer más

comentarios a Italia mientras continúa preparando el proyecto formal de CEE. El Presidente además señaló que una vez que el proyecto formal de CEE fuera distribuido por Italia, se coordinaría un GCI formal para realizar su revisión, de conformidad con los *Procedimientos para la consideración por el CPA de proyectos de la CEE en el período entre sesiones.*

(108) Belarús presentó el Documento de Información IP 39, *Construction and Operation of Belarusian Antarctic Research Station at Mount Vechernyaya, Enderby Land.* Este documento presentó el CEE final, anexo al documento, que incluyó cambios realizados en respuesta a los comentarios de los Miembros acerca del proyecto de CEE sobre la construcción y el funcionamiento previstos de la estación belarusa de investigación antártica, distribuido en 2014, de conformidad con las disposiciones del Anexo I del Protocolo sobre Protección del Medio Ambiente (RCTA XXXVII: Documento de trabajo WP 22). Belarús expresó su agradecimiento a todos los Miembros que participaron en el GCI para revisar el proyecto de CEE y en su análisis durante la XVII Reunión del CPA, y reconoció que el CEE mejoró con las sugerencias recibidas. El documento destacaba los sustantivos cambios realizados en el documento en cuanto al diseño de la estación, el programa de seguimiento, las medidas de protección del medioambiente, la evaluación del estado actual del medioambiente y otras secciones de la CEE, señalando que las respuestas detalladas a cada comentario recibido se incluían en el anexo a la CEE definitiva. Belarús continuó destacando su compromiso con la protección del medioambiente, y señaló que había destinado fondos para llevar a cabo programas de seguimiento medioambiental.

(109) El Comité acogió con beneplácito el documento presentado por Belarús, y señaló que, al distribuir la CEE final y presentar el documento, en el que se detalla la forma en que se tuvieron en cuenta las observaciones recibidas, Belarús cumplía con su obligación en virtud del Anexo I del Protocolo de Protección del Medio Ambiente. El Comité deseó éxito a Belarús en su implementación de la construcción y operación de su estación en el monte Vechernyaya, tierra de Enderby.

8b) Otros temas relacionados con la evaluación de impacto ambiental

(110) Australia presentó el Documento de Trabajo WP 13 *Informe inicial del grupo de contacto intersesional estipulado para la revisión de los Lineamientos para la Evaluación de impacto ambiental en la Antártida,* preparado conjuntamente con el Reino Unido. El documento proporcionó un informe inicial del GCI establecido durante la XVII Reunión del CPA.

El documento señaló que el grupo había llegado a un acuerdo general sobre la cantidad de asuntos que consideraba que se deberían tratar en la revisión de los Lineamientos para EIA y que había comenzado a trabajar en las modificaciones sugeridas. El GCI había dejado constancia además de asuntos más amplios de política y de otros temas que habían surgido durante el debate, los que podrían merecer una mayor consideración por parte del CPA. Señaló que los Lineamientos sobre EIA se habían revisado en 2005, y que era importante que el CPA los revisara para garantizar que representaban de forma adecuada y precisa los actuales puntos de vista del Comité sobre los importantes temas que deben tratarse en un documento sobre EIA. El Comité fue invitado a considerar el informe inicial, a proporcionar sus comentarios sobre las actividades del GCI hasta la fecha, y a apoyar la continuación del GCI durante un nuevo período intersesional.

(111) El Comité agradeció a Australia y al Reino Unido por la coordinación del grupo, y felicitó a todos los participantes del GCI por el excelente trabajo realizado. Expresó sus sinceros agradecimientos por el primer informe de este GCI, señalando que se había logrado un gran avance. El Comité acordó que el trabajo del GCI para considerar el cambio climático en el contexto del proceso de la evaluación del impacto ambiental debe centrarse en abordar las implicancias del cambio climático en la Antártida, y no en las medidas de mitigación.

(112) La ASOC agradeció a Australia y al Reino Unido por coordinar el GCI sobre Lineamientos sobre EIA, lo que consideraba esencial para el trabajo del CPA. La ASOC espera que este trabajo continúe.

(113) El Comité refrendó la continuación del GCI sobre la Revisión de los Lineamientos para la Evaluación del Impacto Ambiental durante un segundo período intersesional, y señaló que el Informe Final del GCI para la XIX Reunión del CPA contendrá varios temas de interés para la RCTA. También expresó su acuerdo con los siguientes Términos de referencia:

  1. Continuar la revisión de los Lineamientos para la Evaluación del impacto ambiental en la Antártida anexos a la Resolución 1 (2005) para hacer frente a cuestiones como las identificadas en el Documento de trabajo WP 29 de la XXXVII RCTA, y, en su caso, sugerir modificaciones a dichos Lineamientos.

  2. Registrar las cuestiones planteadas durante las deliberaciones bajo el TdR 1, que se refieren a políticas generales, o a otras cuestiones sobre la elaboración y remisión de EIA, y que pueden justificar un mayor

análisis por parte del CPA, con el propósito de fortalecer la aplicación del Anexo I del Protocolo.

3. Proporcionar un informe final durante la XIX Reunión del CPA.

(114) Australia y el Reino Unido aceptaron ser los coordinadores del GCI. El Comité acogió las ofertas de Phil Tracey (Australia) y Henry Burgess (Reino Unido) de coordinar en conjunto el GCI.

Asesoramiento del CPA a la RCTA sobre la Revisión de los Lineamientos para la Evaluación del Impacto Ambiental en la Antártida.

(115) El Comité acordó informar a la RCTA que su revisión de los *Lineamientos para la evaluación de impacto ambiental en la Antártida*: incorporaría lineamientos nuevos o adicionales para enfatizar la importancia de los temas fundamentales; reflejaría los procedimientos nuevos y revisados del CPA y los recursos para Evaluación de impacto ambiental; e incluiría referencias a otros lineamientos y recursos pertinentes. El proceso de revisión también identificaría asuntos más amplios sobre políticas generales relacionados con la Evaluación de impacto ambiental, que involucran los impactos acumulativos y la reparación y remediación del medioambiente. El informe final de la revisión se presentará en la XIX Reunión del CPA y es probable que sea de interés para la RCTA.

(116) La República Checa presentó el Documento de Información IP 15, *Proposed routes for all-terrain vehicles based on impact on deglaciated area of James Ross Island*. El documento complementó la información proporcionada por la República Checa en el Documento de Información IP 133 de la XXXIV RCTA, sobre las huellas de neumáticos dejadas por anteriores expediciones en diferentes sectores de la isla James Ross. El documento informó sobre el uso de vehículos todo terreno por la expedición checa de 2015, además de una sugerencia para vigilar su impacto sobre el medioambiente y presentó una propuesta preliminar de rutas para vehículos todo terreno en la isla James Ross, señalando que había copias impresas disponibles para los miembros interesados de las rutas en capas de datos GPS.

(117) Estados Unidos expresó su interés en los esfuerzos por desarrollar rutas para vehículos todo terreno en la isla James Ross, indicando que una diversa comunidad científica realizaba trabajo de campo en la isla, y que las rutas deberían tener en cuenta tanto la protección del medioambiente como su impacto sobre los proyectos científicos.

(118) La ASOC presentó el Documento de Información IP 111, *Cumulative Impact Assessment*. En este trabajo se revisan brevemente algunos de los debates sostenidos sobre evaluación del impacto acumulativo según consta en documentos presentados en el pasado a la RCTA y al CPA. El documento adoptó un enfoque de la evaluación del impacto acumulativo centrado en el medioambiente, en el que recomendaba a los Miembros: revisar las anteriores recomendaciones sobre la evaluación del impacto acumulativo; completar la revisión de los Lineamientos sobre EIA para que consideren adecuadamente los impactos acumulativos; llevar a cabo algunos estudios de casos de impactos acumulativos en sitios particulares; y aumentar y mejorar la consideración de los impactos acumulativos en la aplicación del Anexo I.

(119) Varios miembros agradecieron a la ASOC por plantear este importante problema y señalaron que, si bien los temas asociados a impactos acumulativos eran complejos, justificaban una mayor atención, como por ejemplo, en la revisión de los Lineamientos sobre EIA.

Vehículos aéreos no tripulados

(120) El Comité recordó que, luego de un debate inicial durante la XVII Reunión del CPA (2014) sobre el uso de vehículos aéreos no tripulados (UAV) en la Antártida, acordó llevar a cabo debates en profundidad durante la XVIII Reunión del CPA. El Comité había solicitado: informes del SCAR y del COMNAP sobre los beneficios y los riesgos de la operación de UAV en la Antártida; un documento de la IAATO sobre su experiencia y actuales prácticas relacionadas con el uso de UAV; y documentos adicionales relativos a las experiencias de los Miembros en esta materia.

(121) El COMNAP presentó el Documento de trabajo WP 22 *Uso de UAV en la Antártida: riesgos y beneficios*. Este documento describía los beneficios prácticos de los UAV para los programas antárticos nacionales en el apoyo científico, en la ciencia, las operaciones y la logística, haciendo hincapié en las aeronaves dirigidas por control remoto (RPA, por sus siglas en inglés) de corto y mediano alcance. El COMNAP informó que los UAV aportaban beneficios evidentes a la seguridad y a la reducción del uso y transporte de combustibles fósiles a la región. Además de beneficios como el bajo costo de operación y la facilidad de transporte, presentaban también posibles riesgos, por ejemplo, de interferencia con otras operaciones aéreas. Entre las recomendaciones formuladas por el COMNAP en el documento se incluyen: que los programas antárticos nacionales desarrollen directrices específicas sobre programas, equipamientos y sitios para uso de UAV basadas en el

desarrollo de un código de conducta de UAV del COMNAP; y también se recomendó que los programas antárticos nacionales y otros operadores recopilen y compartan datos y apoyen la investigación sobre uso de UAV.

(122) El SCAR presentó el Documento de trabajo WP 27, *Distancias de aproximación a la vida silvestre en la Antártida,* y se refirió al Documento de antecedentes BP 22, *A meta-analysis of human disturbance impacts on Antarctic wildlife.* Este documento consideró más de 60 estudios de investigación realizados sobre 21 especies. El metaanálisis indicó que las perturbaciones humanas tienen un impacto negativo importante sobre la vida silvestre antártica. En el caso de campamentos y vehículos aéreos no tripulados, el SCAR señaló que actualmente existía poca evidencia científica sobre la naturaleza o el alcance de su impacto sobre la vida silvestre antártica. El SCAR también señaló que había investigaciones en curso a nivel mundial que servirían de sustento para comprender el impacto de los UAV sobre la vida silvestre, las que podrían ser útiles también como respaldo a la elaboración de políticas antárticas en esta materia. El documento recomendó que el CPA incentive a los Miembros a que: se aboquen a realizar estudios que respalden, mediante evidencia científica, el establecimiento de directrices relativas a las distancias de aproximación a vida silvestre en la Antártida. También recomendó que el CPA incentive a los Miembros a que usen UAV en cercanías de concentraciones de vida silvestre para apoyar la investigación sobre el impacto de los UAV; y consideren evitar el funcionamiento de UAV a una distancia menor a 100 metros de la vida silvestre y evitar su aproximación vertical hasta que haya disponible información específica sobre la Antártida.

(123) Polonia presentó el Documento de información IP 77 *UAV remote sensing of environmental changes on King George Island (South Shetland Islands): preliminary information on the results of the first field season 2014/2015.* Este documento presentó información preliminar de la primera temporada de un programa de seguimiento conjunto de Polonia y Noruega mediante el uso de aeronaves de ala fija para recopilar datos medioambientales geoespaciales. También brindó información sobre las observaciones realizadas para evaluar el posible impacto sobre los pingüinos reproductores ocasionado por los sobrevuelos. El estudio se centró en especies que habitan la ZAEP 128 (costa occidental de bahía Almirantazgo [Bahía Lasserre]) y ZAEP 151 (Lions Rump, además de Roca Chabrier y las islas Shag / bahía Almirantazgo [Bahía Lasserre]).

(124) Sudáfrica presentó el Documento de información IP 80 *South Africa's use of Unmanned Aerial Vehicles (UAV) in Antarctica.* El documento informó

sobre el uso de UAV por el Programa Antártico Sudafricano durante el verano 2013/2014, el seguimiento del posible impacto medioambiental asociado a esta actividad y la preparación de directrices por parte de la Autoridad de Aviación Sudafricana en el marco de ese país. Se mencionó que el uso creciente de UAV en la Antártica demandaba el desarrollo de regulaciones y, subsecuentemente, de directrices.

(125) Estados Unidos presentó el Documento de información IP 82, *A risk-based approach to safe operations of unmanned aircraft systems in the United States Antarctic Program (USAP)*, y el Documento de información IP 83, *Guidance on unmanned aerial system (UAS) use in Antarctica developed for applications to scientific studies on penguins and seals.* Estos documentos informaron sobre el uso de un Sistema Aéreo no Tripulado (UAS, por sus siglas en inglés) por el Programa Antártico de Estados Unidos y de directrices operacionales, y sobre una evaluación de riesgos en la operación de UAS realizada por la Fundación Nacional de Ciencias para validar y para que sirva de respaldo al desarrollo de directrices. Estados Unidos señaló que había emitido una declaración programática sobre UAV para la temporada 2014/2015 que prohíbe el uso no autorizado de UAV dentro del Programa Antártico de Estados Unidos, el cual se otorga solo después de que se realiza un profundo proceso de revisión medioambiental y de seguridad. También presentó directrices para la planificación antes de los vuelos, las operaciones de vuelo y las certificaciones obligatorias (véase el Documento de información IP 82). El Documento de información IP 83 presentó las lecciones aprendidas por Estados Unidos durante su operación de UAV en la Antártida. Describió el trabajo realizado por el programa de Recursos Marinos Vivos Antárticos (RVMA) de Estados Unidos para adelantar el trabajo del programa de seguimiento del ecosistema de la CCRVMA mediante el uso de UAV para el estudio de focas y pingüinos. Señaló la capacitación y el riguroso proceso de selección de UAV realizado antes de que comenzaran las operaciones en terreno. Estados Unidos, reconociendo que el enfoque del estudio se limitaba a estudios de aves y mamíferos terrestres, presentó este documento como una referencia útil para aquellos que consideren permitir la operación de UAV en la Antártida.

(126) La IAATO presentó el Documento de información IP 88, *IAATO Policies on the use of unmanned aerial vehicles (UAVs) in Antarctica.* Este documento describía los debates y la evolución de las políticas dentro de los miembros de la IAATO con respecto del uso de UAV durante sus operaciones. Una reciente declaración sobre el uso de UAV en la Antártida destacó el acuerdo de los miembros de la IAATO de no permitir vuelos recreativos de UAV en

zonas costeras durante la temporada 2015/2016; y de permitir vuelos de UAV con fines científicos o comerciales si se contara con la autorización o permiso de una autoridad competente. La IAATO señaló que, durante la temporada 2014/2015, sus operadores registraron 68 vuelos de UAV, 44 de los cuales se realizaron en zonas costeras. Además indicó que la mayoría de los vuelos se efectuaron sin incidentes, pero que uno se extravió en una grieta.

(127) El Comité agradeció a todos los Miembros y observadores que presentaron documentos que sirvieron de base para debatir sobre los impactos ambientales provocados por el uso de UAV en la Antártida. Se señaló la importancia de considerar los riesgos para la seguridad asociados al uso de UAV, y que este aspecto sería considerado de manera más completa por la RCTA y el COMNAP. Se reconocieron las ventajas de utilizar UAV para investigación y observación, incluyendo la reducción potencial de riesgos ambientales en comparación con otros medios utilizados para recopilar estos datos.

(128) Reconociendo que la RCTA también consideraría el Documento de trabajo WP 22, el Comité apoyó en forma general las recomendaciones presentadas por el COMNAP en su documento. El Comité recibió favorablemente el trabajo en curso del COMNAP en la preparación de directrices sobre el uso de UAV en la Antártida a través de un código de conducta y agradeció al COMNAP por su oferta de entregar un informe de progreso en la XIX Reunión del CPA.

(129) El Comité también agradeció al SCAR por el asesoramiento ofrecido en el Documento de trabajo WP 27 y en el Documento de antecedentes BP 22, y señaló que, aunque no se había publicado evidencia científica sobre los impactos negativos de los UAV sobre la vida silvestre de la Antártida en publicaciones de expertos, existen investigaciones en curso acerca de este tema tanto sobre la Antártida como en todo el mundo. Con respecto a las recomendaciones presentadas en el Documento de trabajo WP 27, el Comité acordó: alentar a los Miembros a realizar investigaciones adicionales con el fin de apoyar el establecimiento de directrices sobre la base de pruebas en cuanto a las distancias de aproximación a la vida silvestre en la Antártida; y alentar a que apoyen la investigación sobre el impacto de los UAV y los medios para evitarlos. El Comité apoyó la adopción de un enfoque cautelar ante la falta de datos científicos y señaló la utilidad de considerar las respuestas crípticas a la perturbación al momento de evaluar los impactos al medioambiente de los UAV. También expresó su apoyo a la sugerencia del SCAR en torno a que se considere evitar el funcionamiento de UAV a una distancia menor a 100 metros de la vida silvestre hasta que haya disponible información específica

sobre la Antártida, al tiempo que destacó la importancia de considerar los diferentes tipos y tamaños de UAV utilizados, y las diferentes condiciones ambientales específicas de los sitios en los que se los emplea. El Comité recibió favorablemente la oferta del SCAR de entregar un informe sobre los avances en la investigación sobre los impactos de los UAV en la vida silvestre durante la XX Reunión del CPA, en 2017. El Comité también señaló que sería útil que el Portal de medioambientes antárticos pudiera proporcionar resúmenes sobre la comprensión científica de los impactos de los UAV en la vida silvestre a medida que esta información esté disponible.

(130) Los Miembros expresaron su preocupación respecto de una posible presencia excesiva de UAV en la Antártida debido a su bajo costo, teniendo en cuenta que ya se sabe de accidentes ocurridos en el pasado con dichas aeronaves. En este sentido, expresaron su opinión en torno a que el uso de UAV con fines científicos y logísticos debería priorizarse, de conformidad con los Lineamientos sobre EIA, y plantearon sus inquietudes sobre el uso recreativo de los aparatos.

(131) El Comité agradeció a todos los Miembros que presentaron documentos sobre el uso de UAV en la Antártida. También agradeció a la IAATO por presentar su proyecto de directivas y orientaciones sobre el uso de UAV, y señaló que estas directivas y orientaciones constituían un enfoque conservador para gestionar su uso.

(132) Alemania informó al Comité que actualmente se encontraba llevando a cabo un proyecto de investigación sobre los impactos de los micro UAV sobre las colonias de pingüinos, y que tenía previsto presentar los resultados durante la próxima reunión del Comité.

(133) España destacó la importancia de los UAV y vehículos submarinos autónomos para la investigación científica, para aumentar la seguridad al navegar en aguas cubiertas de hielo, y para reducir los impactos medioambientales asociados a las operaciones de buques y aeronaves. Francia también mencionó el posible uso de UAV para la detección de grietas en las zonas costeras del continente, lo que haría más seguras las travesías.

(134) La ASOC señaló que los UAV se consideran aeronaves. Instó a los Miembros a desarrollar las directrices adecuadas para el tipo de aeronave que representan los UAV, y alentó a los programas antárticos nacionales, al COMNAP y a la IAATO a que garanticen que las directrices elaboradas sean coherentes entre sí y expresó su deseo de que se elaboren directrices comunes para la operación de UAV en la Antártida.

(135) El Comité expresó su apoyo al desarrollo de directrices sobre los aspectos ambientales del uso de UAV en la Antártida, lo cual podría proporcionar orientación para evitar o reducir a un mínimo la perturbación de la vida silvestre, y también podría considerar otros valores del medioambiente, tales como la vida silvestre y los valores estéticos. También señaló que en el futuro podría ser recomendable establecer un GCI para llevar a cabo los debates sobre este asunto, donde se podría tomar en consideración el asesoramiento de SCAR y del COMNAP, además de la valiosa información contenida en los documentos que presentaron los Miembros y observadores a la Reunión.

(136) El Comité también señaló que podría ser conveniente que en algún momento se tuviera en consideración a los vehículos marinos no tripulados. Alentó a los Miembros interesados tener presente este asunto y elaborar documentos para su consideración.

Asesoramiento del CPA a la RCTA sobre los vehículos aéreos no tripulados (UAV)

(137) El Comité debatió sobre el uso de vehículos aéreos no tripulados (UAV, por sus siglas en inglés) en la Antártida, reconoció los beneficios de elaborar directrices sobre los aspectos medioambientales del uso de UAV en la Antártida, y acordó que en la XIX Reunión del CPA consideraría iniciar los trabajos para desarrollar dichas directrices.

---

(138) En relación con este tema del programa se presentó también el siguiente documento:

- Documento de Secretaría SP 5 *Lista anual de Evaluaciones Medioambientales Iniciales (IEE) y Evaluaciones medioambientales globales (CEE) preparadas entre el 1 de abril de 2014 y el 31 de marzo de 2015* (Secretaría).

Tema 9: Protección de zonas y planes de gestión

9a) Planes de gestión

i. *Proyectos de Planes de gestión examinados por el Grupo Subsidiario sobre Planes de Gestión*

(139) La coordinadora del Grupo Subsidiario sobre Planes de Gestión (GSPG), Birgit Njåstad, de Noruega, presentó el Documento de trabajo WP 15, *Grupo Subsidiario sobre Planes de Gestión: Informe del trabajo intersesional correspondiente al periodo 2014/2015*, a nombre del GSPG. La coordinadora

agradeció a todos los participantes activos del GSPG por su arduo trabajo y recordó al Comité que todos los Miembros eran bienvenidos a unirse a este Grupo. De acuerdo con sus Términos de referencia 1 al 3, el Grupo revisó cinco proyectos de Planes de gestión de Zonas Antárticas Especialmente Protegidas (ZAEP) remitidos por las XVI y XVII reuniones del CPA para su revisión intersesional.

(140) En relación con los siguientes Planes de gestión:

- ZAEP N° 125, península Fildes, isla Rey Jorge (isla 25 de mayo) (Chile)
- ZAEP N° 144, Bahía Chile (bahía Discovery), isla Greenwich, islas Shetland del Sur (Chile).
- ZAEP N° 145: Puerto Foster, isla Decepción, islas Shetland del Sur (Chile)
- ZAEP N° 146, Bahía South, isla Doumer, archipiélago Palmer (Chile)
- ZAEP N° 150, Isla Ardley (península Ardley), bahía Maxwell (bahía Lasserre), isla Rey Jorge (isla 25 de mayo) (Chile)

El GSPG informó al CPA que, ya que el proponente no estuvo en condiciones de avanzar en la revisión de estos planes de gestión durante el período intersesional, no pudo entregar mayor información y completar el proceso de revisión. El GSPG tenía previsto que podría finalizar su trabajo durante el próximo período intersesional, por lo que sugirió que se lleve a cabo trabajo intersesional

(141) Chile informó al Comité que tenía previsto presentar las versiones revisadas de los cinco planes de gestión para su revisión por el GSPG en octubre de 2015.

(142) La coordinadora del GSPG recordó además el objetivo a largo plazo de hacer que todos los planes de gestión se sometan a revisión por el GSPG, o algún examen similar, para garantizar que incluyan el contenido adecuado y que sean claros y eficaces. La coordinadora del GSPG llamó la atención de los Miembros en cuanto a centrar su atención en la tabla que se entrega al final del Documento de trabajo WP15, que detalla los avances realizados para alcanzar este objetivo, y señaló que solo dos de los planes de gestión presentados al CPA este año habían sido considerados anteriormente por el GSPG.

(143) El Comité agradeció al GSPG y a Birgit Njåstad por su trabajo y por el informe entregado. Tomó nota de lo informado por Chile y quedó a la espera de que el GSPG brindara su asesoramiento sobre estos planes de gestión.

ii. *Proyectos de planes de gestión revisados que aún no han sido examinados por el Grupo Subsidiario sobre Planes de Gestión*

(144) El Comité consideró los planes de gestión revisados para 17 ZAEP y una ZAEA que no habían sido revisados por el GSPG. En cada caso, los proponentes: resumieron los cambios sugeridos para el plan de gestión; señalaron que (en el caso de los planes de gestión de ZAEP) se revisó y modificó en referencia a la *Guía para la Preparación de Planes de Gestión para las Zonas Antárticas Especialmente Protegidas* (la Guía); y recomendaron que el Comité los apruebe y remita a la RCTA para su aprobación:

    a. Documento de trabajo WP 1, *Plan de gestión revisado para la Zona Antártica Especialmente Protegida N° 106, Cabo Hallett, Tierra Victoria del Norte, mar de Ross* (Estados Unidos)

    b. Documento de trabajo WP 2, *Plan de gestión revisado para la Zona Antártica Especialmente Protegida N° 119, Valle Davis y laguna Forlidas, macizo Dufek, montañas Pensacola* (Estados Unidos)

    c. Documento de trabajo WP 3, *Plan de gestión revisado para la Zona Antártica Especialmente protegida N° 152, Oeste del estrecho de Bransfield/ mar de la Flota* (Estados Unidos)

    d. Documento de trabajo WP 4, *Plan de gestión revisado para la Zona antártica especialmente Protegida N° 153, Bahía oriental de Dallmann* (Estados Unidos)

    e. Documento de trabajo WP 8 *Plan de gestión y mapas actualizados para la Zona Antártica Especialmente Administrada N° 2, Valles Secos de McMurdo, Tierra de Victoria Meridional* (Nueva Zelandia y Estados Unidos)

    f. Documento de trabajo WP 9, *Revisión del plan de gestión de la Zona Antártica Especialmente Protegida (ZAEP) N° 103, isla Ardery e isla Odbert, costa Budd, Tierra de Wilkes, Antártida Oriental* (Australia)

    g. Documento de trabajo WP 10, *Revisión del plan de gestión de la Zona Antártica Especialmente Protegida (ZAEP) N° 101, Pingüinera Taylor, Tierra de Mac Robertson* (Australia)

    h. Documento de trabajo WP 11, *Revisión del plan de gestión de la Zona Antártica Especialmente Protegida (ZAEP) N° 164, Monolitos Scullin y Murray, Tierra de Mac Robertson* (Australia)

    i. Documento de trabajo WP 12, *Revisión del plan de gestión de la Zona Antártica Especialmente Protegida (ZAEP) N° 102, islas Rookery, bahía Holme, Tierra de Mac Robertson* (Australia)

   j.   Documento de trabajo WP 25, *Revisión del plan de gestión de la Zona Antártica Especialmente Protegida (ZAEP) N° 104, Isla Sabrina, islas Balleny,* (Nueva Zelandia)

   k.   Documento de trabajo WP 26 *Revisión de los planes de gestión de las Zonas Antárticas Especialmente Protegidas N° 105,155, 157, 158 y 159* (Nueva Zelandia)

   l.   Documento de trabajo WP 34, *Plan de gestión revisado para la Zona Antártica Especialmente Protegida N° 148, Monte Flora, Bahía Esperanza, Península Antártica* (Reino Unido y Argentina)

   m. Documento de trabajo WP 41, *Revisión del plan de gestión de la Zona Antártica Especialmente Protegida (ZAEP) N° 168 Monte Harding, Montañas Grove, Antártida Oriental* (China)

   n.   Documento de trabajo WP 42 *Revisión del plan de gestión de la Zona Antártica Especialmente Protegida N° 163, glaciar Dakshin Gangotri, Tierra de la Reina Maud* (India)

(145) En relación con los Documentos de trabajo WP 1 (ZAEP 106), WP 2 (ZAEP 119), WP 3 (ZAEP 152) y WP 4 (ZAEP 153), Estados Unidos señaló que se propusieron cambios menores a los planes de gestión existentes. Estos incluían actualizaciones de mapas y textos, y la inclusión de clasificaciones de conformidad con el Análisis de Dominios Ambientales (EDA, por sus siglas en inglés) y con las Regiones Biogeográficas de Conservación Antártica (RBCA). Los planes se actualizaron a fin de incluir los últimos resultados científicos.

(146) Con respecto al Documento de trabajo WP 8 (ZAEA 2), Nueva Zelandia y Estados Unidos señalaron cambios menores al plan y la cartografía, los que incluían a instalaciones, campamentos, lugares de aterrizaje, el borde costero y otras características físicas de la Zona. En respuesta a la consulta de la IAATO sobre posibles sitios que reciben visitantes en los Valles Secos de McMurdo, Estados Unidos acogió la contribución de la IAATO, al igual que las de la ASOC, y otras partes interesadas, al trabajo sobre el Plan de gestión de la ZAEA 2 durante el próximo período intersesional.

(147) En relación con los Documentos de trabajo WP 9 (ZAEP 103), WP 10 (ZAEP 101), WP 11 (ZAEP 164) y WP 12 (ZAEP 102), Australia señaló que había propuesto cambios menores en la descripción de las Zonas, en la cartografía, y en las disposiciones relativas a gestión. En las secciones pertinentes, los cambios incluyeron: agregar la ubicación de las cámaras automáticas utilizadas en el estudio de las aves; mejoras en las medidas de

bioseguridad; aclaración de los requisitos sobre eliminación de residuos; y cálculos actualizados de la población de especies de aves. Australia señaló también que se aplicaron algunas modificaciones menores a los límites de las ZAEP 101 y 164 en los puntos en que estas se propusieron, para mayor claridad y para mejorar la cartografía basándose en imágenes digitales.

(148) Al presentar los Documentos de Trabajo WP 25 (ZAEP 104) y WP 26 (ZAEP 105, 155, 157, 158 y 159), Nueva Zelandia informó que solamente se habían propuesto algunas rectificaciones menores en los planes de gestión y en los mapas. Señaló que se había aplicado una modificación menor sugerida al límite de la ZAEP 157 con el fin de reflejar la modificación realizada en 2014 al límite que compartía con la ZAEP 121, e indicó que no se habían aplicado modificaciones en los límites de las demás zonas.

(149) En cuanto al Documento de Trabajo WP 34 (ZAEP 148), el Reino Unido y Argentina explicaron que las modificaciones propuestas incluyeron las siguientes: se agregó una introducción; se hicieron referencias a los análisis EDA y RBCA; se actualizó la descripción de la Zona; se hicieron rectificaciones en las disposiciones sobre el acceso a la Zona y sobre el muestreo de especímenes geológicos; y se incluyó un mapa geológico mejorado. El Reino Unido y Argentina recomendaron además que Argentina sea reconocida como Parte a cargo de la gestión de la ZAEP 148 en conjunto con el Reino Unido. Argentina agradeció al Reino Unido por su oferta de trabajar en la elaboración y actualización del Plan de gestión.

(150) El Comité respaldó la propuesta contenida en el Documento de Trabajo WP 48 en cuanto a que el Reino Unido y Argentina sean reconocidos como Partes a cargo de la gestión conjunta de la ZAEP 148.

(151) Con respecto del Documento de Trabajo WP 41 (ZAEP 168), China explicó que los cambios al plan de gestión sugeridos incluían los siguientes: información actualizada acerca de las visitas de CHINARE a la Zona; mejoras en las finalidades y objetivos para mantener la coherencia con las disposiciones relacionadas con evitar la introducción de especies no autóctonas; e información actualizada sobre la documentación de apoyo.

(152) Con respecto del Documento de Trabajo WP 42 (ZAEP 163), India señaló que se habían propuesto modificaciones menores al plan, entre las que se incluyen: reflejar las recientes observaciones sobre el retroceso del glaciar Dakshin Gangotri; actualización de las restricciones sobre los materiales y organismos que pueden ser llevados a la Zona con objeto de reflejar las

disposiciones contenidas en el Manual de Especies No Autóctonas del CPA; y proporcionar cartografía con mejor resolución e imágenes actualizadas.

(153) El Comité refrendó todos los planes de gestión revisados que no habían sido examinados por el GSPG.

iii. Nuevos proyectos de planes de gestión de zonas protegidas y administradas

(154) No se presentaron nuevos planes de gestión para zonas protegidas y administradas.

Asesoramiento del CPA a la RCTA sobre planes de gestión revisados para ZAEP y ZAEA

(155) El Comité expresó su acuerdo en remitir a la RCTA los siguientes planes de gestión revisados para su aprobación por medio de una Medida:

N°	Nombre
ZAEP 101	Pingüinera Taylor, Tierra de Mac Robertson
ZAEP 102	islas Rookery, bahía Holme, Tierra de Mac Robertson
ZAEP 103	isla Ardery e isla Odbert, costa Budd, Tierra de Wilkes, Antártida Oriental
ZAEP 104	Isla Sabrina, islas Balleny
ZAEP 105	isla Beaufort, ensenada McMurdo, mar de Ross
ZAEP 106	cabo Hallett, Tierra Victoria del Norte, mar de Ross
ZAEP 119	Valle Davis y laguna Forlidas, macizo Dufek, montañas Pensacola
ZAEP 148	monte Flora, bahía Esperanza, Península Antártica
ZAEP 152	Oeste del estrecho de Bransfield/ mar de la Flota
ZAEP 153	Este de la bahía Dallmann
ZAEP 155	Cabo Evans, isla Ross
ZAEP 157	Bahía Backdoor, cabo Royds, isla Ross
ZAEP 158	Punta Hut, isla Ross
ZAEP 159	Cabo Adare, Costa Borchgrevink
ZAEP 163	Glaciar Dakshin Gangotri, Tierra de la Reina Maud
ZAEP 164	Monolitos Scullin y Murray, Tierra de Mac Robertson
ZAEP 168	Monte Harding, montañas Grove, Antártida Oriental
ZAEA 2	Valles Secos de McMurdo, Tierra de Victoria del Sur

iv) Otros asuntos relacionados con los planes de gestión de zonas protegidas y administradas

(156) La coordinadora del GSPG, Birgit Njåstad (Noruega), presentó los elementos del Documento de Trabajo WP 15, *Grupo Subsidiario sobre Planes de Gestión: Informe del trabajo intersesional correspondiente al periodo 2014/2015,* que informó acerca del trabajo intersesional realizado por el GSPG de conformidad con los Términos de Referencia 4 y 5. El documento informó acerca de los debates encabezados por la miembro del GSPG, Polly Penhale (Estados Unidos), sobre iniciar los trabajos para desarrollar orientaciones para preparar y revisar planes de gestión de ZAEA, entre otros, mediante el desarrollo de un plan de trabajo para el proceso. El documento recordó el objetivo de largo plazo destinado a garantizar que todos los planes de gestión de ZAEP y ZAEA contasen con contenidos adecuados y fuesen claros y coherentes y con probabilidad de ser eficaces, conforme a lo establecido en el Término de referencia 5. Por lo mismo, el documento sugería que los Miembros consideren la descripción general actualizada del estado de los planes de gestión de ZAEP y ZAEA y todas las acciones que pudiesen ser necesarias para garantizar un nivel adecuado de revisión y consideración.

(157) El GSPG recomendó al CPA lo siguiente: el plan de trabajo correspondiente a 2015/2016 debería incluir la elaboración de orientaciones para determinar si una zona debería ser designada como ZAEA; y que, luego de completar este trabajo, el GSPG debería incluir en la siguiente instancia de su plan de trabajo la preparación de un documento, con listas de verificación, similar a la "Guía para la Preparación de Planes de Gestión para las Zonas Antárticas Especialmente Protegidas". En relación con las consultas iniciales con el CPA con respecto de las nuevas ZAEA propuestas, el GSPG indicó que el debate sostenido por separado por el Comité acerca de la iniciativa de Noruega sobre un proceso de evaluación previa de ZAEP y ZAEA (Documento de Trabajo WP 29) podría ofrecer información sobre estas materias.

(158) El Comité agradeció al GSPG por su recomendación y expresó su acuerdo en aprobar el plan de trabajo del GSPG propuesto para el periodo 2015/2016:

Términos de referencia	Tareas sugeridas
TdR 1 a 3	Revisar los borradores de planes de gestión remitidos por el CPA para su revisión intersesional, y proporcionar asesoramiento a los proponentes (incluyendo los cinco planes pospuestos a partir del período entre sesiones 2014-2015)
TdR 4 y 5	Trabajar con las Partes relevantes a fin de garantizar el progreso en la revisión de los Planes de gestión cuya revisión quinquenal se encuentre vencida
	Continuar la elaboración de directrices para la preparación y revisión de planes de gestión de ZAEA de conformidad con el plan de trabajo acordado para el proceso, es decir, iniciar los trabajos de elaboración de directrices para determinar si una Zona debe designarse como ZAEA.
	Revisar y actualizar el plan de trabajo del GSPG
Documentos de trabajo	Preparar el informe para la XIX Reunión del CPA cotejándolo con los Términos de referencia 1 a 3 del GSPG
	Preparar el informe para la XIX Reunión del CPA cotejándolo con los Términos de referencia 4 y 5 del GSPG

(159) China presentó el Documento de trabajo WP 48, *Informe sobre los Debates Informales sostenidos durante un nuevo periodo Intersesional acerca de la Propuesta de una Nueva Zona Antártica Especialmente Administrada en la estación antártica china Kunlun, Domo A*. Tras la consideración de la propuesta de China por el CPA durante su XVI Reunión, de designar una ZAEA en la estación antártica china Kunlun, Domo A, y tras los debates informales sostenidos durante el periodo intersesional 2013/2014, este documento informó acerca de nuevos debates informales sostenidos durante el periodo intersesional 2014/2015. El documento incluyó un adjunto que resume las respuestas de China a las diversas inquietudes expresadas por los Miembros. China ofreció una breve introducción a la investigación científica llevada a cabo en la Zona, que incluía proyectos de cooperación internacional. China había presentado en 2013 la propuesta de una nueva Zona Antártica Especialmente Administrada en conformidad con el Protocolo. En aquella oportunidad, expresó su inquietud en cuanto a que el medioambiente de la Zona era vulnerable a los daños, y a la imposibilidad de su remediación una vez que había resultado dañado, y además a la extremadamente baja capacidad medioambiental del lugar. La propuesta pasó por tres rondas de debates sostenidas durante más de dos años. Con la labor conjunta de los colegas internacionales, sus aspectos jurídicos y técnicos se habían debatido en profundidad. Durante la tercera ronda de debates, Argentina ofreció gentilmente compartir su experiencia. China agradeció los comentarios aportados por Argentina durante el periodo intersesional, y solicitó al Comité que remita la propuesta al GSPG.

(160) Argentina agradeció a China por considerar su contribución durante las deliberaciones y manifestó encontrarse abierta al debate y al análisis en relación con el Plan de gestión, indicando que, en caso de haber acuerdo en cuanto a remitir la propuesta al GSPG para su revisión, tendría algunas recomendaciones más que hacer en relación con el Plan de gestión.

(161) Alemania expresó sus dudas en cuanto a la necesidad de una ZAEA en la zona y declaró no estar a favor de remitir esta propuesta al GSPG.

(162) China respondió que el espíritu esencial de una ZAEA no era el de calcular cuántos países llevan a cabo actividades en el lugar, sino evaluar qué tan afectada resulta la zona como producto de las actividades humanas. La inquietud de China es la de crear una suerte de sistema de protección del medioambiente normalizado y eficaz en la zona del Domo A, de modo de aportar un alto nivel de protección al medioambiente antártico. Considerando el hecho de que la capacidad medioambiental es extremadamente baja, y la cooperación científica internacional se está haciendo más frecuente en el lugar, China, en el marco del Protocolo y sus anexos, espera y desearía comunicarse y cooperar con las Partes con respecto del asunto del establecimiento de la ZAEA del Domo A.

(163) El Presidente acotó que el Comité no había alcanzado un consenso en cuanto a remitir el borrador de plan de gestión de ZAEA al GSPG.

(164) Nueva Zelandia expresó su acuerdo con el resumen entregado por el Presidente.

(165) El Comité agradeció a China por llevar a cabo los debates intersesionales informales y por proporcionar un informe sobre dichas deliberaciones. El Comité agradeció la disposición abierta al debate de China y su consideración de los comentarios recibidos de los Miembros del CPA. Señaló que los Miembros habían reconocido en general lo valioso de contar con adecuadas disposiciones de gestión en esta zona con tanta importancia científica, y que había felicitado a China por su trabajo de liderar los debates en este sentido. Señalando que no había alcanzado un consenso en relación con la propuesta de China, el Comité tomó la decisión de no remitir la propuesta de ZAEA para su revisión por el GSPG en esta ocasión.

(166) El Comité acogió la oferta de China de llevar a cabo una cuarta ronda de debates informales intersesionales acerca de la propuesta durante 2015/2016, y alentó a los miembros interesados a participar en esta.

9b) Sitios y monumentos históricos

(167) Bulgaria presentó el Documento de trabajo WP 17 *Propuesta para agregar la cabaña Lame Dog en la base búlgara St. Kliment Ohridski en la isla Livingston a la lista de Sitios y monumentos históricos.* También realizó una presentación informativa con el mismo título, que incluía varias fotografías de la cabaña. Señaló que la cabaña fue la primera edificación permanente establecida por Bulgaria en la Antártida y sentó las bases para la investigación científica sistemática de ese país en la zona de la isla Livingston. Propuso que, de ser aprobado, el nuevo Sitio y Monumento Histórico se llamaría Cabaña Lame Dog en la base búlgara St. Kliment Ohridski en la isla Livingston, islas Shetland del Sur. La Cabaña Lame Dog se erigió en abril de 1988 y ha sido el edificio principal de la estación St. Kliment Ohridski hasta 1998. Hasta el momento es el edificio más antiguo que se conserva en la isla Livingston. El documento describe en detalle varias razones, de conformidad con la Resolución 8 (1995) y el Apéndice de la Resolución 3 (2009), por las que el sitio amerita agregarse a la lista de SMH. Entre dichas razones se encontraba la importancia de la cabaña para la historia de la ciencia como la primera edificación búlgara de apoyo científico en la Antártida, sus materiales y métodos únicos de construcción y su valor cultural ya que se trata de la edificación más antigua que se conserva en la isla Livingston.

(168) En respuesta a las preguntas formuladas por Bélgica, Bulgaria expresó su opción por mantener el edificio en el lugar de trasladarlo a un entorno de museo más controlado fuera de la Antártida, indicando que existe una réplica de la cabaña en el museo nacional de historia de Bulgaria. Al responder a las preguntas sobre la futura conservación del edificio, Bulgaria señaló además que actualmente se encuentra en muy buenas condiciones, y que no se encontraron dificultades para mantenerla en el futuro.

(169) El Comité observó que las razones que se describen en el Documento de trabajo WP 17 conforman la base para la designación propuesta, de conformidad con la Resolución 3 (2009), y acordó reenviar la propuesta a la RCTA para su aprobación.

(170) La Federación de Rusia presentó el Documento de Trabajo WP 31, *Propuesta de inclusión del tractor para nieve "Kharkovchanka" que se utilizó en la Antártida desde 1959 al 2010 a la Lista de sitios y monumentos históricos.* Indicó que el tractor fue el primer vehículo de transporte no aéreo de fabricación soviética destinado exclusivamente a operaciones en la Antártida,

y que era un singular ejemplo histórico de los avances tecnológicos de la ingeniería desarrollados para la exploración de la Antártica. La Federación de Rusia destacó la importancia histórica del tractor "Kharkovchanka" y su valor conmemorativo y emocional para todos quienes lo visiten en la Antártida. También señaló que, como preparación para su exhibición a largo plazo en la Antártida, se drenaron todos los líquidos del tractor y se sellaron herméticamente sus puertas para mantener fuera la nieve.

(171) En respuesta a las preguntas formuladas por los Miembros, la Federación de Rusia indicó que prefiere conservar el tractor en el lugar, argumentando que la importancia histórica del tractor sería más apreciada por los expedicionarios y otros visitantes de la Antártida. La Federación de Rusia también informó que se tomaron medidas tales como su sellado para conservar el tractor e impedir el ingreso de nieve, y que volverá a informar al Comité en el futuro sobre la efectividad de estas medidas. Incentivó a otros Miembros a hacer lo mismo en el caso de los SMH de los que son responsables.

(172) El Comité observó que las razones que se describen en el Documento de trabajo WP 31 conforman la base para la designación propuesta, de conformidad con la Resolución 3 (2009), y acordó reenviar la propuesta a la RCTA para su aprobación.

Asesoramiento del CPA a la RCTA sobre las incorporaciones a la lista de Sitios y monumentos históricos

(173) El Comité acordó remitir a la RCTA dos propuestas de incorporación a la lista de Sitios y Monumentos Históricos para su aprobación a través de una Medida.

N°	Nombre
SMH N°	Cabaña Lame Dog, St. Kliment Ohridski, isla Livingston
SMH N°	Tractor para nieve "Kharkovchanka"

(174) Noruega, en seguimiento a un debate iniciado durante la XVI Reunión del CPA, sugirió que este podría ser el momento oportuno para iniciar debates adicionales sobre la designación de SMH en un sentido más amplio. Noruega recordó debates anteriores, en los que había señalado el desafío derivado del hecho de que se considerasen muchos edificios u otros elementos como teniendo valor histórico en la Antártida, lo que podría llevar a la designación de un gran número de SMH en el futuro, lo cual, una vez más, podría parecer contradictorio con la disposición del Protocolo sobre Protección del Medio

Ambiente relativas a la limpieza de actividades pasadas en la Antártida. Noruega señaló en este contexto que la actual filosofía y entendimiento de la gestión centrada en métodos alternativos para conservar esos valores, en lugar de mantenerlos físicamente en su lugar original, podría ser informativa para un debate tan amplio como este.

(175) Observando la importancia de contar con directrices sobre el problema de posibles conflictos entre las disposiciones del Anexo V y el Anexo III, Noruega ofreció realizar trabajo preparatorio con anticipación a la XIX Reunión del CPA con el fin de proporcionar al Comité una base para los debates posteriores, centrándose inicialmente, entre otros, en la información recopilada sobre los enfoques y métodos en debate, utilizados y aceptados como alternativas a la preservación en el lugar de los vestigios históricos y culturales.

(176) El Comité acogió la oferta de Noruega, señalando además que sería útil solicitar asesoramiento a organizaciones especializadas como el Comité del Patrimonio Polar Internacional (IPHC). Noruega sugirió que las propuestas futuras de nuevas designaciones de SMH se dejen en espera hasta que se hayan establecido directrices adicionales sobre el asunto.

Asesoramiento del CPA a la RCTA sobre las directrices para la designación de nuevos Sitios y monumentos históricos

(177) El Comité acordó que las propuestas futuras de nuevas designaciones de SMH se dejen en espera hasta que se establezcan directrices adicionales sobre el asunto.

---

(178) Argentina recibió favorablemente ambas presentaciones y el compromiso de los Miembros con la conservación del patrimonio. Recordó también que los debates sostenidos durante dos períodos intersesionales (2010-2011) se referían al concepto de patrimonio y a los diferentes mecanismos de protección para estos valores. En relación con algunas consideraciones sobre su transferencia fuera de la Zona del Tratado Antártico, Argentina consideró que, una vez que se designa a los elementos como SMH, se vuelven parte de la lista, permitiendo que cualquier persona interesada los visite, y que su traslado impediría tal acceso.

(179) La ASOC acotó que, en su opinión, los aspectos de la relación entre el Anexo III y el Anexo V (8) ameritaban un examen más profundo.

(180) Nueva Zelandia presentó el Documento de trabajo WP 23 *Proyecto de restauración del patrimonio del Mar de Ross: un modelo para conservar*

los valores patrimoniales en Zonas antárticas especialmente protegidas, y se refirió al Documento de información IP 13 *Supporting Images for Working Paper: Ross Sea Heritage Restoration Project: A model for conserving heritage values in Antarctic Specially Protected Areas*. Estos documentos proporcionaron información sobre el programa de una década de conservación patrimonial del Fondo Fiduciario para el Patrimonio Antártico de Nueva Zelandia, de los edificios y colecciones de artefactos de las ZAEP 155, 157 y 158 en la isla Ross. Nueva Zelandia mencionó que el proyecto había logrado recientemente un importante hito y que no tenía precedentes en su escala y complejidad en relación con la conservación del patrimonio en las regiones polares. Informó al Comité de las intenciones de continuar el trabajo y agregó que ya se habían obtenido los fondos para apoyar el trabajo de mantenimiento durante los próximos 25 años.

(181) El Comité agradeció a Nueva Zelandia por estos documentos y felicitó al Fondo Fiduciario para el Patrimonio Antártico de Nueva Zelandia por su completo trabajo de protección de los sitios históricos en la región del mar de Ross. Los Miembros destacaron los importantes esfuerzos de educación y difusión llevados a cabo durante el transcurso de este proyecto, y observaron que los sitios restaurados tendrían valor para las generaciones futuras.

(182) Hubo un sólido apoyo a las recomendaciones presentadas en el Documento de trabajo WP 23. El Comité reconoció el método seguido por el Fondo Fiduciario para el Patrimonio Antártico de Nueva Zelandia como un modelo útil para otros encargados de realizar trabajos de conservación en la Antártida y, al mismo tiempo reconoció la importancia de que las prácticas de gestión de conservación se diseñen en función de las características de los sitios históricos en cuestión. El Comité señaló luego que el Fondo Fiduciario para el Patrimonio Antártico cumple las disposiciones de los planes de gestión de ZAEP pertinentes, lo que impone a los programas antárticos nacionales la realización de consultas entre ellos para garantizar que se implementen actividades de gestión, como la conservación, dentro de los límites de las ZAEP.

(183) En relación con este tema del programa se presentó también el siguiente documento:

- Documento de información IP 50 *Damage to the Observation Hill Cross (HSM 20)* (Nueva Zelandia).

9c) Directrices para sitios

(184) No se presentaron Directrices para sitios nuevas o revisadas para su consideración por el Comité.

(185) La IAATO presentó el Documento de información IP 85, *Report on IAATO Operator Use of Antarctic Peninsula Landing Sites and ATCM Visitor Site Guidelines, 2013-14 and 2014-15 Season.* El documento presentó los datos recopilados de los formularios de informes posvisitas de sus miembros, teniendo en cuenta que no se incluyeron en el análisis las visitas realizadas por iniciativas no correspondientes a la IAATO. La IAATO informó al Comité que: los niveles de turismo aún continuaban bajos desde la temporada de máxima intensidad, en 2007-2008, pero habían mostrado una leve recuperación; el aumento en el turismo por transporte aéreo combinado con cruceros tuvo como resultado un aumento desproporcionado en las cifras de viajes y, en una menor medida, en los desembarcos realizados; y que casi todos los sitios de desembarco en la lista de los 20 principales sitios de desembarco de la Península, con excepción de las islas Yalour, se gestionaban a través de las Directrices para Sitios que reciben visitantes a la Antártida de la RCTA, o a través de directrices de gestión elaboradas por Programas Nacionales. La IAATO formuló una invitación a las Partes interesadas en desarrollar directrices para este sitio. También se informó al Comité que continuarían proporcionando anualmente información sobre las actividades de sus miembros al CPA y la RCTA.

(186) El Comité señaló la útil contribución de la IAATO y valoró las actualizaciones periódicas que esta proporciona. El CPA acogió y valoró el informe sobre las Directrices para sitios y reconoció la utilidad de los informes para comprender las actividades de gestión y seguimiento en los sitios más visitados. El Reino Unido ofreció participar con la IAATO en cuanto a su sugerencia de desarrollar directrices para la isla Yalour.

(187) Nueva Zelandia presentó el Documento de información IP 102 *Antarctic Site Inventory: Results from long-term monitoring*, preparado en conjunto con Estados Unidos. Desde 1994, el Inventario de Sitios Antárticos (ASI, por sus siglas en inglés) ha recopilado datos biológicos e información descriptiva de sitios en la región de la Península Antártica. Nueva Zelandia señaló que el ASI continuará vigilando el veloz cambio de las poblaciones relativas de pingüinos de pico rojo, de barbijo y Adelia que se encuentran en toda la Península Antártica Occidental. También observó que los resultados del seguimiento realizado por el ASI registraron que las poblaciones de

pingüinos de pico rojo estaban aumentando rápidamente y expandiendo su alcance en dirección sur, y que las otras dos especies estaban disminuyendo de manera significativa.

(188) El Comité valoró la información y los datos contenidos en el documento.

(189) El Reino Unido presentó el Documento de información IP 119, *National Antarctic Programme use of locations with Visitor Site Guidelines in 2014-15,* preparado conjuntamente con Argentina, Australia y Estados Unidos. Este documento brindó una descripción general de la información proporcionada por las Partes sobre las visitas realizadas por el personal de sus programas antárticos nacionales durante la temporada 2014-2015 a los lugares en los que se aplicaban las Directrices para Sitios que reciben visitantes a la Antártida de la RCTA.

(190) El Comité valoró la información proporcionada.

(191) Argentina presentó el Documento de información IP 131 *Política de Gestión del Turismo para la Base Científica Brown.* Recordando el debate sobre el Documento de trabajo WP 49 de la XXXVI RCTA, Argentina señaló que muchas Partes habían apoyado su propuesta de que las estaciones debían contar con disposiciones por escrito relacionadas con visitantes. El Documento de información IP 131 presentó directrices para la base científica Brown. Argentina solicitó que dichas directrices se incluyeran en el "Manual de operaciones en el terreno" de la IAATO.

(192) El Comité agradeció a Argentina por el documento y las directrices adjuntas para visitar su estación científica Brown. El Comité señaló que la IAATO tenía el propósito de incluir dichas directrices en su manual de operaciones y además subrayó la intención de estaciones cercanas de informar a sus visitantes sobre estas directrices, en caso que desearan visitar la estación científica Brown.

9d) *Protección y gestión del espacio marino*

(193) Bélgica presentó el Documento de trabajo WP 20 *El concepto de "valores sobresalientes" en el medioambiente marino bajo el Anexo V del Protocolo,* y se refirió al Documento de información *IP 10 The concept of "outstanding values"" in the Antarctic marine environment under Annex V of the Protocol.* Este documento presentó un resumen de los debates del GCI establecido por la XVII Reunión del CPA con el fin de considerar el concepto de los valores sobresalientes en el medio marino. Los participantes del GCI llegaron a acuerdo general en lo siguiente: que actualmente no se requiere

de trabajo adicional en las definiciones y criterios para proteger los "valores sobresalientes" en el medio marino, ya que el Anexo V y los *Lineamientos para la implementación de un marco referencial para Áreas Protegidas estipulados en el Artículo 3, Anexo V del Protocolo sobre Protección del Medio Ambiente* (Resolución 1 [2000]) proporcionaban orientación suficiente; y que su deseo es proceder caso a caso y paso a paso, siendo que lo que determina la necesidad de una mayor protección del espacio, es una combinación de un valor (en este caso, un valor marino sobresaliente) y una situación o actividad que amenaza dicho valor en una zona determinada. Esta podría ser una amenaza real o una posible amenaza que afectará al valor en el futuro. El CPA debería considerar los valores sobresalientes en el medio marino cuando se propongan nuevas ZAEP o se revisen los planes de gestión de las existentes; y los esfuerzos del Comité para promover las disposiciones del Anexo V deberían complementar -en lugar de repetir- el trabajo en curso realizado por la CCRVMA para considerar la designación de AMP. El GCI recomendó además que el CPA refrende la continuación de un GCI, el cual informaría a la Reunión XIX del CPA en relación con esta segunda ronda de debates.

(194) China expresó su preocupación de que la designación de ZAEP marinas podría limitar el acceso a las zonas de los buques y apoyo logístico de los programas nacionales.

(195) En respuesta a estas inquietudes, Estados Unidos señaló que los Planes de gestión para las ZAEP marinas 152 y 153 permiten específicamente las actividades operacionales esenciales de buques que no pongan en peligro los valores de las zonas, como el tránsito o el atraque en esta, con objeto de facilitar las actividades científicas o de otro tipo, incluido el turismo, o para llegar a lugares situados fuera de las zonas.

(196) La ASOC señaló que algunas ZAEP, entre ellas las que cuentan con un componente marino, se establecieron para facilitar la investigación, y para que las ZAEP establecidas con fines de conservación no interfieran indebidamente con la investigación.

(197) El Comité agradeció a Bélgica por coordinar el GCI y apoyó los resultados claves del debate intersesional. Los Miembros enfatizaron especialmente la recomendación de que las Partes y el CPA deben considerar los valores sobresalientes del medio marino de conformidad con el Anexo V del Protocolo al proponer nuevas ZAEP o revisar los planes de gestión de las ya existentes, y deberían hacer uso de los Lineamientos del año 2000.

(198) El Comité expresó su acuerdo en continuar los debates sobre estos temas y estableció un GCI liderado por Bélgica para trabajar durante el período intersesional 2015/2016 bajo los siguientes términos de referencia:

1) Debatir los siguientes pasos en la implementación del Anexo V, Art. 3 del Protocolo en lo que se refiere al concepto de "valores sobresalientes" en su aplicación al medio marino, entre las que se encuentran todas las amenazas al medioambiente, sean estas posibles o reales, asociadas a las actividades cubiertas en el Art. 3 (4) del Protocolo.

2) Identificar nuevos mecanismos para que el CPA, dentro del marco y herramientas actuales del Tratado y del Protocolo, considere los "valores sobresalientes" del medio marino, al momento de designar o revisar ZAEP y ZAEA según corresponda;

3) Comprender el trabajo realizado por la CCRVMA en la planificación sistemática de la conservación, para evitar la repetición de esfuerzos, mantener funciones diferenciadas y complementarias, y a la vez utilizar las herramientas apropiadas disponibles para la misión del CPA de implementar el Artículo 3 (2) del Anexo V del Protocolo;

4) Proporcionar un informe final durante la XIX Reunión del CPA.

(199) El Comité acogió la oferta de François André (Bélgica) de actuar como coordinador del GCI.

9e) Otros asuntos relacionados con el Anexo V

(200) Noruega presentó el Documento de trabajo WP 29 *Una sugerencia de proceso de evaluación previa par ZAEP/ZAEA*. Noruega señaló que los debates intersesionales demostraron que entre los Miembros existía un interés generalizado por desarrollar procedimientos preliminares de evaluación de propuestas de ZAEP y ZAEA, indicando además que tales procedimientos podrían involucrar a todas las Partes en el proceso de designar nuevas Zonas; permitir que los Miembros reciban comentarios oportunos sobre sus propuestas; ayudar a lograr una mayor coherencia en las áreas seleccionadas para su designación como ZAEP y ZAEA; y facilitar el proceso de aprobación de los planes de gestión. El documento presentó un borrador de directrices para un "Un proceso de evaluación previa para la designación de ZAEP/ZAEA", y también sugirió que el Comité: ponga de relieve el mérito de que el CPA tenga la oportunidad de realizar una evaluación previa de toda nueva designación de ZAEP y ZAEA; aliente a los proponentes de una nueva ZAEP o ZAEA para que presenten al CPA los

planes de dicha designación tan pronto como sea posible a fin de permitir una evaluación previa de la zona; y acepte las directrices propuestas como un procedimiento recomendable, pero no obligatorio, a ser utilizado con el fin de permitir una evaluación previa de nuevas designaciones.

(201) El Comité agradeció a Noruega por liderar los debates y señaló los beneficios de un proceso de evaluación previa de propuestas para nuevas ZAEA y ZAEP, entre los que se encuentran: la participación de todas las Partes en el proceso de designación de nuevos sitios, reconociendo que todas las ZAEP y ZAEA son designadas internacionalmente; asistir a los Miembros en la preparación de planes de gestión al posibilitar el intercambio de comentarios y retroalimentación de otros Miembros en una etapa más temprana del proceso; y facilitar la consideración de un mayor desarrollo sistemático del sistema de zonas protegidas de acuerdo con el Artículo 3 del Anexo V del Protocolo, y tomando en cuenta las implicancias del cambio climático.

(202) China enfatizó que, durante el proceso de debate, el procedimiento de una ZAEP o ZAEA ya propuesta no debe ser interrumpido o retardado por ningún nuevo proceso.

(203) Argentina manifestó su acuerdo con la aprobación de estas directrices y además respaldó los comentarios realizados por China en cuanto a que este procedimiento no debería aplicarse a las propuestas de ZAEA y ZAEP que ya se encuentren en curso.

(204) La ASOC señaló que un proceso de evaluación previo como este puede ser una conveniente contribución hacia un método más estratégico de desarrollo de una red representativa de zonas protegidas, siempre y cuando esto no desaliente la presentación de proyectos de planes de gestión.

(205) El Comité refrendó la idea de establecer un procedimiento no obligatorio y, luego de un intercambio de comentarios entre los Miembros y de modificaciones menores a la redacción del Documento de trabajo WP 29, aceptó aprobar las *Directrices: Un proceso de evaluación previa para la designación de ZAEP/ZAEA* (Apéndice 3).

Asesoramiento del CPA a la RCTA sobre un proceso de evaluación previa para la designación de ZAEP y ZAEA

(206) El Comité alentó a los Miembros a que utilicen las *Directrices: Un proceso de evaluación previa para la designación de ZAEP/ZAEA* en los futuros procesos de designación de ZAEA y ZAEP. El Comité señaló que el

procedimiento para una evaluación previa de ZAEP o ZAEA no debería aplicarse a las zonas ya propuestas como ZAEP o ZAEA.

(207) Nueva Zelandia presentó el Documento de trabajo WP 35 *Código de conducta para la realización de actividades en los medioambientes geotérmicos terrestres en la Antártida*, y se refirió al Documento de información IP 24, *Code of Conduct for Activities within Terrestrial Geothermal Environments in Antarctica*, los cuales fueron preparados conjuntamente con España, el Reino Unido y Estados Unidos. Los coautores de estos documentos destacaron el gran valor científico de los ambientes geotérmicos terrestres en la Antártida y sugirieron que era necesario un código de conducta para ayudar a mantener los valores medioambientales y científicos únicos de los sitios geotérmicos terrestres. Además mencionaron que dicho código serviría como una guía no obligatoria de las prácticas recomendadas dentro de los ambientes geotérmicos. Los proponentes recomendaron que el Comité: proporcione comentarios sobre el proyecto de código de conducta; invite al SCAR mediante consulta con el COMNAP para revisar el proyecto del código de conducta con miras a refrendarlo como un código de conducta del SCAR; e invite al SCAR a que vuelva a presentar una versión final de dicho código de conducta para su consideración durante la XIX Reunión del CPA.

(208) El Comité agradeció a Nueva Zelandia y Estados Unidos por coordinar el taller y expresó un sólido apoyo a las recomendaciones propuestas, señalando especialmente el valor de la participación del SCAR y del COMNAP. El Comité acogió la oferta del SCAR de revisar el proyecto del código de conducta y presentar una versión final a la XIX Reunión del CPA para su consideración por el Comité. El Comité solicitó a los Miembros que alienten a sus propios expertos relevantes a participar en el proceso de revisión intersesional.

(209) Argentina presentó el Documento de trabajo WP 50 *Resultados de las consultas informales en relación a la protección de fósiles antárticos. Posibles cursos de acción para su mayor debate.* Argentina recordó al Comité que este asunto se abordó en la XVII Reunión del CPA, en la que Argentina asumió el liderazgo de los debates intersesionales informales. Luego de estos debates y de una encuesta entre Partes pertinentes, Argentina identificó posibles cursos de acción que podrían ayudar a lograr las medidas de protección adicionales relacionadas con los fósiles en la Antártida, entre los que se encontraban: que todas las Partes presten atención a los diferentes mecanismos y procedimientos informados por cada participante de la

encuesta; que se consideren varios modos de intercambio de información; y que se podría solicitar al SCAR, a través de su Grupo de Acción sobre Conservación y Patrimonio Geológicos, que preste asesoramiento técnico sobre la identificación de medidas adecuadas de gestión y protección de los sitios geológicos, incluyendo a aquellos que contienen fósiles.

(210) El Comité agradeció a Argentina por informar sobre los resultados de los debates intersesionales. Señaló el valor de los fósiles para la comprensión científica de la historia y evolución del continente antártico y reconoció la importancia de garantizar la protección de los fósiles, y de los sitios donde se encuentran, a través de un mejor intercambio de información y del posible desarrollo de orientaciones sobre prácticas recomendables de gestión.

(211) El Comité acogió la información entregada por el SCAR en cuanto a que el Grupo de acción del SCAR sobre conservación y patrimonio geológico estaría considerando temas relacionados con la comprensión científica de los fósiles como parte del trabajo general del grupo, y agradeció al SCAR por su oferta de proporcionar asesoramiento en una futura reunión. El Comité también acogió la oferta de la IAATO de ofrecer apoyo al trabajo del Comité sobre este tema según resulte adecuado. Los Miembros expresaron su apoyo a considerar una Resolución similar a la Resolución 3 (2001) sobre la protección de meteoritos, pero observó que este tipo de resolución se desarrollaría mejor en una reunión futura después de debatir sobre estos temas.

(212) El Comité mencionó con preocupación la recolección de fósiles antárticos y otros materiales geológicos con fines comerciales. El Comité instó a todas las Partes, a los programas nacionales y a la IAATO a que tomen medidas adecuadas para garantizar que la recolección de fósiles y otros materiales geológicos se lleve a cabo únicamente con fines científicos y que dichos materiales se archiven de la manera adecuada con fines de investigación.

(213) La ASOC presentó el Documento de información IP 109 *Antarctic Tourism and Protected Areas*, y enfatizó la conexión entre la protección de zonas y las normas sobre turismo. Recomendó que los Miembros consideren examinar, desde una perspectiva regional, los puntos de intersección entre actividades turísticas actuales con zonas protegidas y administradas, además de las necesidades de protección y gestión de zonas. Además sugirió que los Miembros proporcionen declaraciones claras sobre las políticas relativas al turismo en sus instalaciones, y que consideren la expansión espacial del turismo en el proceso de desarrollo de una red representativa de zonas protegidas.

(214) La ASOC también presentó el Documento de información IP 112 *Expanding Antarctica's Protected Areas System*, que destacó la importancia de fortalecer el sistema de zonas protegidas, dada la exposición del medioambiente antártico a amenazas tales como las impuestas por especies invasivas. Recomendó que el Comité revise de manera crítica el ámbito de cobertura de las ZAEP en la Antártida e inicie un proceso integrado de planificación por región, que responda a las obligaciones establecidas en el Artículo 3 del Anexo V del Protocolo.

(215) Bélgica recordó su Documento de trabajo WP 39 presentado a la XVI Reunión de la CPA, patrocinado en conjunto con el Reino Unido y Sudáfrica, y subrayó la importancia del Anexo V como herramienta de protección de hábitats microbianos, especialmente en zonas prístinas, en las que los impactos antropogénicos podrían destruir valores científicos futuros.

(216) El Comité agradeció a la ASOC por los documentos y señaló que estos contenían una serie de datos e información que podrían ser de utilidad en los futuros debates del Comité acerca del desarrollo sistemático del sistema de zonas protegidas, entre las que se encuentran las medidas identificadas en el Programa de Trabajo de Respuesta al Cambio Climático.

Tema 10: Conservación de la flora y fauna antárticas

10a) Cuarentena y especies no autóctonas

(217) El Reino Unido presentó el Documento de trabajo WP 28 *Revisión del Manual sobre especies no autóctonas del CPA (Edición 2011)*, preparado en conjunto con Francia y Nueva Zelandia. El Reino Unido recordó al Comité que el Manual sobre Especies No Autóctonas se aprobó de conformidad con la Resolución 6 (2011), que también alentaba al Comité a continuar desarrollando el Manual. En el documento se destacó la cantidad cada vez mayor de trabajos y logros científicos en los métodos prácticos para abordar asuntos relativos a las especies no autóctonas, además del trabajo adicional sobre especies no autóctonas del Comité y los recientes GCI, y sugirió que se considerara una revisión del Manual.

(218) El Comité agradeció al Reino Unido, Francia y Nueva Zelandia por su documento, que abordó un problema identificado como de la mayor prioridad en el Plan de Trabajo quinquenal del CPA y el CCRWP. El Comité también acogió con beneplácito el resumen detallado de los avances y resultados relevantes desde la aprobación de la Resolución 6 (2011). Señaló que la

información pertinente disponible en el Portal de medioambientes antárticos y otros documentos presentados de conformidad con este elemento del programa también podrían ser útiles para el trabajo del GCI. Muchos Miembros expresaron su interés en participar en el GCI. El Comité también acogió con beneplácito las ofertas de asistencia por parte del SCAR y la IAATO.

(219) El Comité señaló la recomendación incluida en la Resolución 6 (2011), en cuanto a que las Partes "alienten al Comité para la Protección del Medio Ambiente a continuar elaborando el Manual de especies no autóctonas con el aporte del Comité Científico sobre Investigación Antártica y el Consejo de Administradores de Programas Nacionales Antárticos sobre asuntos científicos y prácticos, respectivamente", reconoció los acontecimientos científicos y prácticos de gestión ambiental relacionados con temas que conciernen a las especies no autóctonas, y señaló que, como una medida prioritaria del Programa de Trabajo de Respuesta al Cambio Climático se había identificado una revisión del manual.

(220) El Comité recibió con beneplácito la propuesta y acordó establecer un GCI para:

1) Revisar y/o reconfirmar los "Objetivos generales" y "Principios rectores fundamentales" contenidas en el Manual sobre Especies No Autóctonas del CPA para que las acciones de las Partes aborden a las especies no autóctonas;

2) Revisar y complementar con nueva información la sección del Manual que trata sobre "Directrices y recursos para ayudar a prevenir la introducción de especies no autóctonas, lo que incluye el traslado de especies entre distintos lugares de la Antártida";

3) Revisar y examinar el Anexo "Directrices y recursos que requieren mayor atención o desarrollo" para identificar los aspectos particulares de las operaciones en la Antártida que pudiesen requerir trabajo adicional con el fin de desarrollar orientación específica. Además, considerar temas relacionados con las vías naturales de introducción de especies;

4) Informar a la XIX reunión del CPA acerca de los avances realizados respecto de estos temas.

(221) El Reino Unido aceptó coordinar el GCI, y el Comité acogió de buen grado la oferta de Kevin Hughes (Reino Unido) de actuar como coordinador del GCI.

(222) Argentina presentó el Documento de trabajo WP 46 *Análisis de determinación de presencia de especies no nativas, ingresadas al continente Antártico por vías naturales*. En este documento se analizaron los resultados de estudios realizados sobre dos especímenes del ave errante *Netta peposaca* que fueron encontrados muertos en las islas Shetland del Sur. La autopsia realizada a ambos especímenes sugirió que podrían haber muerto de hambre, cansancio y deshidratación. Las pruebas de laboratorio no mostraron enfermedades parasitarias visibles, signos de enfermedades bacterianas o presencia del virus de la gripe. En el documento se destaca la necesidad de desarrollar estudios sobre las vías de introducción de nuevas especies en la Antártida. Además se señala la necesidad de distinguir entre las vías naturales y las vías antropogénicas. Argentina instó a los Miembros interesados y al SCAR a que desarrollen investigaciones sobre posibles vías de introducción natural a la Antártida y a que recolecten datos sobre la aparición y distribución de microorganismos en la Antártida.

(223) Francia declaró que ha enfrentado dos casos de epizootia en albatros en las islas subantárticas. En ambos casos, se detectaron virus que afectaron a las poblaciones en áreas aisladas. Es muy probable que estos virus se hayan introducido por vías naturales. Francia declaró haber tomado medidas de bioseguridad para evitar la propagación a poblaciones vecinas.

(224) El SCAR destacó que la introducción de especies no autóctonas sigue siendo un problema importante y que, según estudios recientes, la introducción de especies no autóctonas por parte del ser humano se está volviendo más frecuente. El SCAR llamó también la atención sobre trabajos recientes, incluido uno sobre la detección del virus de gripe aviar en pingüinos Adelia y un trabajo que presenta una lista de varios eventos de dispersión de diferentes aves a la isla Elefante, isla Rey Jorge (isla 25 de Mayo) e isla Nelson. El SCAR también se refirió a varios análisis microbiológicos recientes, que indican un alto nivel de endemismo en elementos de la microbiota del continente. En estos trabajos también se indica que es posible distinguir el ingreso de especies por vías naturales, como el viento, del ingreso de especies por humanos. El SCAR también señaló que gran parte de la diversidad microbiana introducida por el viento es autóctona del continente. El SCAR señaló además que sus grupos AntEco y AnT-ERA estaban trabajando en estas interrogantes. El SCAR respaldó la iniciativa de Argentina de alentar a los Miembros a que apoyen la investigación de la biodiversidad terrestre en la región, e indicó que este trabajo mejorará la comprensión de los riesgos de introducciones desde otros lugares, así como también los riesgos de

transferencia entre las distintas Regiones Biogeográficas de Conservación del continente.

(225) Chile agradeció a Argentina por los documentos, y respaldó las recomendaciones presentadas en estos, mencionando que este problema puede tener especial importancia en la región de la Península Antártica, donde los investigadores chilenos han informado sobre el registro de las aves no antárticas vivas, y también de microorganismos patógenos.

(226) El Comité recibió de buen grado el documento presentado por Argentina, y señaló que se aborda en el un tema identificado como de alta prioridad en el trabajo del CPA. El Comité apoyó la recomendación de alentar a las Partes a conducir estudios similares a los descritos en el Documento de trabajo WP 48. En relación con la segunda recomendación, el Comité señaló la sugerencia del SCAR sobre la investigación continua dentro de la comunidad científica antártica. El Comité señaló que los asuntos presentados en el documento se pueden considerar además en la revisión del Manual sobre Especies No Autóctonas, que podría también incluir experiencias de otros Miembros. Además, señaló la relevancia de las publicaciones mencionadas por el SCAR, las que deben servir como una referencia práctica para el trabajo del GCI en la revisión del Manual sobre especies no autóctonas.

(227) España presentó el Documento de información IP 29, *The successful eradication of Poa pratensis from Cierva Point, Danco Coast, Antarctic Peninsula*, preparado en conjunto con el Reino Unido y Argentina. En este documento se informa sobre los esfuerzos colaborativos de los autores para proteger la biodiversidad nativa erradicando la hierba no autóctona *Poa pratensis*, introducida accidentalmente en la zona de punta Cierva en 1954.

(228) El Comité agradeció a los autores del documento, señalando que será un útil recurso en el trabajo intersesional que se incluirá en el Manual sobre Especies No Autóctonas durante su revisión.

(229) El Reino Unido presentó el Documento de información IP 46 *Colonisation status of known non-native species in the Antarctic terrestrial environment: a review,* preparado en conjunto con Chile y España. El documento resume un reciente documento de revisión académica donde se detalla la distribución y erradicación de especies no autóctonas dentro de la zona del Tratado, y se analizan asuntos jurídicos y de gestión pertinentes.

(230) El Comité recibió de buen grado el documento y señaló que sería una práctica referencia para el trabajo de revisión del Manual sobre Especies No Autóctonas por parte del GCI.

(231) Polonia presentó el Documento de información IP 78, *Eradication of a non-native grass Poa annua L. de la ZAEP N° 128 de la costa occidental de la bahía Almirantazgo (Bahía Lasserre), isla Rey Jorge (isla 25 de Mayo), islas Shetland del Sur*. En este documento se informa sobre un proyecto de investigación realizado durante la temporada 2014/2015 en la estación Arctowski y en la ZAEP 128 con el objetivo de erradicar la hierba no autóctona *Poa annua*.

(232) El Comité agradeció a los autores del documento y recibió favorablemente los esfuerzos realizados por Polonia. El Comité alentó a Polonia a continuar brindando actualizaciones sobre la erradicación de la hierba no autóctona de la ZAEP 128 y sobre las enseñanzas extraídas.

(233) El SCAR presentó el Documento de información IP 93, *Monitoring biological invasion across the broader Antarctic: a baseline and indicator framework*. El SCAR informó sobre algunas investigaciones publicadas recientemente en las que se ha desarrollado un marco (el Indicador de Invasión Biológica en la Antártida, o ABII, por sus siglas en inglés), que aplica prácticas recomendadas a nivel mundial para el problema de la comprensión, el seguimiento y la gestión de las invasiones biológicas en la Antártida. En la investigación se demuestra que: los impulsores de invasión son prevalentes en toda la Antártida y están en aumento; que las plantas y los insectos componen la mayor parte de las especies no autóctonas presentes en la región Antártica; y que el estado de conservación de las especies amenazadas afectadas por especies no autóctonas se encuentra en declive. El SCAR sugiere que el marco indicador no solo proporciona información de referencia integral sobre la situación actual de las invasiones biológicas en la Antártida, sino que además proporciona un mecanismo para facilitar el intercambio de información en la región antártica en general. El SCAR recomienda que el CPA considere el valor potencial del ABII como ayuda para abordar una de sus prioridades claves y se refirió a la relevancia de este marco en la revisión del Manual sobre Especies No Autóctonas.

(234) El Comité agradeció al SCAR por señalar el ABII a su atención y observó que se podría continuar analizando este marco durante la revisión planificada del Manual sobre especies no autóctonas.

(235) El COMNAP presentó el Documento de información IP 101, *COMNAP Practical Training Modules: Module 2 – Non-native Species*. En este documento se presenta un módulo de capacitación desarrollado por el Grupo de Expertos en Capacitación del COMNAP, que lleva por título "Non-native Species". El módulo se creó a partir de las presentaciones de capacitación

desarrolladas por los Programas Antárticos Nacionales de Argentina, Australia, China, India, Nueva Zelandia y España. El COMNAP agradeció a estos programas y también a la IAATO, que ofreció aportes al módulo de capacitación. El documento señala que el módulo de capacitación podrá descargarse en forma gratuita y en diferentes formatos de archivo desde el sitio web del COMNAP .

(236) El Comité elogió al COMNAP por desarrollar materiales de capacitación y señaló que el Manual sobre Especies No Autóctonas destaca la importancia de generar conciencia sobre los riesgos impuestos por las especies no autóctonas.

10b) Especies especialmente protegidas

(237) No se presentaron documentos sobre este tema del programa.

10c) Otros asuntos relacionados con el Anexo II

(238) El Comité consideró los elementos del Documento de trabajo WP 27 *Distancias de aproximación a la vida silvestre en la Antártida* (SCAR) que no se discutieron en el tema 8b del programa.

(239) El SCAR señaló que sus recomendaciones del Documento de trabajo WP 27 apuntaban a enfatizar la importancia de considerar las respuestas crípticas y negativas de la vida silvestre. Se señaló que este elemento no se reflejaba en las directrices actuales y, por lo tanto, merecía ser abordado.

(240) El Comité agradeció al SCAR por presentar el documento y por su revisión completa de la evidencia y las publicaciones científicas relacionadas con la comprensión de la perturbación de la vida silvestre. El Comité acordó que la gestión de la actividad humana para evitar la perturbación de la vida silvestre esté fundamentada en el mejor conocimiento científico disponible. El Comité recomendó enfáticamente que los Miembros realicen más investigaciones en esta área, como sugirió el SCAR, y acordó que en el futuro se vuelvan a examinar los asuntos relacionados con la perturbación de la vida silvestre a medida que se pongan a disposición nuevos datos científicos.

Asesoramiento del CPA a la RCTA sobre la perturbación de la vida silvestre

(241) Con base en la información proporcionada por el SCAR, el Comité acordó recomendar a la RCTA que:

- se revisen regularmente las distancias de aproximación de las directrices de la RCTA, teniendo como base las investigaciones científicas emergentes;

- se recomienden los enfoques cautelares bajo cualquier circunstancia al realizar operaciones en las cercanías de la vida silvestre; y

- se lleve a cabo más investigación para garantizar que las decisiones de gestión se tomen sobre la base del mejor conocimiento disponible.

(242) Estados Unidos presentó el Documento de trabajo WP 40 *Zonas importantes para las aves (ZIA) en la Antártida* y el Documento de información IP 27 *Important Bird Areas (IBAs) in Antarctica*, elaborado en forma conjunta con Australia, Nueva Zelandia, Noruega y el Reino Unido. El documento ofreció información sobre un análisis completado recientemente en relación con las *Áreas importantes para la conservación de las aves*, basándose en la aplicación coherente de criterios globales para la evaluación de la población de aves en todo el mundo, y señaló que hasta ahora existía un vacío importante en la cobertura del medioambiente terrestre en la Antártida continental. El esfuerzo por compilar un inventario de las *Áreas importantes para la conservación de las aves (AICA)* en la Antártida fue una iniciativa de BirdLife International y del SCAR en 1998, y ha recibido apoyo de los Miembros en los últimos años. Además, se señaló que todos los sitios AICA se identificaron con un conjunto de umbrales estandarizados y que actualmente las AICA cubren un cinco por ciento del área mundial, ubicándose 204 de estas en la Antártida. El término AICA no es una denominación formal ni tiene asociada una condición de zona protegida, pero la denominación enfatiza la importancia de la zona para la preservación de la biodiversidad. Se recomendó que el Comité considere el análisis de AICA como una herramienta importante a ser empleada en la evaluación y el seguimiento.

(243) El Comité agradeció a los autores conjuntos de estos documentos. También agradeció a Birdlife International y a los diferentes contribuyentes del informe, incluidos varios miembros de la comunidad científica. El Comité reconoció el valor del informe sobre AICA, que representó un importante producto, con relevancia considerable para sus deliberaciones sobre la protección y gestión de la Antártida. Además, los Miembros señalaron las aplicaciones potenciales del informe sobre AICA, incluso como recurso para preparar y evaluar EIA, revisar los Planes de gestión de zonas protegidas y realizar la preparación de los debates de políticas y gestión en las reuniones anuales de la RCTA y el CPA.

Asesoramiento del CPA a la RCTA sobre las Zonas con importancia para las aves en la Antártida

(244) El Comité acordó remitir a la RCTA un proyecto de Resolución sobre las *Áreas importantes para la conservación de las aves* en la Antártida para su adopción.

(245) España presentó el Documento de información IP 69, *Update of the status of the rare moss formations on Caliente Hill (ASPA 140 – site C)*. En este documento se señala el daño causado por el pisoteo acumulativo accidental del musgo endémico *Schistidium deceptionense* en el área vulnerable de la isla Decepción. El documento actualiza la información incluida en el documento de información IP 58 presentado a la XVII Reunión del CPA, el cual brindaba información sobre recientes daños detectados en la isla Decepción. El documento de información IP 69 destaca algunos elementos de estos daños y los complejos problemas asociados. También menciona que es necesario trabajar desde diferentes perspectivas para evaluar adecuadamente este daño. El daño fue causado algunas veces debido a actividades recreacionales, pero no es automáticamente atribuible a las embarcaciones de la IAATO, sino que podría proceder de otras fuentes. España también señaló que era probable que la duplicación de actividades científicas ejerciera presión sobre el medioambiente. Mencionó que España había desarrollado un código interno de conducta para las actividades en terreno, el cual se sugirió como un práctico ejemplo para otros Miembros. Concluyó expresando su interés en apoyar y gestionar la ZAEP, señalando que opera una estación de investigación en las cercanías y que el Código de Conducta sobre Sitios Geotérmicos podría ser de gran utilidad.

(246) El Comité agradeció a España por este documento y señaló los pasos que España tomó para mejorar la protección de estos importantes sitios en isla Decepción. El Reino Unido señaló su interés en trabajar en estrecha colaboración con España y el Grupo de gestión de la isla Decepción para analizar las oportunidades de mejora de la protección y gestión de la ZAEP 140.

(247) En relación con este tema del programa se presentó también el siguiente documento:

- Documento de antecedentes BP 22 *A meta-analysis of human disturbance impacts on Antarctic wildlife* (SCAR).

185

Tema 11: Seguimiento ambiental e informes sobre el estado del medioambiente

(248) Estados Unidos presentó el Documento de información IP 42 *EIA Field Reviews of Science, Operations, and Camps*. El documento brinda información sobre el seguimiento de los proyectos del Programa Antártico de Estados Unidos a través de un proceso de revisión en terreno de EIA. El proceso se creó para comparar las actividades y los impactos reales y previstos de cada proyecto. Estados Unidos informó al Comité que previo al inicio de la temporada en terreno, se identificaron proyectos candidatos a una Revisión en terreno de EIA utilizando uno o más de los siguientes atributos como criterios de selección: que usen grandes cantidades de materiales peligrosos o generen grandes cantidades de residuos; que se realicen en zonas no perturbadas o mínimamente perturbadas (actividades operacionales); que establezcan grandes campamentos en terreno o que instalen nuevas tiendas de campaña; que se desarrollen en sitios cercanos a áreas vulnerables o dentro de estas; que se lleven a cabo donde se encuentren en curso otros proyectos, o donde se puedan iniciar nuevos; y que empleen tecnologías emergentes.

(249) El Comité elogió a Estados Unidos por su completa metodología de seguimiento de EIA, y señaló que la información presentada en el Documento de información IP 42 podría ser un práctico recurso para el GCI sobre evaluación del impacto ambiental.

(250) La República de Corea presentó el Documento de información IP 71 *Environmental Monitoring at Jang-Bogo Station, Terra Nova Bay*, donde se brinda información acerca de un programa exhaustivo de seguimiento del ecosistema con el fin de evaluar los impactos de la operación de la Estación Jang-Bogo en el medioambiente antártico. Se señaló que el proceso también tiene como objetivo concebir medidas de mitigación eficaces y que el nivel de impacto al medioambiente de la estación en general cumplía con los niveles expresados en la CEE.

(251) India felicitó a la República de Corea por conducir un completo seguimiento del ecosistema, seleccionando diferentes indicadores medioambientales, y señaló que las Partes podrían aprovechar la experiencia para llevar a cabo el seguimiento del ecosistema consultando los indicadores sugeridos por el COMNAP y SCAR.

(252) El Comité agradeció la información en cuanto a que el seguimiento en la Estación Jang-Bogo había demostrado que los impactos medioambientales

asociados con el funcionamiento de la estación coincidían en general con los niveles expresados en la CEE.

(253) El SCAR presentó el Documento de información IP 98, *Report on the 2014-2015 activities of the Southern Ocean Observing System (SOOS)*. Señaló que en 2014 el SOOS dejó en claro su misión y sus objetivos, y desarrolló Estructuras de Implementación para respaldar las actividades de implementación. Destacó el patrocinio y respaldo del SOOS, además de las actividades planificadas para la temporada 2015/2016, en concordancia con sus objetivos fundamentales.

(254) El Comité recibió favorablemente la actualización, y señaló el valor y la relevancia del SOOS para los intereses del CPA, como se reconoció en los primeros debates sobre el Documento de trabajo WP 39 y el CCRWP.

(255) Nueva Zelandia presentó el Documento de información IP 103, *A Methodology to Assess Site Sensitivity at Visitor Sites: Progress Report,* elaborado en forma conjunta con Australia, Noruega, Reino Unido y Estados Unidos. En el documento se brinda información acerca del trabajo que se lleva a cabo en colaboración con Oceanites y con la Universidad de Stony Brook para identificar las oportunidades de uso del conjunto de datos a largo plazo del Inventario de Sitios Antárticos. Se proporcionaron un informe de progreso y los resultados del trabajo de campo que se llevó a cabo durante la temporada 2014/2015, y se propuso más trabajo para realizar antes de la XIX Reunión del CPA.

(256) La IAATO consideró que en la metodología se empleó una buena combinación de los enfoques cualitativo y cuantitativo, y señaló su participación en la encuesta de expertos. Francia señaló un posible sesgo en los resultados, debido a la mayor cantidad de información acerca de aves y mamíferos, y expresó su deseo de que en el futuro se cubran otros componentes del ecosistema. La ASOC declaró que el seguimiento del ecosistema era esencial, e instó a los Miembros a que sigan desarrollando este tipo de trabajos.

(257) El Comité recordó el debate de la XVII Reunión del CPA acerca de este trabajo y señaló que se encuentra relacionado con las recomendaciones derivadas del Estudio sobre Turismo del CPA de 2012. El Comité agradeció al a IAATO y a sus operadores miembros por el importante apoyo brindado para facilitar la encuesta de expertos. Espera recibir otra actualización durante la siguiente Reunión, incluido un debate sobre la metodología de la vulnerabilidad de sitios prevista.

Tema 12: Informes de inspecciones

(258) El Reino Unido presentó el Documento de trabajo WP 19 rev.1, *Recomendaciones generales de las inspecciones conjuntas realizadas por el Reino Unido y la República Checa, en virtud del Artículo VII del Tratado Antártico y el Artículo 14 del Protocolo de Protección Ambiental*, e hizo referencia al Documento de información IP 57, *Report of the Joint Inspections Undertaken by the United Kingdom and the Czech Republic under Article VII of the Antarctic Treaty and Article 14 of the Environmental Protocol*, elaborado en forma conjunta con la República Checa. El documento brindó información sobre las inspecciones conjuntas del Tratado Antártico llevadas a cabo entre diciembre de 2014 y enero de 2015, que incluyeron 12 estaciones de investigación, una instalación no gubernamental, un refugio, seis embarcaciones de crucero y cinco yates. El Reino Unido agradeció a todas las Partes y operadores de embarcaciones que fueron inspeccionadas, por su cooperación durante el proceso de inspección. El Reino Unido señaló que las inspecciones necesariamente reflejan la posición en un punto en el tiempo. Agradeció a las Partes que señalaron que considerarían las recomendaciones sobre embarcaciones o estaciones individuales. No se observaron infracciones importantes al Tratado o su Protocolo sobre Protección del Medio Ambiente.

(259) El Reino Unido hizo notar al Comité las recomendaciones contenidas en el Documento de trabajo WP 19 rev.1 que, en su opinión y en la de la República Checa, abordan problemas medioambientales (Recomendaciones 4, 11, 13, 14, 17, 18, 19, 20, 21 y 26), y solicitó que la reunión las acoja y refrende.

(260) La República Checa señaló que en el documento se informa sobre las primeras inspecciones realizadas por un inspector checo. Señaló la importancia de la cooperación internacional durante el proceso de inspección y destacó el valor de los equipos de inspección multinacionales.

(261) El Comité agradeció al Reino Unido y la República Checa por el detallado informe sobre las inspecciones realizadas durante 2014 y 2015, y, en general, centró el debate en los elementos medioambientales del informe de inspección y las recomendaciones derivadas. El Comité señaló el valor de las inspecciones, incluso como medio para verificar el cumplimiento del Protocolo, y destacó las prácticas recomendables. El Comité recibió de buen grado las observaciones del equipo de inspección en relación al nivel generalmente alto de conciencia de las disposiciones del Protocolo sobre Protección del Medio Ambiente, además de los ejemplos notables

de prácticas recomendables, como se destaca en el informe de inspección completo.

(262) Algunos Miembros ofrecieron comentarios, aclaraciones y actualizaciones sobre los asuntos presentados en el informe de inspección en lo que atañe a sus operaciones.

(263) China señaló que el desmantelamiento del refugio de emergencia chino mencionado en el Cuadro 1 del informe de inspección se encuentra programado para dentro de dos años y que se tomarán las medidas de mitigación correspondientes para minimizar el impacto ambiental de dicho desmantelamiento.

(264) Bulgaria comentó que el Instituto Antártico Búlgaro (BAI, por sus siglas en inglés) no "depende principalmente de alojar a científicos visitantes en la estación" para financiar la investigación científica nacional. Las operaciones científicas del BAI y su base antártica St. Kliment Ohridski se financiaron a través del Fondo de Investigación Nacional, que aprobó los proyectos científicos sobre una base competitiva, y por otras fuentes nacionales, como el Ministerio de Medioambiente. Además señaló que la base Ohridski no depende de la estación de España para obtener apoyo médico. Cada una de las dos estaciones cuenta con su propio médico e instalaciones de atención médica básica, de manera que no existe una interdependencia esencial en lo que a apoyo médico respecta. En cuanto a las posibles emergencias médicas complejas que pudieran requerir la evacuación de la isla, el proceso se retrasaría y los riesgos del paciente aumentarían si este fuese primero transportado a la estación española. Esta evacuación se realizaría con helicópteros hacia el aeropuerto chileno de la isla Rey Jorge (isla 25 de Mayo). Dado que lo más probable es que las condiciones de vuelo en las dos estaciones sean similares y las distancias de vuelo serían las mismas, no habría necesidad de evacuar a través de la estación española. Bulgaria destacó que la estación funciona con una combinación de trabajadores voluntarios y asalariados. De hecho, los trabajadores asalariados del BAI, como su director, el administrador del programa y el secretario, quienes participan regularmente en las campañas antárticas búlgaras y trabajan en la base desempeñando distintas funciones (liderazgo de campaña, apoyo logístico u otro tipo de apoyo) no son voluntarios. Los científicos búlgaros que trabajan en la estación también participaron en la operación de la estación y normalmente recibieron remuneración según sus proyectos científicos respectivos, por lo tanto, tampoco fueron voluntarios. Entre los voluntarios se incluye el personal no científico, como ingenieros eléctricos, mecánicos o

de construcción, médicos, cocineros, etc., si bien el término "voluntario" no se debe interpretar como "aficionado". Se trata de profesionales capacitados en su área, normalmente con varias temporadas de experiencia previa en la Antártida (más de diez, en algunos casos).

(265) Alemania reiteró sus comentarios en los que afirma que no se procesaron datos con fines militares en la Estación Receptora Antártica Alemana O'Higgins (GARS).

(266) Canadá informó al Comité que constató las inquietudes presentadas con relación a las observaciones en el SMH 61 y que trabajará con sus operadores turísticos, especialmente los inspeccionados, para mejorar el cumplimiento del Tratado y el Protocolo sobre Protección del Medio Ambiente.

(267) Ucrania informó al Comité que había tomado nota de las recomendaciones pertinentes a su estación y que ya había comenzado a trabajar en las mejoras.

(268) Varios miembros reconocieron el carácter general y los intereses de las recomendaciones derivadas de las inspecciones, pero instaron al Comité a que solo considerara las recomendaciones relacionadas con temas medioambientales.

(269) Argentina recibió de buen grado las inspecciones realizadas según el Artículo 7 del Tratado Antártico; señaló además que estas fueron muy útiles para tomar decisiones futuras y coincidió con el Presidente en que el Comité se debe centrar solo y estrictamente en las inspecciones relacionadas con el medioambiente. En este sentido, Argentina señaló el hecho de que el documento contiene todas las recomendaciones y no solo las relacionadas con el medioambiente. También declaró que, debido a que estas recomendaciones fueron elaboradas por Partes individuales, Argentina no comparte la opinión de que el Comité incluya las recomendaciones generales en los informes finales de la Reunión del CPA.

(270) Brasil agradeció el trabajo realizado por el Reino Unido y la República Checa, que obtuvo conclusiones muy positivas sobre la estación brasileña. Brasil reconoció la utilidad de las inspecciones en cuanto a que apuntan a reforzar los objetivos del Tratado Antártico y el Protocolo de Madrid. Brasil destacó el carácter de recomendación de los informes de inspecciones, que reflejan la opinión de sus proponentes, y que las Partes inspeccionadas podrán tomar en cuenta según corresponda.

(271) Bélgica destacó la importancia de abordar los asuntos de reparación y remediación del medioambiente asociados a la base Eco Nelson. Sugirió que la estación presenta un riesgo importante para la seguridad y el medioambiente, y que se debería desmantelar lo antes posible.

(272) Con relación a la recomendación 13, el SCAR informó al Comité que no cuenta con un grupo de investigación centrado en el impacto de los cambios medioambientales o climáticos sobre instalaciones o infraestructura.

(273) La IAATO señaló que sus miembros reciben favorablemente las inspecciones en virtud del Tratado sobre sus actividades, y destacó que estas inspecciones se consideran como oportunidades para que los operadores exhiban que sus operaciones se desarrollan de manera responsable con el medioambiente, y para que eduquen a sus visitantes sobre el Tratado. La IAATO señaló que sus miembros se mantienen definitivamente comprometidos con las prácticas recomendables de bioseguridad. Los miembros solicitaron que, si surgieran problemas, las Partes afectadas se acercaran directamente a la IAATO a fin de abordarlos rápidamente.

(274) Noruega señaló que muchas de las recomendaciones proporcionadas en el informe cubren asuntos importantes para el Comité. Sugirió que, si las recomendaciones no se pudieran adoptar en esta etapa, el Comité podría evaluarlas, según corresponda, a medida que avance el trabajo del CPA. Señaló que la recomendación 13, por ejemplo, es especialmente relevante en el contexto de la implementación del CCRWP.

(275) El Comité tomó nota del documento presentado por el Reino Unido y la República Checa con recomendaciones generales presentado en el Documento de trabajo WP 19 rev. 1. Los Miembros señalaron que las recomendaciones derivadas de las inspecciones fueron útiles para el análisis de las Partes inspeccionadas, según corresponda. Se señaló que las recomendaciones presentadas en el informe de inspección son recomendaciones de las Partes que condujeron la inspección, no del Comité. Algunos Miembros indicaron la conveniencia de las recomendaciones para su uso propio, según corresponda.

(276) Varios Miembros, además de la ASOC, señalaron la conveniencia de informar al Comité sobre los progresos realizados en la implementación de las recomendaciones contenidas en los informes de inspección. Mencionaron el informe de seguimiento realizado por India tras las recomendaciones entregadas durante una inspección de la Estación Maitri como un buen ejemplo de esto (Documento de antecedentes BP 14). La Federación de

Rusia señaló que estos informes de seguimiento también pueden permitir que los programas antárticos nacionales articulen a cabalidad su posición con relación a las recomendaciones recibidas.

(277) En relación con este tema del programa se presentó también el siguiente documento:

- Documento de antecedentes BP 14 *Follow-up to the Recommendations of the Inspection Teams to Maitri Station* (India).

Tema 13: Asuntos generales

(278) El SCAR presentó el Documento de información IP 20 *Outcomes of the 1st SCAR Antarctic and Southern Ocean Science Horizon Scan*. La búsqueda sistemática de horizontes científicos se había centrado en las preguntas científicas más importantes e interesantes, dentro de y desde la Antártida y el Océano Austral, a los fines de ser abordadas durante el transcurso de las próximas dos décadas y más hacia el futuro, llegando a identificar 80 interrogantes científicos de gran prioridad, divididos en seis áreas. Entre ellas se encontraban: 1) definir el alcance global de la atmósfera antártica y el Océano Austral; 2) comprender cómo, dónde y por qué las capas de hielo pierden masa; 3) dar a conocer la historia de la Antártida; 4) aprender cómo evolucionó y sobrevivió la vida antártica; 5) observar el espacio y el Universo; y 6) reconocer y mitigar las influencias humanas.

(279) El Comité felicitó al SCAR por asumir la búsqueda sistemática de horizontes científicos y por informar sobre sus resultados fundamentales. Señaló que una de sus prioridades identificadas se relacionaba con el reconocimiento de la mitigación del impacto humano, y que esperaba con ansias respaldar su futuro trabajo en los resultados de las investigaciones que hayan sido priorizadas en la búsqueda sistemática de horizontes científicos.

(280) En relación con este tema del programa se presentaron también los siguientes documentos:

- Documento de información IP 74 *Waste Water Management in Antarctica COMNAP Workshop* (COMNAP).
- Documento de antecedentes BP 17 *Manejo de residuos sólidos en la XIX Expedición Ecuatoriana* (Ecuador).

Tema 14: Elección de autoridades

(281) El Comité eligió a Polly Penhale, de Estados Unidos, como Vicepresidenta por un segundo periodo y la felicitó por su designación en el cargo.

Tema 15: Preparativos para la próxima reunión

(282) El Comité aprobó el Programa preliminar de la XIX Reunión del CPA (Apéndice 4).

Tema 16: Aprobación del informe

(283) El Comité aprobó su informe.

Tema 17: Clausura de la reunión

(284) El Presidente clausuró la reunión el viernes 5 de junio de 2015.

Apéndice 1

Plan de trabajo quinquenal del CPA

Asunto / Presión ambiental: Introducción de especies no autóctonas	
Prioridad: 1	
Medidas:	
1. Seguir desarrollando directrices y recursos prácticos para todos los operadores en la Antártida. 2. Implementar acciones relacionadas identificadas en el Programa de Trabajo de Respuesta al Cambio Climático. 3. Considerar evaluaciones de riesgo diferenciadas por actividad y espacialmente explícitas para mitigar los riesgos planteados por las especies terrestres no autóctonas. 4. Desarrollar una estrategia de seguimiento para las áreas que están en riesgo elevado de establecimiento de especies no autóctonas. 5. Prestar una mayor atención a los riesgos que implica la transferencia de propágulos dentro de la Antártida.	
Período intersesional 2015/2016	GCI revisará el Manual sobre Especies No Autóctonas
XIX Reunión del CPA, 2016	Considerar el Informe del GCI
Período intersesional 2016/2017	
XX Reunión del CPA, 2017	
Período intersesional 2017/2018	
XXI Reunión del CPA, 2018	
Período intersesional 2018/2019	
XXII Reunión del CPA, 2019	
Período intersesional 2019/2020	
XXIII Reunión del CPA, 2020	

Asunto / Presión medioambiental: Turismo y actividades no gubernamentales	
Prioridad: 1	
Medidas:	
1. Proporcionar asesoramiento a la RCTA conforme a lo solicitado. 2. Lograr progresos en las recomendaciones de la RETA sobre turismo marítimo.	
Período intersesional 2015/2016	
XIX Reunión del CPA, 2016	Considerar los resultados del desarrollo de la vulnerabilidad del sitio [recomendación 3 del estudio sobre turismo].
Período intersesional 2016/2017	
XX Reunión del CPA, 2017	
Período intersesional 2017/2018	
XXI Reunión del CPA, 2018	
Período intersesional 2018/2019	
XXII Reunión del CPA, 2019	
Período intersesional 2019/2020	
XXIII Reunión del CPA, 2020	

Asunto / Presión ambiental: Implicancias del cambio climático para el medioambiente	
Prioridad: 1	
Medidas:	
1. Considerar las implicancias del cambio climático en la gestión del medioambiente antártico. 2. Lograr progresos en las recomendaciones de la RETA sobre cambio climático. 3. Implementar un programa de trabajo de respuesta al cambio climático.	
Período intersesional 2015/2016	Debate sobre mecanismos para revisar y actualizar el CCRWP.
XIX Reunión del CPA, 2016	• Tema del programa permanente • El SCAR proporcionará una actualización
Período intersesional 2016/2017	
XX Reunión del CPA, 2017	• Tema del programa permanente • El SCAR proporcionará una actualización
Período intersesional 2017/2018	
XXI Reunión del CPA, 2018	
Período intersesional 2018/2019	
XXII Reunión del CPA, 2019	
Período intersesional 2019/2020	
XXIII Reunión del CPA, 2020	

Asunto / Presión ambiental: Procesar los planes de gestión de zonas protegidas y administradas nuevos y revisados	
Prioridad: 1	
Medidas:	
1. Perfeccionar el proceso de revisión de planes de gestión nuevos y revisados. 2. Actualizar las actuales directrices. 3. Lograr progresos en las recomendaciones de la RETA sobre cambio climático. 4. Elaborar directrices para la preparación de ZAEA.	
Período intersesional 2015/2016	• GSPG / realizará el trabajo conforme al plan convenido • Continuar el trabajo de elaboración de directrices para la preparación de ZAEA.
XIX Reunión del CPA, 2016	Consideración del GSPG / informe
Período intersesional 2016/2017	
XX Reunión del CPA, 2017	
Período intersesional 2017/2018	
XXI Reunión del CPA, 2018	
Período intersesional 2018/2019	
XXII Reunión del CPA, 2019	
Período intersesional 2019/2020	
XXIII Reunión del CPA, 2020	

Asunto / Presión ambiental: Protección y gestión del espacio marino	
Prioridad: 1	
Medidas:	
1. Cooperación entre el CPA y el CC-CRVMA en los asuntos de interés común. 2. Cooperar con la CCRVMA en la biorregionalización del Océano Austral y otros intereses comunes y principios convenidos. 3. Identificar y aplicar procesos de protección del espacio marino. 4. Lograr progresos en las recomendaciones de la RETA sobre cambio climático.	
Período intersesional 2015/2016	GCI sobre valores marinos sobresalientes
XIX Reunión del CPA, 2016	Considerar el Informe del GCI
Período intersesional 2016/2017	
XX Reunión del CPA, 2017	
Período intersesional 2017/2018	
XXI Reunión del CPA, 2018	
Período intersesional 2018/2019	
XXII Reunión del CPA, 2019	
Período intersesional 2019/2020	
XXIII Reunión del CPA, 2020	

Asunto / Presión ambiental: Operación del CPA y planificación estratégica	
Prioridad: 1	
Medidas:	
1. Mantener actualizado el plan de trabajo quinquenal basándose en las circunstancias cambiantes y en los requisitos de la RCTA. 2. Identificar las oportunidades para mejorar la eficacia del CPA. 3. Considerar objetivos de largo plazo para la Antártida (plazo de entre 50 y 100 años). 4. Considerar las oportunidades para mejorar la relación de trabajo entre el CPA y la RCTA.	
Período intersesional 2015/2016	• Preparar la publicación para el 25° aniversario del Protocolo. • Como se solicitó, planificar el simposio del 25° aniversario.
XIX Reunión del CPA, 2016	• 25° aniversario del Protocolo. Examen y análisis del plan de trabajo, según corresponda. • Considerar la publicación del proyecto preparado por el GCI.
Período intersesional 2016/2017	
XX Reunión del CPA, 2017	
Período intersesional 2017/2018	
XXI Reunión del CPA, 2018	
Período intersesional 2018/2019	
XXII Reunión del CPA, 2019	
Período intersesional 2019/2020	
XXIII Reunión del CPA, 2020	

197

Asunto / Presión ambiental: Reparación o remediación del daño al medioambiente	
Prioridad: 2	
Medidas: 1. Responder a la solicitud adicional de la RCTA en relación con la reparación y remediación, según corresponda 2. Observar el progreso del establecimiento de un inventario de sitios de actividad pasada en toda la Antártida. 3. Considerar la elaboración de directrices sobre reparación y remediación. 4. Los miembros desarrollarán directrices prácticas y recursos de apoyo para su inclusión en el Manual de Limpieza 5. Continuar desarrollando prácticas de biorremediación y reparación para incluirlas en el Manual sobre limpieza.	
Período intersesional 2015/2016	
XIX Reunión del CPA, 2016	
Período intersesional 2016/2017	
XX Reunión del CPA, 2017	Considerar la revisión del Manual sobre Limpieza.
Período intersesional 2017/2018	
XXI Reunión del CPA, 2018	
Período intersesional 2018/2019	
XXII Reunión del CPA, 2019	
Período intersesional 2019/2020	
XXIII Reunión del CPA, 2020	

Asunto / Presión ambiental: Gestión de huella humana y vida silvestre	
Prioridad: 2	
Medidas: 1. Desarrollar una metodología para una mejor protección de la vida silvestre en virtud de los Anexos I y V.	
Período intersesional 2015/2016	Considerar la forma en que los aspectos de la vida silvestre pueden ser considerados en las directrices sobre EIA
XIX Reunión del CPA, 2016	
Período intersesional 2016/2017	
XX Reunión del CPA, 2017	
Período intersesional 2017/2018	
XXI Reunión del CPA, 2018	
Período intersesional 2018/2019	
XXII Reunión del CPA, 2019	
Período intersesional 2019/2020	
XXIII Reunión del CPA, 2020	

198

Asunto / Presión ambiental: Elaboración de informes sobre el seguimiento y la situación del medioambiente	
Prioridad: 2	
Medidas:	
1. Identificar indicadores y herramientas medioambientales claves.	
2. Establecer un proceso para informar a la RCTA.	
3. El SCAR debe proporcionar información al COMNAP y al CPA.	
Período intersesional 2015/2016	
XIX Reunión del CPA, 2016	• Informe del COMNAP y el SCAR sobre el uso de vehículos aéreos no tripulados (UAV) • Considerar establecer un GCI para desarrollar orientación sobre UAV.
Período intersesional 2016/2017	
XX Reunión del CPA, 2017	
Período intersesional 2017/2018	
XXI Reunión del CPA, 2018	
Período intersesional 2018/2019	
XXII Reunión del CPA, 2019	
Período intersesional 2019/2020	
XXIII Reunión del CPA, 2020	

Asunto / Presión ambiental: Directrices específicas para sitios visitados por turistas	
Prioridad: 2	
Medidas:	
1. Revisar periódicamente la lista de sitios sujetos a las Directrices para sitios y considerar la necesidad de desarrollar pautas para sitios adicionales.	
2. Proporcionar asesoramiento a la RCTA conforme a lo requerido.	
3. Revisar el formato de las directrices del sitio	
Período intersesional 2015/2016	• El Reino Unido debe coordinar un proceso informal para buscar y recopilar información sobre el uso de las directrices para sitios de los Operadores nacionales • Desarrollar directrices para sitios destinadas a visitantes para la isla Yalour.
XIX Reunión del CPA, 2016	• Tema del programa permanente; las Partes deben informar acerca de su revisión de las directrices para sitios • Informe al CPA con los resultados del seguimiento realizado en isla Barrientos, islas Aitcho.
Período intersesional 2016/2017	
XX Reunión del CPA, 2017	Tema del programa permanente; las Partes deben informar acerca de su revisión de las directrices para sitios
Período intersesional 2017/2018	
XXI Reunión del CPA, 2018	
Período intersesional 2018/2019	
XXII Reunión del CPA, 2019	
Período intersesional 2019/2020	
XXIII Reunión del CPA, 2020	

Asunto / Presión ambiental: Apreciación global del sistema de áreas protegidas	
Prioridad: 2	
Medidas:	
1. Aplicar el Análisis de Dominios Ambientales (EDA, por sus siglas en inglés) y las Regiones Biogeográficas de Conservación Antártica (RBCA) para mejorar el sistema de áreas protegidas. 2. Lograr progresos en las recomendaciones de la RETA sobre cambio climático. 3. Mantener y desarrollar la base de datos de las áreas protegidas. 4. Evaluar hasta qué punto las AICA antárticas están o deberían estar representadas dentro de la serie de ZAEP.	
Período intersesional 2015/2016	
XIX Reunión del CPA, 2016	
Período intersesional 2016/2017	
XX Reunión del CPA, 2017	
Período intersesional 2017/2018	
XXI Reunión del CPA, 2018	
Período intersesional 2018/2019	
XXII Reunión del CPA, 2019	
Período intersesional 2019/2020	
XXIII Reunión del CPA, 2020	

Asunto / Presión ambiental: Educación y difusión	
Prioridad: 2	
Medidas:	
1. Revisar los actuales ejemplos e identificar oportunidades para una mayor difusión y educación. 2. Alentar a los miembros a intercambiar información en relación con sus experiencias en este ámbito. 3. Establecer una estrategia y directrices para el intercambio de información en materia de educación y difusión en el largo plazo entre los miembros.	
Período intersesional 2015/2016	• Preparar una publicación sobre el 25° aniversario • Según corresponda, contribuir al GCI de la RCTA sobre Educación y difusión.
XIX Reunión del CPA, 2016	Considerar y aprobar la publicación
Período intersesional 2016/2017	
XX Reunión del CPA, 2017	
Período intersesional 2017/2018	
XXI Reunión del CPA, 2018	
Período intersesional 2018/2019	
XXII Reunión del CPA, 2019	
Período intersesional 2019/2020	
XXIII Reunión del CPA, 2020	

200

Asunto / Presión ambiental: Implementar y mejorar las disposiciones sobre EIA del Anexo I	
Prioridad: 2	
Medidas: 1. Perfeccionar el proceso para considerar CEE y asesorar a la RCTA en ese sentido. 2. Elaborar directrices para evaluar los impactos acumulativos. 3. Revisar las directrices sobre EIA y considerar políticas más abarcadoras y otros aspectos. 4. Considerar la aplicación de una evaluación medioambiental estratégica en la Antártida. 5. Lograr progresos en las recomendaciones de la RETA sobre cambio climático.	
Período intersesional 2015/2016	• Establecer un GCI para la revisión de los proyectos de CEE, conforme a lo requerido • Continuar el GCI sobre la revisión de las directrices para EIA, conforme a lo requerido
XIX Reunión del CPA, 2016	• Consideración de los informes del GCI sobre proyectos de CEE, conforme a lo requerido • Consideración de una revisión por parte de un GCI sobre las directrices de EIA
Período intersesional 2016/2017	Establecer un GCI para la revisión de los proyectos de CEE, conforme a lo requerido
XX Reunión del CPA, 2017	Consideración de los informes del GCI sobre proyectos de CEE, conforme a lo requerido
Período intersesional 2017/2018	
XXI Reunión del CPA, 2018	
Período intersesional 2018/2019	
XXII Reunión del CPA, 2019	
Período intersesional 2019/2020	
XXIII Reunión del CPA, 2020	

Asunto / Presión ambiental: Conocimientos sobre biodiversidad	
Prioridad: 3	
Medidas: 1. Mantenerse atento a las amenazas a la actual biodiversidad. 2. Lograr progresos en las recomendaciones de la RETA sobre cambio climático. 3. El CPA considerará asesoramiento científico adicional sobre la perturbación de la vida silvestre.	
Período intersesional 2015/2016	
XIX Reunión del CPA, 2016	
Período intersesional 2016/2017	
XX Reunión del CPA, 2017	Debate de la actualización del SCAR sobre ruido submarino.
Período intersesional 2017/2018	
XXI Reunión del CPA, 2018	
Período intersesional 2018/2019	
XXII Reunión del CPA, 2019	
Período intersesional 2019/2020	
XXIII Reunión del CPA, 2020	

Asunto / Presión ambiental: Designación y gestión de Sitios y Monumentos Históricos	
Prioridad: 3	
Medidas: 1. Mantener la lista de SMH y considerar nuevas propuestas a medida que estas aparezcan. 2. Considerar los asuntos estratégicos según sea necesario, incluyendo las materias asociadas a la designación de SMH versus las disposiciones sobre limpieza contenidas en el Protocolo. 3. Revisar la presentación de la lista de SMH, con el objetivo de mejorar la disponibilidad de la información.	
Período intersesional 2015/2016	La Secretaría actualizará la lista de SMH
XIX Reunión del CPA, 2016	• Tema permanente • Iniciar debates sobre problemas asociados a la designación de SMH versus las disposiciones sobre limpieza contenidas en el Protocolo.
Período intersesional 2016/2017	La Secretaría actualizará la lista de SMH
XX Reunión del CPA, 2017	Tema permanente
Período intersesional 2017/2018	
XXI Reunión del CPA, 2018	
Período intersesional 2018/2019	
XXII Reunión del CPA, 2019	
Período intersesional 2019/2020	
XXIII Reunión del CPA, 2020	

Asunto / Presión ambiental: Intercambio de información	
Prioridad: 3	
Medidas: 1. Asignar a la Secretaría. 2. Proceder al seguimiento y facilitar el uso sencillo del SEII. 3. Revisar los requisitos de elaboración de informes sobre medioambiente	
Período intersesional 2015/2016	Contribuir a continuar el trabajo sobre los aspectos medioambientales del intercambio de información, según sea necesario.
XIX Reunión del CPA, 2016	Informe de la Secretaría Considerar el Informe del GCI, según corresponda
Período intersesional 2016/2017	
XX Reunión del CPA, 2017	Informe de la Secretaría
Período intersesional 2017/2018	
XXI Reunión del CPA, 2018	
Período intersesional 2018/2019	
XXII Reunión del CPA, 2019	
Período intersesional 2019/2020	
XXIII Reunión del CPA, 2020	

Asunto / Presión ambiental: Protección de valores geológicos sobresalientes	
Prioridad: 3	
Medidas:	
1. Considerar mecanismos adicionales de protección de valores geológicos sobresalientes.	
Período intersesional 2015/2016	Evaluar posibles mecanismos de protección medioambiental de los valores geológicos.
XIX Reunión del CPA, 2016	
Período intersesional 2016/2017	
XX Reunión del CPA, 2017	
Período intersesional 2017/2018	
XXI Reunión del CPA, 2018	Considerar el asesoramiento del SCAR.
Período intersesional 2018/2019	
XXII Reunión del CPA, 2019	
Período intersesional 2019/2020	
XXIII Reunión del CPA, 2020	

Apéndice 2

Programa de trabajo de respuesta para el cambio climático (CCRWP, por sus siglas en inglés)

Visión del CCRWP: Teniendo en cuenta las conclusiones y recomendaciones de la Reunión de Expertos del Tratado Antártico, RETA, sobre el Cambio climático en 2010, el CCRWP proporciona un mecanismo para identificar y examinar los objetivos y medidas específicas por parte del CPA que puedan ir en apoyo de los esfuerzos del Sistema del Tratado Antártico para prepararse, y construir resiliencia, frente los impactos ambientales de un clima cambiante y las implicancias asociadas para la gobernanza y la gestión de la Antártida.

Asuntos relacionados con el clima	Deficiencias/Necesidades	Área de respuesta	Medida/Tarea	Prioridad	Actor	IP	CPA 2016	IP	CPA 2017	IP	CPA 2018	IP	CPA 2019	IP	CPA 2020
1) Aumento del potencial para el establecimiento de las especies no autóctonas introducidas	• Marco de trabajo para el seguimiento del establecimiento del especies no autóctonas en entornos marinos, terrestre y de agua dulce • Estrategia de respuesta ante la sospecha de introducción de E2-A • Evaluación para determinar si son suficientes los regímenes vigentes para prevenir la introducción y transferencia de especies no autóctonas	Gestión	a. Continuar el desarrollo del Manual sobre especies no autóctonas en conformidad con la Resolución 6 (2011), garantizando que se incluyan los impactos del cambio climático, específicamente en el desarrollo de metodologías de seguimiento (pág. 21) • Directrices de EIA para incluir las especies no autóctonas (pág. 18)	1.3	CPA		Garantizar que las implicancias del cambio climático se consideran lo suficiente y se integren de forma apropiada en el desarrollo del Manual sobre especies no autóctonas como se indicó en el plan de trabajo quinquenal del CPA	TI	Comenzar un trabajo internacional para desarrollar una estrategia de seguimiento y respuesta ante la introducción de especies no autóctonas, lo que incluiría la identificación de hábitats y biorregiones de mayor riesgo Considerar las iniciativas de educación en torno al riesgo que presentan las especies no autóctonas	TI	Recibir un informe del TI y tomar medidas en conformidad				
	• Comprensión mejorada de los riesgos asociados al traslado de especies terrestres autóctonas • Evaluación y trazado cartográfico de hábitats antárticos en riesgo de invasión	Gestión/Investigación	b. Revisar las directrices de la OMI sobre bio-incrustaciones para ver si estas son adecuadas en el contexto del Océano Austral y de las embarcaciones que se desplazan entre distintas regiones	2.6	Partes interesadas, Expertos y Observadores						Revisión del informe de la OMI sobre las directrices sobre bio-incrustaciones.		Informe de la IAATO sobre la aplicación de las directrices sobre bio-incrustaciones por parte de sus miembros. Informe del COMNAP sobre la aplicación de las directrices sobre bio-incrustaciones por parte de sus miembros.		
	• Evaluación de riesgos de la introducción de especies marinas no autóctonas • Técnicas de erradicación y control		c. Ejecución de una evaluación de riesgos: identificación de las especies autóctonas en riesgo de reubicación, y de las vías para la transferencia intracontinental, lo que incluye la elaboración de mapas o descripciones regionales de hábitats en riesgo de invasión	1.2	CPA, Partes interesadas, Expertos y Observadores		Comenzar un TI para ejecutar una evaluación de riesgos de la reubicación de especies antárticas autóctonas e identificar acciones de gestión pertinentes	TI	Recibir un informe del TI y tomar medidas en conformidad						
			d. Ejecución de una evaluación de riesgo: identificación de hábitats marinos en riesgo de invasión y vías de introducción	1.8	CPA, Partes interesadas, Expertos y Observadores								Comenzar un TI para evaluar el riesgo de la introducción de especies marinas no autóctonas	TI	Recibir un informe del TI y tomar medidas en conformidad
		Supervisión	e. Avanzar en las acciones identificadas en el Manual de especies no autóctonas como "Respuesta" (pág. 22-23)	1.6	PAN, SCAR										
			f. Implementar un programa de monitoreo marino y terrestre de acuerdo con el marco de seguimiento establecido (parte a) cuando sea desarrollado	1.9	PAN, SCAR		El CPA deberá alentar a los programas nacionales y al SCAR para que apoyen y faciliten las actividades con respecto a aplicaciones críticas; esto es, sitios ampliamente visitados con un potencial de riesgo alto. Solicitar un resumen de proyectos de investigación opcionales y planificados		Los miembros deberían informar sobre las medidas que se tomen para la implementación de acciones de seguimiento y respuesta		Los miembros deberían informar sobre las medidas que se tomen para la implementación de acciones de seguimiento y respuesta

Asuntos relacionados con el clima	Deficiencias/Necesidades	Área de respuesta	Medida/Tarea	Prioridad	Actor	IP	CPA 2016	IP	CPA 2017	IP	CPA 2018	IP	CPA 2019	IP	CPA 2020
2) Cambios en el ambiente terrestre (incluido el acuático) biótico y no biótico debido al cambio climático	• Comprender la manera en que la biota terrestre y de agua dulce responderá a un clima cambiante y a los impactos de estos cambios • Comprender la manera en que cambiará el ambiente terrestre no biótico y los impactos de estos cambios	Investiga-ción	a. Apoyar y llevar a cabo investigaciones con el fin de mejorar la comprensión de los cambios actuales y futura e informar sobre las respuestas frente a ellos	1.9	PAN, SCAR		El CPA deberá alentar a los programas nacionales y al SCAR para que apoyen y faciliten las actividades de investigación nuevas y en curso El CPA deberá solicitar al SCAR que proporcione actualizaciones regulares acerca de las últimas informaciones sobre los impactos climáticos en la biota terrestre.		En curso. Se proporcionarán informes de actualizaciones, inclusive a través del Portal.		En curso. Se proporcionarán informes de actualizaciones, inclusive a través del Portal.		En curso. Se proporcionarán informes de actualizaciones, inclusive a través del Portal.		En curso. Se proporcionarán informes de actualizaciones, inclusive a través del Portal.
			b. Se deberá apoyar y realizar la observación a largo plazo del cambio, lo que incluye esfuerzos colaborativos (por ejemplo, el sistema ANTOS).	1.8	PAN, SCAR		El CPA deberá alentar a los programas nacionales y al SCAR para que apoyen y faciliten las actividades de investigación nuevas y en curso El CPA deberá solicitar actualizaciones regulares de programas de seguimiento a largo plazo pertinentes		Considerar preguntas relacionadas con el acceso de datos por parte del CPA		Considerar vacíos evidentes en la red de seguimiento y alentar su dilucidación en los casos en que tales vacíos existen, por ejemplo mediante el marco de sitios de investigación ecológica de largo plazo				
			c. Continuar elaborando herramientas biogeográficas (EDA y RBCA) para proporcionar una base confiable para informar sobre la protección y gestión de áreas de la Antártida a escala regional y continental en vista del cambio climático, lo que incluye identificar la necesidad de reservar áreas de referencia para futuras investigaciones e identificar áreas con capacidad de adaptación al cambio climático	2.1	Iniciado por las Partes interesa-das y el CPA						Planificación de un taller conjunto del SCAR y el CPA sobre la biogeografía de la Antártida, lo que incluye: identificación de aplicaciones prácticas de herramientas biogeográficas y de necesidades de investigación futuras				
			d. Identificar y priorizar las regiones biogeográficas de la Antártida más vulnerables al cambio climático	1.6	Iniciado por las Partes interesa-das y el CPA										
		Gestión	e. Examinar y modificar, cuando sea necesario, las herramientas de gestión con el fin de considerar si proporcionan la mejor medida práctica de adaptación para las áreas en riesgo debido al cambio climático	1.9	CPA	GCI sobre EIA[1]	Asegurar que el GCI sobre EIA (véase el plan quinquenal) considere e incorpore las implicancias del cambio climático	GCI de EIA[1]	Asegurar que el GCI sobre EIA (véase el plan de trabajo quinquenal) considere e incorpore apropiadamente las implicancias del cambio climático	WS[1]					
			f. Revisar de forma integral la red de Zonas protegidas y el proceso para la designación de tales áreas para asegurar que tengan en cuenta los impactos del cambio climático y consideren cómo se podría responder ante ellos.	1.8	CPA	GSPG[1]	Que el trabajo del GSPG sobre las directrices para la ZAEA (véase el plan de trabajo del GSPG) considere e incorpore apropiadamente las implicancias del cambio climático		Planificar un taller entre sesiones en torno a una revisión del sistema de zonas protegidas		Planificación de un taller conjunto del SCAR y el CPA sobre la biogeografía				
			g. Comenzar acciones con el objetivo de proteger las zonas representativas de cada región biogeográfica y las zonas potencialmente capaces de proporcionar refugio a las especies y los ecosistemas en riesgo	2.3	CPA						Proporcionar un informe de situación a la RCTA sobre el estado de la red de Zonas antárticas protegidas				

Asuntos relacionados con el clima	Deficiencias/Necesidades	Área de respuesta	Medida/Tarea	Prioridad	Actor	IP	CPA 2016	IP	CPA 2017	IP	CPA 2018	IP	CPA 2019	IP	CPA 2020
3) Cambio a un ambiente biótico y abiótico marino litoral (a excepción de la acidificación oceánica)	• Comprender y ser capaz de producir cambios marinos litorales y los impactos de esos cambios. • Profundizar la comprensión de los datos de seguimiento que serían requeridos para evaluar los cambios que ocasione el clima al ambiente marino	Investigación	a. Alentar la investigación por parte de los programas nacionales y del SCAR, y procurar actualizaciones sobre el estado de los conocimientos del SCAR sobre los impactos climáticos en la biota marina	2.0	PAN, SCAR		El CPA alentará a los programas nacionales y al SCAR para que apoyen y faciliten las actividades de investigación nuevas y en curso. Se proporcionarán informes sobre las actualizaciones, incluso a través del Portal		En curso. Se proporcionarán informes sobre las actualizaciones, incluso a través del Portal.		En curso. Se proporcionarán informes sobre las actualizaciones, incluso a través del Portal.		En curso. Se deberán proporcionar informes sobre las actualizaciones, incluso a través del Portal.		En curso. Se deberán proporcionar informes sobre las actualizaciones, incluso a través del Portal.
			b. Se debería apoyar y realizar seguimiento a largo plazo del cambio (por ejemplo SOOS y ANTOS) y procurar informes periódicos del estado de los conocimientos de tales programas	2.0	PAN, SCAR		El CPA alentará a los programas nacionales y al SCAR para que apoyen y faciliten las actividades de monitoreo nuevas y existentes. Se proporcionarán informes sobre las actualizaciones, incluso a través del Portal.				En curso. Se proporcionarán informes sobre las actualizaciones, incluso a través del Portal.		En curso. Se deberán proporcionar informes sobre las actualizaciones, incluso a través del Portal.		En curso. Se deberán proporcionar informes sobre las actualizaciones, incluso a través del Portal.
		Gestión	c. Examinar y modificar, cuando sea necesario, las herramientas de gestión con el fin de considerar si proporcionan la mejor medida práctica de adaptación para las especies o áreas en riesgo debido al cambio climático en la acidificación del océano	2.0	CPA										
			d. Continuar el trabajo en conjunto con la CCRVMA para identificar el proceso a utilizar para definir áreas de referencia en investigaciones a futuro	2.5	CPA, SCAR, CC-CRVMA										
			e. Mantener un diálogo frecuente (o intercambios de información) con el CC-CRVMA sobre el Cambio climático y el Océano Austral, particularmente sobre las medidas adoptadas	1.5	CPA, CCRVMA				Organizar un taller, como se indica en el plan de trabajo quinquenal del CPA						
4) Cambio del ecosistema debido a la acidificación oceánica	• Comprender el impacto de la acidificación oceánica a la biota y a los ecosistemas marinos.	Investigación	a. Como se estipula, favorecer el desarrollo de la investigación y la evaluación del impacto de la acidificación oceánica informada por el SCAR	1.9	PAN, SCAR		El CPA alentará a los programas nacionales y al SCAR para que apoyen y faciliten las actividades de investigación nuevas y en curso. Examen preliminar del informe del SCAR		En curso. Se proporcionarán informes sobre las actualizaciones, incluso a través del Portal.		En curso. Se proporcionarán informes sobre las actualizaciones, incluso a través del Portal.		En curso. Se deberán proporcionar informes sobre las actualizaciones, incluso a través del Portal.		En curso. Se deberán proporcionar informes sobre las actualizaciones, incluso a través del Portal.
		Gestión	b. Tener en consideración el próximo informe del SCAR sobre acidificación oceánica y actuar en consecuencia (entendiendo que probablemente sea más idóneo que la RCTA promueva algunas de las medidas)	1.6	CPA, CCRVMA*		Examen preliminar del informe del SCAR								
			c. Examinar y modificar, cuando sea necesario, las actuales herramientas de gestión con el fin de considerar si proporcionan la mejor medida práctica de adaptación para las especies o áreas geográficas en riesgo debido a la acidificación de los océanos	2.4	CPA, CCRVMA*										

Asuntos relacionados con el clima	Deficiencias/Necesidades	Área de respuesta	Medida/Tarea	Prioridad	Actor	IP	CPA 2016	IP	CPA 2017	IP	CPA 2018	IP	CPA 2019	IP	CPA 2020	IP
5) Impacto del cambio climático en el medioambiente construido (humano) que se traduzca en impactos para los valores naturales y patrimoniales	• Comprender la manera en que sufrirá cambios el medioambiente terrestre no biótico y la forma en que esto podría impactar los valores ambientales o patrimoniales	Investigación	a. Los operadores nacionales deberían determinar el riesgo de los cambios en el clima (por ejemplo, del permafrost) para su infraestructura y las consecuencias ambientales que podría causar	3.0	PAN, COMNAP						Alentar al COMNAP a determinar el riesgo del cambio climático para la infraestructura de los PAN				Recibir un informe del COMNAP y tomar medidas en conformidad	
	• Comprender los efectos del cambio climático en sitios contaminados y sus implicancias para ciertas especies o ecosistemas (por ejemplo, si el cambio climático aumentará la movilización y exposición de ciertas especies o ecosistemas a contaminantes) y comprender cómo dichas especies o ecosistemas responderán a la exposición a dichos contaminantes)		b. Determinar el riesgo de las alteraciones del cambio climático para los SMH o ZAEP patrimoniales	2.9	Proponentes y Partes interesadas										Iniciar una evaluación de riesgo para SMH	
			c. Identificar y especificar necesidades de investigación y comunicarlas a la comunidad científica	3.3	CPA											
	• Determinar cuáles intervenciones de conservación o remediación podrían aplicarse para contrarrestar dichos impactos	Gestión	d. Actualizar las directrices sobre EIA de modo que incorporen los efectos del cambio climático, por ejemplo, garantizando que las instalaciones propuestas sean de carácter permanente sean adecuadamente resilientes al CC y que no afectarían las especies ni los hábitats en riesgo.	1.9	CPA	GCI sobre EIA	Asegurar que el GCI sobre EIA (véase el plan de trabajo quinquenal) considere e incorpore apropiadamente las implicancias del cambio climático	GCI sobre EIA	Asegurar que el GCI sobre EIA (véase el plan de trabajo quinquenal) considere e incorpore apropiadamente las implicancias del cambio climático							
			e. Desarrollo adicional del Manual de limpieza (véase la Resolución 2 [2013])	2.0	CPA		Garantizar que las modificaciones en el Manual de limpieza (indicadas en el plan quinquenal) consideren las implicancias del cambio climático									
			f. Alentar a los programas nacionales a que evalúen cuáles son los sitios de sus actividades pasadas (que no hayan sido limpiados o remediados) con mayor probabilidad de resultar más afectados por el cambio climático, a fin de priorizar su trabajo.	2.3	PAN				Los miembros proporcionarán un informe de situación al CPA sobre los sitios de sus actividades pasadas (que no hayan sido limpiados o remediados) con mayor probabilidad de resultar más afectados por el cambio climático y sus planes para limpiar o remediar dichos sitios		En curso.		En curso		En curso.	

208

Asuntos relacionados con el clima	Deficiencias/Necesidades	Área de respuesta	Medida/Tarea	Prioridad	Actor	IP	CPA 2016	IP	CPA 2017	IP	CPA 2018	IP	CPA 2019	IP	CPA 2020
6) Especies marinas y terrestres en riesgo debido al cambio climático	• Comprender el estado de la población, las tendencias en, la vulnerabilidad y la distribución de especies antárticas clave. • Mejorar la comprensión del efecto del clima para las especies en riesgo, lo que incluye los umbrales críticos que, de cruzarse, provocarían impactos irreversibles • Establecer un marco de seguimiento para garantizar la identificación de los efectos en las especies claves • Comprender la relación entre las especies y los impactos del cambio climático en ubicaciones o zonas importantes	Investigación	a. Alentar la investigación por parte de los programas nacionales y del SCAR, por ejemplo, a través de programas como Antárc y AntERA	1.6	PAN, SCAR		El CPA alentará a los programas nacionales y al SCAR para que apoyen y faciliten actividades de investigación nuevas y en curso y solicitará informes regulares de estado y tendencias sobre las especies antárticas terrestres y marinas al SCAR, al ACAP y a otras instituciones								
		Gestión	b. Considerar la posibilidad y la manera de aplicar los criterios de la lista roja de la UICN a escala regional en la Antártida en el contexto del cambio climático	2.4	SCAR				Facilitar la creación de un programa de trabajo con el SCAR, el CC-CRVMA, ACAP y la UICN con el propósito de: 1. Continuar las evaluaciones sobre las especies antárticas que aún no han sido evaluadas 2. Iniciar un programa para proporcionar informes de actualización regulares del estado de las especies antárticas 3. Desarrollar una metodología para aplicar los criterios de la Lista Roja a escala regional en la Antártida						
			c. Comenzar un programa continuo de evaluaciones de estado de las especies antárticas, que se concentre especialmente en las especies que aún no han sido evaluadas mediante la Lista Roja de la UICN	1.7	CPA, SCAR, ACAP				Véase 6 a supra.						Proporcionar un informe de actualización a la RCTA sobre el estado, las tendencias y la vulnerabilidad de las especies antárticas
			d. Examinar y modificar, cuando sea necesario, las herramientas de gestión con el fin de considerar si proporcionan la mejor medida práctica de adaptación para las especies en riesgo debido al cambio climático	1.6	Consid. CPA CCAMLR				Véase 6 a supra.						
			e. Cuando sea necesario, elaborar medidas de gestión para mantener o mejorar el estado de conservación de las especies amenazadas por el cambio, por ejemplo, a través de planes de acción para las Especies especialmente protegidas (EEP).	2.0	Consid. CPA, SCAR, CCRVMA		En curso.		En curso.		En curso.		En curso.		

Asuntos relacionados con el clima	Deficiencias/Necesidades	Área de respuesta	Medida/Tarea	Prioridad	Actor	IP	CPA 2016	IP	CPA 2017	IP	CPA 2018	IP	CPA 2019	IP	CPA 2020
7) Habitats marinos, terrestres y de agua dulce en riesgo debido al cambio climático	• Comprender el estado, las tendencias, la vulnerabilidad y la distribución de los hábitats • Mejorar la comprensión de los efectos del cambio climático en el habitat, por ejemplo, la extensión y duración del hielo marino, la cobertura de nieve, la humedad del suelo, el microclima, los flujos de deshielo cambiantes y sus consecuencias para los sistemas lacustres • Comprender en mayor profundidad la potencial expansión de la presencia humana en la Antártida como consecuencia de los cambios causados por el cambio climático (por ejemplo, cambios en la distribución del hielo marino, colapso de plataformas de hielo o la expansión de hielo a zonas sin hielo).	Investigación	a. Alentar la investigación por parte de los programas nacionales y del SCAR.	2,4	PAN, SCAR		El CPA alentará a los programas nacionales y al SCAR para que apoya y faciliten las actividades de investigación nuevas y en curso. En curso. Se proporcionarán informes sobre las actualizaciones, incluso a través del Portal.		En curso. Se proporcionarán informes sobre las actualizaciones, incluso a través del Portal.		En curso. Se proporcionarán informes sobre las actualizaciones, incluso a través del Portal.		En curso. Se proporcionarán informes sobre las actualizaciones, incluso a través del Portal.		En curso. Se proporcionarán informes sobre las actualizaciones, incluso a través del Portal.
		Gestión	b. Examinar y modificar, cuando sea necesario, las herramientas de gestión con el fin de considerar si proporcionan la mejor medida práctica de adaptación para los hábitats en riesgo de experimentar el cambio climático.	2,3	CPA CCRVMA											

1 TI = Trabajo intersesional (tentativamente, un GCI, un taller, un grupo de miembros interesados, etc).

2 Asegurar que el GCI sobre EIA (véase el Plan de Trabajo Quinquenal del CPA) considere e incorpore adecuadamente las implicancias del cambio climático

3 Garantizar que el trabajo del GSPG sobre las directrices para ZAEA (véase el plan de trabajo del GSPG) considere e incorpore apropiadamente las implicancias del cambio climático

4 Taller

5 Tomando en cuenta la importancia de la consideración de la CCRVMA sobre los temas relacionados con el cambio climático en el Océano Austral

6 Incluir en el contexto del taller conjunto propuesto (parte 3e)

7 Se debe señalar que los criterios de la UICN cubren muchos aspectos además del cambio climático, y no identifican necesariamente los efectos debidos únicamente al cambio climático. Los beneficios de utilizar los criterios de la UICN en nuestra respuesta al cambio climático serán evaluados antes de su uso.

Apéndice 3

Directrices: Un proceso de evaluación previa para la designación de ZAEP/ZAEA

1) El proponente debería enviar información sobre las ZAEP y ZAEA planificadas a la primera reunión del CPA que sea posible, después de identificar una zona como posible nueva ZAEP o ZAEA, sin importar si se tomó o no la decisión de comenzar a trabajar en el plan de gestión. Sería conveniente que el proponente presentase esta información al menos un año antes de la fecha que tiene prevista para la presentación de un plan de gestión al CPA para su consideración.

2) La información que se envíe al CPA debe incluir:

   • la ubicación propuesta de la ZAEP o ZAEA.

   • los fundamentos iniciales tras los planes para proponer la designación*, incluida la especificación de la base jurídica para la designación que se encuentra en el Anexo V, y la forma en que la zona complementaría el sistema de zonas antárticas protegidas en general;

   • coherencia con las directrices y recursos relevantes del CPA, incluida la herramienta de planificación RBCA; y los resultados de las consultas con otras partes relevantes; y

   • información relevante relacionada con el desarrollo de un plan de gestión que el país proponente tenga disponible al momento de la presentación en la reunión del CPA.

3) Se insta al país proponente a facilitar un debate más profundo y la formulación de preguntas sobre los planes preliminares, por ejemplo, a través de debates o intercambios informales en el Foro del CPA o directamente con los países miembros.

---

* En este contexto, es pertinente señalar las "Directrices para la aplicación del marco para zonas protegidas fijado en el Artículo 3, Anexo V del Protocolo al Tratado Antártico" (establecidas en la Resolución 1 [2000]), las que incluyen orientación para dichos procesos de evaluación.

Apéndice 4

Programa preliminar de la XIX Reunión del CPA

1. Apertura de la reunión
2. Aprobación del programa
3. Deliberaciones estratégicas sobre el trabajo futuro del CPA
4. Funcionamiento del CPA
5. Cooperación con otras organizaciones
6. Reparación y remediación del daño al medioambiente
7. Implicancias del cambio climático para el medioambiente
    a. Enfoque estratégico
    b. Implementación y examen del Programa de Trabajo de Respuesta al Cambio Climático
8. Evaluación del impacto ambiental
    a. Proyectos de evaluación medioambiental global
    b. Otros asuntos relacionados con la evaluación del impacto ambiental
9. Protección de zonas y planes de gestión
    a. Planes de gestión
    b. Sitios y monumentos históricos
    c. Directrices para sitios
    d. Protección y gestión del espacio marino
    e. Otros asuntos relacionados con el Anexo V
10. Conservación de la flora y fauna antárticas
    a. Cuarentena y especies no autóctonas
    b. Especies especialmente protegidas
    c. Otros asuntos relacionados con el Anexo II
11. Seguimiento ambiental e informes sobre el estado del medioambiente
12. Informes de inspecciones
13. Asuntos generales
14. Elección de autoridades
15. Preparativos para la próxima reunión
16. Aprobación del informe
17. Clausura de la reunión

3. Apéndices

Resultados del Grupo de contacto intersesional sobre los Requisitos de intercambio de información

Elemento o categoría	Decisión de la RCTA
Información medioambiental	
Asignación de algunos elementos de información a la categoría de "permanente".	Las Partes expresaron su acuerdo en modificar la lista para trasladar los siguientes temas a la categoría de permanentes, manteniéndolos al mismo tiempo en la categoría anual para permitir el registro de las actualizaciones: • Cumplimiento del Protocolo (notificación de las medidas aprobadas durante el año anterior); • Planes de contingencia para los derrames de petróleo y otras emergencias (que no sea información acerca del "informe de implementación"); • Procedimientos relacionados con las EIA; • Planes de gestión de residuos; • Prevención de la contaminación marina (inmunidad soberana); • Medidas tomadas para implementar las disposiciones del Anexo V.
Información de contacto	Las Partes solicitaron a la Secretaría que realice modificaciones para permitir que los puntos de contacto sean registrados por "cargo y organización" en lugar de ser registrados como personas.
Elementos de información en los que se requiere la especificación de más de una única "ubicación"	Las Partes solicitaron a la Secretaría que incluya varias ubicaciones y un campo de texto abierto para ingresar notas, a fin de permitir que las Partes describan 'rutas', a los elementos de información en los que se requiere la especificación de más de una única "ubicación".
Cumplimiento del Protocolo (notificación de las medidas aprobadas durante el año anterior)	Las Partes expresaron su acuerdo en describir en la lista, de la siguiente manera, y para efectos de claridad, el elemento relacionado con el "Cumplimiento del Protocolo": "Cumplimiento del Protocolo" (notificación de las medidas aprobadas en el transcurso del año anterior), incluida la aprobación de leyes y normas, medidas administrativas y medidas coercitivas".

Actividades de seguimiento	Las Partes expresaron su acuerdo en describir de la siguiente manera, y para efectos de claridad, la sección relativa a las "Actividades de seguimiento": "Actividades de seguimiento conectadas con actividades sujetas a evaluaciones iniciales e integrales (mencionadas en el Anexo I al Protocolo, Art. 6.1 c)"
Conservación de la flora y fauna antárticas: introducción de especies no autóctonas	En referencia al intercambio de información sobre la introducción de especies no autóctonas, las Partes expresaron su conformidad con lo siguiente: <ul><li>modificar el concepto de "propósito" de la introducción de especies no autóctonas reemplazándolo, para efectos de claridad, por el de "propósito con referencia al Artículo 4 del Anexo II del Protocolo";</li><li>solicitar a la Secretaría que imponga la calidad de información "obligatoria" al número del permiso y a las fechas abarcadas en este;</li><li>agregar el siguiente elemento a la lista de información que debe intercambiarse: "Retiro o eliminación de plantas o animales con referencia al Artículo 4 (4) del Anexo II del Protocolo"</li></ul>
Medidas tomadas para implementar las disposiciones del Anexo V	Las Partes expresaron su acuerdo en describir de la siguiente manera, para efectos de claridad, el elemento relativo a las "Medidas tomadas para implementar las disposiciones del Anexo V": "Información sobre las medidas tomadas para implementar las disposiciones del Anexo V, incluidas las inspecciones a los sitios y todas las medidas tomadas para abordar los casos de actividades no coherentes con las disposiciones contenidas en los planes de gestión".
Otra información	
Legislación nacional pertinente	Las Partes expresaron su acuerdo en describir de la siguiente manera, para efectos de claridad, el elemento en la lista relacionado con la "Legislación nacional pertinente": "Legislación nacional pertinente distinta de aquella asociada al Cumplimiento del Protocolo (informada en términos de información sobre el medioambiente)". Las Partes estuvieron de acuerdo en trasladar este elemento a la categoría de "permanente" y en retirarlo de la categoría "anual".
Legislación nacional pertinente: información de contacto	Las Partes manifestaron su acuerdo en solicitar a la Secretaría que aplique modificaciones para permitir que los puntos de contacto sean registrados por "cargo y organización" en lugar de ser registrados como personas
Actividades emprendidas en caso de emergencias	Las Partes estuvieron de acuerdo en retirar de la lista las "Actividades emprendidas en caso de emergencias", señalando el papel del COMNAP en relación con la información sobre emergencias y respuestas ante emergencia. Las Partes solicitaron además a la Secretaría que archive la información.

Informes de inspección	Las Partes señalaron que la base de datos de inspecciones que mantiene la Secretaría conserva información acerca de actividades e informes de inspecciones, y la Reunión manifestó su acuerdo en que el intercambio de esta información sobre inspecciones a través del sistema de intercambio de información ya no sería obligatorio. Las Partes decidieron eliminar esta sección de la lista de requisitos de intercambio de información.
Información científica	
Estaciones de registro automático	Las Partes solicitaron a la Secretaría que consulte con el SCAR para identificar las opciones relevantes para una lista de "parámetros registrados" por las estaciones de registro automático, y que aplique esta lista en el SEII.
Actividades científicas del año anterior: "Disciplinas"	Las Partes solicitaron a la Secretaría que consulte con el SCAR para identificar las opciones relevantes para una lista de "disciplinas científicas" y que implemente tal lista en el SEII.
Se sugirió que algunos de los elementos "opcionales" debieran ser "obligatorios".	Las Partes solicitaron a la Secretaría que modifique los siguientes elementos a fin de que pasen de ser "opcionales" a "obligatorios", en referencia a las actividades científicas realizadas el año anterior: • Nombre/Número del proyecto • Disciplina • Actividad principal / Comentarios
Información sobre operaciones: expediciones nacionales	
Información sobre operaciones: expediciones nacionales - buques	En relación con la información sobre buques utilizados por los programas antárticos nacionales, las Partes solicitaron a la Secretaría que los elementos de información "Cantidad máxima de tripulantes" y "Cantidad máxima de pasajeros" sea "obligatoria" en lugar de "opcional".
Información sobre operaciones: expediciones nacionales - aeronaves	Las Partes expresaron su acuerdo en que la información sobre "expediciones nacionales: aeronaves", debía solicitarse conforme a las categorías de "vuelos intercontinentales", "vuelos dentro del continente", y "vuelos locales de helicóptero". La lista de intercambio de información se modificó para expresar lo siguiente: "Acronaves: para las categorías intercontinental, dentro del continente, operaciones locales en helicóptero: cantidad de cada tipo de aeronave, cantidad de vuelos planificados, período de vuelos o fechas de salidas planificadas, rutas y propósito".
Número (de cada tipo de aeronave)	Véase *supra*.

Instalaciones de comunicación	Las Partes señalaron que actualmente la información sobre instalaciones de comunicaciones es conservada por el COMNAP, y decidieron eliminar el elemento "Instalaciones de comunicación y sus frecuencias" de la lista de información que debe intercambiarse.
Información sobre operaciones: expediciones no gubernamentales	
Operaciones basadas en buques: nombre del operador	La Reunión señaló que sería valioso agregar un elemento de información que identifique al jefe o al líder de las expediciones, y aceptó la inclusión de "líder de la expedición", por cada viaje, como elemento de información opcional en la lista de información que debe intercambiarse.
Operaciones basadas en buques: incluye el desembarco (sí/no)	Las Partes expresaron su acuerdo en que, para las expediciones marítimas no gubernamentales, el elemento de información sobre si la actividad "incluye desembarco (sí/no)" debería ser obligatorio en lugar de opcional.
Operaciones basadas en buques: Tripulación (cant. máx.) y Pasajeros (cant. máx.); Dirección del contacto; Correo electrónico	En cuanto a las expediciones marítimas no gubernamentales, las Partes estuvieron de acuerdo en que la información sobre Tripulación (cant. máx.) y Pasajeros (cant. máx.); Dirección del contacto; Correo electrónico fuese obligatoria (en lugar de opcional).
Operaciones terrestres: tipo de actividad/aventura	Con respecto de las operaciones terrestres y marítimas no gubernamentales, las Partes concordaron en que la lista de actividades debería incluir las "actividades de medios de comunicación" y las "actividades artísticas", y solicitaron a la Secretaría que aplicara tal modificación. Además se le solicitó a la Secretaría que agregara a la lista nuevas actividades, según fuese necesario, si fuesen identificadas como frecuentes en base a la opción "otros" del SEII.
Operaciones basadas en buques: nombre del operador	Las Partes concordaron en que, con respecto de las operaciones terrestres el elemento "nombre del operador" debía ser obligatorio (en lugar de opcional).
Rechazo de autorizaciones	En cuanto al elemento de información "Rechazo de autorizaciones", las Partes estuvieron de acuerdo en modificar el requisito "nombre del buque" para que incluya las expediciones, de modo que el elemento exprese el "nombre del buque y/o la expedición".

Programa preliminar de la XXXIX RCTA, Grupos de trabajo y asignación de temas

Sesión plenaria

1. Apertura de la reunión
2. Elección de autoridades y creación de grupos de trabajo
3. Aprobación del programa y asignación de temas
4. Funcionamiento del Sistema del Tratado Antártico: informes de las partes, observadores y expertos
5. Informe del Comité para la Protección del Medio Ambiente

Grupo de trabajo 1: *(Políticas, Asuntos jurídicos, Institucionales)*

6. Funcionamiento del Sistema del Tratado Antártico: asuntos generales
7. Funcionamiento del Sistema del Tratado Antártico: asuntos relacionados con la Secretaría
8. Responsabilidad
9. Bioprospección en la Antártida
10. Intercambio de información
11. Temas educacionales
12. Plan de trabajo estratégico plurianual

Grupo de trabajo 2: *(Ciencias, Operaciones, Turismo)*

13. Seguridad de las operaciones en la Antártida
14. Inspecciones realizadas en virtud del Tratado Antártico y el Protocolo sobre Protección del Medio Ambiente
15. Asuntos científicos, cooperación y facilitación científica
16. Implicaciones del cambio climático para la gestión del Área del Tratado Antártico
17. Turismo y actividades no gubernamentales en la Zona del Tratado Antártico, incluidos asuntos relativos a las autoridades competentes

Grupo de trabajo especial (según sea necesario)

18. 25° Aniversario de la Firma del Protocolo al Tratado Antártico sobre Protección del Medio Ambiente

Sesión plenaria

Comunicado del país anfitrión

La XXXVIII Reunión Consultiva del Tratado Antártico (RCTA) y la XVIII Reunión del Comité para la Protección del Medio Ambiente (CPA) se llevaron a cabo en Sofía, Bulgaria, entre el 1 y el 10 de junio de 2015. Las Reuniones se realizaron con el patrocinio del Presidente de la República de Bulgaria y fueron organizadas conjuntamente por el Ministerio de Asuntos Exteriores y el Instituto Antártico de Bulgaria.

Más de 400 participantes, entre los que se contaban las Partes del Tratado Antártico, expertos, representantes de la sociedad civil y observadores internacionales, asistieron a la Reunión con el objetivo común de fortalecer su compromiso para preservar la singular naturaleza de la Antártida como una reserva natural consagrada a la paz, a la investigación científica y a la cooperación internacional. La Reunión dio la bienvenida a Mongolia y a Kazajstán como Partes del Tratado Antártico, lo que elevó a 52 la cantidad de las Partes del Tratado Antártico, y acogió la adhesión de Portugal y Venezuela al Protocolo sobre Protección del Medio Ambiente, elevando con ello a 37 la cantidad de las Partes que adhieren al Protocolo.

Entre los puntos destacados de la Reunión se obtuvieron los siguientes resultados:

La RCTA sigue centrada en aumentar la comprensión de las implicaciones del cambio climático mundial sobre la Antártida, en promover la investigación científica y en consolidar la cultura de colaboración internacional. El programa de la Reunión se centró en enfrentar los futuros desafíos medioambientales, administrativos y operacionales a través de una intensificación del marco acordado internacionalmente para la gestión de la Antártida. Se produjo un sustancial intercambio de información sobre las actividades científicas que se realizan en la Antártida y que tienen importancia global.

La promoción de una mayor cooperación antártica se mantuvo en el centro de los debates con el propósito de facilitar un intercambio más eficaz y sustancial, lo que incluye el fortalecimiento de la interacción entre la RCTA y el CPA. La Reunión actualizó los principios rectores para la implementación y el desarrollo del Plan de trabajo estratégico plurianual de la RCTA, delineándose las prioridades para la próxima Reunión.

El Turismo se mantuvo como un punto especial de atención. Se reiteró especialmente la importancia de abordar los aspectos medioambientales y el impacto del turismo sobre la Antártida a través de un trabajo para lograr un enfoque estratégico en torno al turismo y las actividades no gubernamentales gestionados de manera responsable en lo medioambiental. En el Grupo de Trabajo Especial sobre autoridades competentes se realizaron otros debates conexos centrados en las autoridades competentes.

Los siguientes temas estuvieron en el centro de los debates del CPA: la gestión racional de la Antártida mediante una fácil puesta a disposición del mejor conocimiento científico a través del Portal de medioambientes antárticos; identificar los pasos para comprender y abordar de mejor manera las implicaciones del cambio climático para la protección del medioambiente antártico y la revisión de los Lineamientos para la Evaluación del Impacto Ambiental en la Antártida. Las Partes además debatieron las actualizaciones y mejoras en las disposiciones para 17 Zonas Antárticas Protegidas.

Durante la Reunión se llevó a cabo un taller sobre actividades de educación y difusión, de un día de duración.

El Gobierno anfitrión, en sintonía con el compromiso de las Partes de proteger el medioambiente antártico, incluyó entre las disposiciones que tomó para la RCTA algunas medidas para reducir su impacto en el medioambiente, como por ejemplo la reducción a un mínimo del papel y residuos.

Las Partes expresaron su gratitud al Gobierno de Bulgaria, así como su aprecio por las excelentes instalaciones que facilitó para la Reunión.

La próxima RCTA se realizará en Chile, con una fecha tentativa del 6 al 15 de junio de 2016.

SEGUNDA PARTE
Medidas, Decisiones y Resoluciones

1. Medidas

Zona Antártica Especialmente Protegida N° 101
(Pingüinera Taylor, Tierra de Mac Robertson):
Plan de gestión revisado

Los Representantes,

Recordando los Artículos 3, 5 y 6 del Anexo V al Protocolo al Tratado Antártico sobre Protección del Medio Ambiente, que establece la designación de las Zonas Antárticas Especialmente Protegidas (ZAEP) y la aprobación de los Planes de Gestión para dichas Zonas;

Recordando

* La Recomendación IV-1 (1966), que designó a la pingüinera Taylor, Tierra de Mac Robertson como Zona Especialmente Protegida ("ZEP") N° 1;

* la Recomendación XVII-2 (1992), que aprobó un Plan de gestión para la Zona;

* la Decisión 1 (2002), que cambió el nombre y número de la ZEP 1 a ZAEP 101;

* las Medidas 2 (2005) y 1 (2010), que aprobaron Planes de gestión revisados para la ZAEP 101;

Recordando que la Recomendación XVII-2 (1992) no ha entrado en vigor y que fue desplazada por la Medida 1 (2010);

Observando que el Comité para la Protección del Medio Ambiente refrendó un Plan de Gestión revisado para la ZAEP 101;

Deseando reemplazar el actual Plan de Gestión para la ZAEP 101 por el Plan de Gestión revisado;

Recomiendan a sus gobiernos la siguiente Medida para su aprobación de conformidad con el párrafo 1 del Artículo 6 del Anexo V al Protocolo al Tratado Antártico sobre Protección del Medio Ambiente:

Que:

1. se apruebe el Plan de Gestión revisado para la Zona Antártica Especialmente Protegida N° 101 (Pingüinera Taylor, Tierra de Mac Robertson), que se anexa a esta Medida; y

2. se revoque el plan de gestión de la Zona Antártica Especialmente Protegida N° 101 anexo a la Medida 1 (2010).

Zona Antártica Especialmente Protegida N° 102
(islas Rookery, bahía Holme, Tierra de Mac Robertson): Plan de gestión revisado

Los Representantes,

Recordando los Artículos 3, 5 y 6 del Anexo V al Protocolo al Tratado Antártico sobre Protección del Medio Ambiente, que establece la designación de las Zonas Antárticas Especialmente Protegidas (ZAEP) y la aprobación de los Planes de gestión para dichas Zonas;

Recordando

- La Recomendación IV-2 (1966), que designó a las islas Rookery, bahía Holme, Tierra de Mac Robertson como Zona Especialmente Protegida ("ZEP") No 2;

- la Recomendación XVII-2 (1992), que aprobó un Plan de gestión para la Zona;

- La Decisión 1 (2002), que cambió el nombre y número de la ZEP 2 a ZAEP 102;

- las Medidas 2 (2005) y 2 (2010), que aprobaron Planes de gestión revisados para la ZAEP 102;

Recordando que la Recomendación XVII-2 (1992) no ha entrado en vigor y que fue desplazada por la Medida 1 (2010);

Observando que el Comité para la Protección del Medio Ambiente refrendó un Plan de Gestión revisado para la ZAEP 102;

Deseando reemplazar el actual Plan de Gestión para la ZAEP 102 por el Plan de Gestión revisado;

Recomiendan a sus gobiernos la siguiente Medida para su aprobación de conformidad con el párrafo 1 del Artículo 6 del Anexo V al Protocolo al Tratado Antártico sobre Protección del Medio Ambiente:

Que:

1. se apruebe el Plan de Gestión revisado para la Zona Antártica Especialmente Protegida N° 102 (islas Rookery, bahía Holme, Tierra de Mac Robertson), que se anexa a esta Medida; y

2. se revoque el plan de gestión de la Zona Antártica Especialmente Protegida N° 102 anexo a la Medida 2 (2010).

Zona Antártica Especialmente Protegida N° 103
(isla Ardery e isla Odbert, costa Budd, Tierra de Wilkes, Antártida Oriental): Plan de gestión revisado

Los Representantes,

Recordando los Artículos 3, 5 y 6 del Anexo V al Protocolo al Tratado Antártico sobre Protección del Medio Ambiente, que establece la designación de las Zonas Antárticas Especialmente Protegidas (ZAEP) y la aprobación de los Planes de gestión para dichas Zonas;

Recordando

- La Recomendación IV-3 (1966), que designó a la isla Ardery e isla Odbert, costa Budd como Zona Especialmente Protegida ("ZEP") N° 3;

- la Recomendación XVII-2 (1992), que aprobó un Plan de gestión para la Zona;

- la Decisión 1 (2002), que cambió el nombre y número de la ZEP 3 a ZAEP 103;

- las Medidas 2 (2005) y 3 (2010), que aprobaron Planes de gestión revisados para la ZAEP 103

Recordando que la Recomendación XVII-2 (1992) no ha entrado en vigor y que fue desplazada por la Medida 1 (2010);

Observando que el Comité para la Protección del Medio Ambiente refrendó un Plan de Gestión revisado para la ZAEP 103;

Deseando reemplazar el actual Plan de Gestión para la ZAEP 103 por el Plan de Gestión revisado;

Recomiendan a sus gobiernos la siguiente Medida para su aprobación de conformidad con el párrafo 1 del Artículo 6 del Anexo V al Protocolo al Tratado Antártico sobre Protección del Medio Ambiente:

Que:

1. se apruebe el Plan de gestión revisado para la Zona Antártica Especialmente Protegida N° 103 (isla Ardery e isla Odbert, costa Budd, Tierra de Wilkes, Antártida Oriental), que se anexa a esta Medida; y

2. se revoque el plan de gestión de la Zona Antártica Especialmente Protegida N° 103 anexo a la Medida 3 (2010).

Zona Antártica Especialmente Protegida N° 104
(isla Sabrina, islas Balleny): Plan de gestión revisado

Los Representantes,

Recordando los Artículos 3, 5 y 6 del Anexo V al Protocolo al Tratado Antártico sobre Protección del Medio Ambiente, que establece la designación de las Zonas Antárticas Especialmente Protegidas (ZAEP) y la aprobación de los Planes de gestión para dichas Zonas;

Recordando

- la Recomendación IV-4 (1966), que designa a la isla Sabrina, islas Balleny, como Zona Especialmente Protegida ("ZEP") N° 4, y anexa un mapa de la Zona;

- la Decisión 1 (2002), que cambió el nombre y número de la ZEP 4 a ZAEP 104;

- la Medida 3 (2009), que aprobó un Plan de Gestión revisado para la ZAEP 104;

Recordando que la Recomendación IV-4 (1966) fue revocada por la Medida 3 (2009);

Observando que el Comité para la Protección del Medio Ambiente refrendó un Plan de gestión revisado para la ZAEP 104;

Deseando reemplazar el actual Plan de gestión para la ZAEP 104 por el Plan de gestión revisado;

Recomiendan a sus gobiernos la siguiente Medida para su aprobación de conformidad con el párrafo 1 del Artículo 6 del Anexo V al Protocolo al Tratado Antártico sobre Protección del Medio Ambiente:

Que:

1. se apruebe el Plan de Gestión revisado para la Zona Antártica Especialmente Protegida N° 104 (isla Sabrina, islas Balleny), que se anexa a esta Medida; y

2. se revoque el plan de gestión de la Zona Antártica Especialmente Protegida N° 104 anexo a la Medida 3 (2009).

Medida 5 (2015)

Zona Antártica Especialmente Protegida N° 105
(isla Beaufort, ensenada McMurdo, mar de Ross):
Plan de gestión revisado

Los Representantes,

Recordando los Artículos 3, 5 y 6 del Anexo V al Protocolo al Tratado Antártico sobre Protección del Medio Ambiente, que establece la designación de las Zonas Antárticas Especialmente Protegidas (ZAEP) y la aprobación de los Planes de gestión para dichas Zonas;

Recordando

- la Recomendación IV-5 (1966), que designó a la isla Beaufort, mar de Ross como Zona Especialmente Protegida ("ZEP") N° 5;

- la Medida 1 (1997), que anexó un Plan de gestión para la Zona;

- la Decisión 1 (2002), que cambió el nombre y número de la ZEP 5 a ZAEP 105;

- las Medidas 2 (2003) y 4 (2010), que aprobaron Planes de gestión revisados para la ZAEP 105;

Recordando que la Recomendación IV-5 (1966) fue revocada por la Medida 4 (2010);

Recordando que la Medida 1 (1997) no ha entrado en vigor y que fue desplazada por la Medida 4 (2010);

Observando que el Comité para la Protección del Medio Ambiente refrendó un Plan de Gestión revisado para la ZAEP 105;

Deseando reemplazar el actual Plan de Gestión para la ZAEP 105 por el Plan de Gestión revisado;

Recomiendan a sus gobiernos la siguiente Medida para su aprobación de conformidad con el párrafo 1 del Artículo 6 del Anexo V al Protocolo al Tratado Antártico sobre Protección del Medio Ambiente:

Que:

1. se apruebe el Plan de Gestión revisado para la Zona Antártica Especialmente Protegida N° 105 (isla Beaufort, ensenada McMurdo, mar de Ross), que se anexa a la presente Medida; y

2. se revoque el plan de gestión de la Zona Antártica Especialmente Protegida N° 105 anexo a la Medida 4 (2010).

Zona Antártica Especialmente Protegida N° 106
(cabo Hallett, Tierra Victoria del Norte, mar de Ross): Plan de gestión revisado

Los Representantes,

Recordando los Artículos 3, 5 y 6 del Anexo V al Protocolo al Tratado Antártico sobre Protección del Medio Ambiente, que establece la designación de las Zonas Antárticas Especialmente Protegidas (ZAEP) y la aprobación de los Planes de gestión para dichas Zonas;

Recordando

- la Recomendación IV-7 (1966), que designó al cabo Hallett, Tierra de Victoria como Zona Especialmente Protegida ("ZEP") N° 7;

- la Recomendación XIII-13 (1985), que presentó una modificación de la descripción y los límites de la ZEP 7;

- La Decisión 1 (2002), que cambió el nombre y número de la ZEP 7 a ZAEP 106;

- Las Medidas 1 (2002) y 5 (2010), que aprobaron Planes de gestión para la Zona;

Recordando que las Recomendaciones IV-7 (1966) y XIII-13 (1985) fueron revocadas por la Medida 5 (2010);

Observando que el Comité para la Protección del Medio Ambiente refrendó un Plan de gestión revisado para la ZAEP 106;

Deseando reemplazar el actual Plan de gestión para la ZAEP 106 por el Plan de gestión revisado;

Recomiendan a sus gobiernos la siguiente medida para su aprobación de conformidad con el párrafo 1 del Artículo 6 del Anexo V al Protocolo al Tratado Antártico sobre Protección del Medio Ambiente:

Que:

1. se apruebe el Plan de Gestión revisado para la Zona Antártica Especialmente Protegida N° 106 (cabo Hallett, Tierra Victoria del Norte, mar de Ross), que se anexa a la presente Medida; y

2. se revoque el plan de gestión de la Zona Antártica Especialmente Protegida N° 106 anexo a la Medida 5 (2010).

Zona Antártica Especialmente Protegida N° 119
(Valle Davis y laguna Forlidas, macizo Dufek, montañas Pensacola): Plan de gestión revisado

Los Representantes,

Recordando los Artículos 3, 5 y 6 del Anexo V al Protocolo al Tratado Antártico sobre Protección del Medio Ambiente, que establece la designación de las Zonas Antárticas Especialmente Protegidas (ZAEP) y la aprobación de los Planes de gestión para dichas Zonas;

Recordando

- la Recomendación XVI-9 (1991), que designó a la laguna Forlidas y a las lagunas del valle Davis como Zona Especialmente Protegida (ZEP) N° 23 y anexó un Plan de gestión para la Zona;

- la Decisión 1 (2002), que cambió el nombre y número de la ZEP 23 a ZAEP 119;

- las Medidas 2 (2005) y 6 (2010), que aprobaron los Planes de gestión revisados para la ZAEP 119;

Recordando que la Recomendación XVI-9 (1991) no ha entrado en vigor y que fue desplazada por la Medida 6 (2010);

Observando que el Comité para la Protección del Medio Ambiente refrendó un Plan de Gestión revisado para la ZAEP 119;

Deseando reemplazar el actual Plan de Gestión para la ZAEP 119 por el Plan de Gestión revisado;

Recomiendan a sus gobiernos la siguiente Medida para su aprobación de conformidad con el párrafo 1 del Artículo 6 del Anexo V al Protocolo al Tratado Antártico sobre Protección del Medio Ambiente:

Que:

1. se apruebe el proyecto del plan de gestión revisado para la Zona Antártica Especialmente Protegida N° 119 (Valle Davis y laguna Forlidas, macizo Dufek, montañas Pensacola), anexo a la presente Medida, y

2. se revoque el plan de gestión de la Zona Antártica Especialmente Protegida N° 119 anexo a la Medida 6 (2010).

Zona Antártica Especialmente Protegida N° 148
(Monte Flora, bahía Esperanza, Península Antártica): Plan de gestión revisado

Los Representantes,

Recordando los Artículos 3, 5 y 6 del Anexo V al Protocolo al Tratado Antártico sobre Protección del Medio Ambiente, que establece la designación de las Zonas Antárticas Especialmente Protegidas (ZAEP) y la aprobación de los Planes de gestión para dichas Zonas;

Recordando

- la Recomendación XV-6 (1989), que designó a Monte Flora, bahía Esperanza, Península Antártica como Sitio de Especial Interés Científico ("SEIC") N° 31 y anexó un Plan de Gestión para el Sitio;

- la Decisión 1 (2002), que cambia el nombre y número del SEIC 31 a ZAEP 148;

- la Medida 1 (2002), que aprobó un Plan de Gestión revisado para la ZAEP 148;

Recordando que la Recomendación XV-6 (1989) fue revocada por la Decisión 1 (2011);

Observando que el Comité para la Protección del Medio Ambiente refrendó un Plan de Gestión revisado para la ZAEP 119;

Deseando reemplazar el actual Plan de Gestión para la ZAEP 148 por el Plan de Gestión revisado;

Recomiendan a sus gobiernos la siguiente Medida para su aprobación de conformidad con el párrafo 1 del Artículo 6 del Anexo V al Protocolo al Tratado Antártico sobre Protección del Medio Ambiente:

Que:

1. se apruebe el Plan de Gestión revisado para la Zona Antártica Especialmente Protegida N° 148 (Monte Flora, bahía Esperanza, Península Antártica), que se anexa a la presente Medida; y

2. se revoque el Plan de gestión de la Zona Antártica Especialmente Protegida N° 148 anexo a la Medida 1 (2002).

Zona Antártica Especialmente Protegida N° 152
(Oeste del estrecho de Bransfield/ mar de la Flota): Plan de gestión revisado

Los Representantes,

Recordando los Artículos 3, 5 y 6 del Anexo V al Protocolo al Tratado Antártico sobre Protección del Medio Ambiente, que establece la designación de las Zonas Antárticas Especialmente Protegidas (ZAEP) y la aprobación de los Planes de gestión para dichas Zonas;

Recordando

- la Recomendación XVI-3 (1991), que designó al oeste del estrecho de Bransfield/ mar de la Flota, frente a la isla Low/Baja, islas Shetland del Sur, como Sitio de Especial Interés Científico (SEIC) N° 35, y anexó un Plan de gestión para el sitio;

- la Medida 3 (2001), que extiende la fecha de expiración del SEIC 35 desde el 31 de diciembre de 2001 al 31 de diciembre de 2005;

- la Decisión 1(2002), que cambia de nombre y de número a la SEIC 35 a Zona Antártica Especialmente Protegida N° 152;

- las Medidas 2 (2003) y 10 (2009), que aprobaron Planes de gestión revisados para la ZAEP 152;

Recordando que la Recomendación XVI-3 (1991) no ha entrado en vigor y que fue desplazada por la Medida 10 (2009);

Observando que el Comité para la Protección del Medio Ambiente refrendó un Plan de Gestión revisado para la ZAEP 152;

Deseando reemplazar el actual Plan de Gestión para la ZAEP 152 por el Plan de Gestión revisado;

Recomiendan a sus gobiernos la siguiente Medida para su aprobación de conformidad con el párrafo 1 del Artículo 6 del Anexo V al Protocolo al Tratado Antártico sobre Protección del Medio Ambiente:

Que:

1. se apruebe el Plan de gestión revisado para la Zona Antártica Especialmente Protegida N° 152 (oeste del estrecho de Bransfield/mar de la Flota), que se anexa a la presente Medida; y

2. se revoque el Plan de gestión de la Zona Antártica Especialmente Protegida N° 152 anexo a la Medida 10 (2009).

Zona Antártica Especialmente Protegida N° 153
(Este de la bahía Dallmann): Plan de gestión revisado

Los Representantes,

Recordando los Artículos 3, 5 y 6 del Anexo V al Protocolo al Tratado Antártico sobre Protección del Medio Ambiente, que establece la designación de las Zonas Antárticas Especialmente Protegidas (ZAEP) y la aprobación de los Planes de gestión para dichas Zonas;

- la Recomendación XVI-3 (1991), que designó al Este de la bahía Dallmann, frente a la isla Brabante como Sitio de Especial Interés Científico (SEIC) N° 36 y anexó un Plan de gestión para el sitio;

- la Medida 3 (2001), que extiende la fecha de expiración del SEIC 36 desde el 31 de diciembre de 2001 al 31 de diciembre de 2005;

- La Decisión 1 (2002), que cambió el nombre y número del SEIC 36 a ZAEP 153;

- las Medidas 2 (2003) y 11 (2009), que aprobaron Planes de gestión revisados para la ZAEP 153;

Recordando que la Recomendación XVI-3 (1991) no ha entrado en vigor y que fue desplazada por la Medida 10 (2009);

Observando que el Comité para la Protección del Medio Ambiente refrendó un Plan de gestión revisado para la ZAEP 153;

Deseando reemplazar el actual Plan de gestión para la ZAEP 153 por el Plan de gestión revisado;

Recomiendan a sus gobiernos la siguiente Medida para su aprobación de conformidad con el párrafo 1 del Artículo 6 del Anexo V al Protocolo al Tratado Antártico sobre Protección del Medio Ambiente:

Que:

1. se apruebe el Plan de gestión revisado para la Zona Antártica Especialmente Protegida N° 153 (Este de la bahía Dallmann), que se anexa a esta Medida; y

2. se revoque el Plan de gestión de la Zona Antártica Especialmente Protegida N° 153 anexo a la Medida 11 (2009).

Zona Antártica Especialmente Protegida N° 155
(Cabo Evans, isla Ross): Plan de gestión revisado

Los Representantes,

Recordando los Artículos 3, 5 y 6 del Anexo V al Protocolo al Tratado Antártico sobre Protección del Medio Ambiente, que establece la designación de las Zonas Antárticas Especialmente Protegidas (ZAEP) y la aprobación de los Planes de gestión para dichas Zonas;

- La Medida 2 (1997), que designó al Sitio Histórico de Cabo Evans y su zona circundante como Zona Especialmente Protegida ("ZEP") N° 25 y anexó un Plan de gestión para la Zona;

- La Decisión 1 (2002), que cambió el nombre y número de la ZEP 25 a ZAEP 155;

- las Medidas 2 (2005), 12 (2008), y 8 (2010) que aprobaron Planes de gestión revisados para la ZAEP 155;

Recordando la Medida 2 (1997) no ha entrado en vigor y que fue desplazada por la Medida 8 (2010);

Observando que el Comité para la Protección del Medio Ambiente refrendó un Plan de gestión revisado para la ZAEP 155;

Deseando reemplazar el actual Plan de gestión para la ZAEP 155 por el Plan de gestión revisado;

Recomiendan a sus gobiernos la siguiente Medida para su aprobación de conformidad con el párrafo 1 del Artículo 6 del Anexo V al Protocolo al Tratado Antártico sobre Protección del Medio Ambiente:

Que:

1. se apruebe el Plan de Gestión revisado para la Zona Antártica Especialmente Protegida N° 155 (cabo Evans, isla Ross), que se anexa a la presente Medida; y

2. se revoque el Plan de gestión de la Zona Antártica Especialmente Protegida N° 155 anexo a la Medida 8 (2010).

Zona Antártica Especialmente Protegida N° 157
(Bahía Backdoor, cabo Royds, isla Ross):
Plan de gestión revisado

Los Representantes,

Recordando los Artículos 3, 5 y 6 del Anexo V al Protocolo al Tratado Antártico sobre Protección del Medio Ambiente, que establece la designación de las Zonas Antárticas Especialmente Protegidas (ZAEP) y la aprobación de los Planes de gestión para dichas Zonas;

Recordando

- La Medida 1 (1998), que designó al sitio del cabo Royds como Zona Especialmente Protegida (ZEP) N° 27 y anexó un Plan de gestión para la Zona;

- La Decisión 1 (2002), que cambió el nombre y número de la ZEP 27 a ZAEP 157;

- la Medida 1 (2002), que aprobó un Plan de gestión revisado para la ZAEP 157;

- las Medidas 2 (2005) y 9 (2010), que aprobaron Planes de gestión revisados para la ZAEP 157;

Recordando que la Medida 1 (1998) no ha entrado en vigor y que fue desplazada por la Medida 9 (2010);

Observando que el Comité para la Protección del Medio Ambiente refrendó un Plan de Gestión revisado para la ZAEP 157;

Deseando reemplazar el actual Plan de Gestión para la ZAEP 157 por el Plan de Gestión revisado;

Recomiendan a sus gobiernos la siguiente Medida para su aprobación de conformidad con el párrafo 1 del Artículo 6 del Anexo V al Protocolo al Tratado Antártico sobre Protección del Medio Ambiente:

Que:

1. se apruebe el Plan de Gestión revisado para la Zona Antártica Especialmente Protegida N° 157 (Bahía Backdoor, cabo Royds, isla Ross), que se anexa a esta Medida; y

2. se revoque el Plan de gestión de la Zona Antártica Especialmente Protegida N° 157 anexo a la Medida 9 (2010).

Zona Antártica Especialmente Protegida N° 158
(Punta Hut, isla Ross): Plan de gestión revisado

Los Representantes,

Recordando los Artículos 3, 5 y 6 del Anexo V al Protocolo al Tratado Antártico sobre Protección del Medio Ambiente, que establece la designación de las Zonas Antárticas Especialmente Protegidas (ZAEP) y la aprobación de los Planes de gestión para dichas Zonas;

Recordando

- La Medida 1 (1998), que designó al Sitio Histórico de Punta Hut como Zona Especialmente Protegida (ZEP) N° 28 y anexó un Plan de gestión para la Zona;

- la Decisión 1 (2002), que cambió el nombre y número de la ZEP 28 a ZAEP 158;

- las Medidas 2 (2005) y 10 (2010), que aprobaron Planes de gestión revisados para la ZAEP 158;

Recordando que la Medida 1 (1998) no ha entrado en vigor y que fue desplazada por la Medida 9 (2010);

Observando que el Comité para la Protección del Medio Ambiente refrendó un Plan de gestión revisado para la ZAEP 158;

Deseando reemplazar el actual Plan de Gestión para la ZAEP 158 por el Plan de Gestión revisado;

Recomiendan a sus gobiernos la siguiente Medida para su aprobación de conformidad con el párrafo 1 del Artículo 6 del Anexo V al Protocolo al Tratado Antártico sobre Protección del Medio Ambiente:

Que:

1. se apruebe el Plan de Gestión revisado para la Zona Antártica Especialmente Protegida N° 158 (Punta Hut, isla Ross), que se anexa a la presente Medida; y

2. se revoque el Plan de gestión de la Zona Antártica Especialmente Protegida N° 158 anexo a la Medida 10 (2010).

Zona Antártica Especialmente Administrada N° 159
(Cabo Adare, costa Borchgrevink): Plan de gestión revisado

Los Representantes,

Recordando los Artículos 3, 5 y 6 del Anexo V al Protocolo al Tratado Antártico sobre Protección del Medio Ambiente, que establece la designación de las Zonas Antárticas Especialmente Protegidas (ZAEP) y la aprobación de los Planes de gestión para dichas Zonas;

Recordando

- La Medida 1 (1998), que designó al Sitio Histórico de Cabo Adare y su zona circundante como Zona Especialmente Protegida ("ZEP") N° 29 y anexó un Plan de gestión para la Zona;

- La Decisión 1 (2002), que cambió el nombre y número de la ZEP 29 a ZAEP 159;

- las Medidas 2 (2005) y 11 (2010), que aprobaron Planes de gestión revisados para la ZAEP 159;

Recordando que la Medida 1 (1998) no ha entrado en vigor y que fue desplazada por la Medida 9 (2010);

Observando que el Comité para la Protección del Medioambiente refrendó un Plan de Gestión revisado para la ZAEP 159;

Deseando reemplazar el actual Plan de Gestión para la ZAEP 159 por el Plan de Gestión revisado;

Recomiendan a sus gobiernos la siguiente Medida para su aprobación de conformidad con el párrafo 1 del Artículo 6 del Anexo V al Protocolo al Tratado Antártico sobre Protección del Medio Ambiente:

Que:

1. se apruebe el Plan de Gestión revisado para la Zona Antártica Especialmente Protegida N° 159 (Cabo Adare, costa Borchgrevink), que se anexa a la presente Medida; y

2. se revoque el Plan de gestión de la Zona Antártica Especialmente Protegida N° 159 anexo a la Medida 11 (2010).

Zona Antártica Especialmente Administrada N° 163
(Glaciar Dakshin Gangotri, Tierra de la Reina Maud):
Plan de gestión revisado

Los Representantes,

Recordando los Artículos 3, 5 y 6 del Anexo V al Protocolo al Tratado Antártico sobre Protección del Medio Ambiente, que establece la designación de las Zonas Antárticas Especialmente Protegidas (ZAEP) y la aprobación de los Planes de gestión para dichas Zonas;

Recordando

- la Medida 2 (2005), que designó al Glaciar Dakshin Gangotri, Tierra de la Reina Maud como ZAEP 163 y anexó un Plan de gestión para la Zona;

- la Medida 12 (2010), que aprobó un Plan de Gestión revisado para la ZAEP 163;

Observando que el Comité para la Protección del Medio Ambiente refrendó un Plan de Gestión revisado para la ZAEP 163;

Deseando reemplazar el actual Plan de Gestión para la ZAEP 163 por el Plan de Gestión revisado;

Recomiendan a sus gobiernos la siguiente Medida para su aprobación de conformidad con el párrafo 1 del Artículo 6 del Anexo V al Protocolo al Tratado Antártico sobre Protección del Medio Ambiente:

Que:

1. se apruebe el Plan de Gestión revisado para la Zona Antártica Especialmente Protegida N° 163 (Glaciar Dakshin Gangotri, Tierra de la Reina Maud), que se anexa a la presente Medida; y

2. se revoque el Plan de gestión de la Zona Antártica Especialmente Protegida N° 163 anexo a la Medida 12 (2010).

Zona Antártica Especialmente Protegida N° 164
(Monolitos Scullin y Murray, Tierra de Mac Robertson):
Plan de gestión revisado

Los Representantes,

Recordando los Artículos 3, 5 y 6 del Anexo V al Protocolo al Tratado Antártico sobre Protección del Medio Ambiente, que establece la designación de las Zonas Antárticas Especialmente Protegidas (ZAEP) y la aprobación de los Planes de gestión para dichas Zonas;

Recordando

* La Medida 2 (2005), que designó a los Monolitos Scullin y Murray, Tierra de Mac Robertson, Antártida Oriental como ZAEP 164 y anexó un Plan de gestión para la Zona;

* la Medida 13 (2010), que aprobó un Plan de Gestión revisado para la ZAEP 164;

Observando que el Comité para la Protección del Medio Ambiente refrendó un Plan de gestión revisado para la ZAEP 164;

Deseando reemplazar el actual Plan de gestión para la ZAEP 164 por el Plan de gestión revisado;

Recomiendan a sus gobiernos la siguiente Medida para su aprobación de conformidad con el párrafo 1 del Artículo 6 del Anexo V al Protocolo al Tratado Antártico sobre Protección del Medio Ambiente:

Que:

1. se apruebe el Plan de Gestión revisado para la Zona Antártica Especialmente Protegida N° 164 (Monolitos Scullin y Murray, Tierra de Mac Robertson), que se anexa a la presente Medida; y

2. se revoque el Plan de gestión de la Zona Antártica Especialmente Protegida N° 164 anexo a la Medida 13 (2010).

Medida 17 (2015)

Zona Antártica Especialmente Protegida N° 168
(Monte Harding, montañas Grove, Antártida Oriental): Plan de gestión revisado

Los Representantes,

Recordando los Artículos 3, 5 y 6 del Anexo V al Protocolo al Tratado Antártico sobre Protección del Medio Ambiente, que establece la designación de las Zonas Antárticas Especialmente Protegidas (ZAEP) y la aprobación de los Planes de gestión para dichas Zonas;

Recordando la Medida 2 (2008), que designó al Monte Harding, montañas Grove, Antártida Oriental como ZAEP 168 y anexó un Plan de gestión para la zona;

Observando que el Comité para la Protección del Medio Ambiente refrendó un Plan de gestión revisado para la ZAEP 168;

Deseando reemplazar el actual Plan de Gestión para la ZAEP 168 por el Plan de Gestión revisado;

Recomiendan a sus gobiernos la siguiente Medida para su aprobación de conformidad con el párrafo 1 del Artículo 6 del Anexo V al Protocolo al Tratado Antártico sobre Protección del Medio Ambiente:

Que:

1. se apruebe el Plan de Gestión revisado para la Zona Antártica Especialmente Protegida N° 168 (Monte Harding, montañas Grove, Antártida Oriental), que se anexa a la presente Medida; y

2. se revoque el Plan de gestión de la Zona Antártica Especialmente Protegida N° 168 anexo a la Medida 2 (2008).

Zona Antártica Especialmente Administrada N° 2
(Valles Secos de McMurdo, Tierra de Victoria del Sur): Plan de gestión revisado

Los Representantes,

Recordando los Artículos 4, 5 y 6 del Anexo V al Protocolo al Tratado Antártico sobre Protección del Medio Ambiente, que establece la designación de las Zonas Antárticas Especialmente Administradas (ZAEA) y la aprobación de los Planes de Gestión para dichas Zonas;

Recordando

- La Medida 1 (2004), que designó a los Valles Secos de McMurdo, Tierra de Victoria del Sur como ZAEA 2 y anexó un Plan de gestión para dicha Zona;

- la Medida 10 (2011), que aprobó un Plan de Gestión revisado para la ZAEA 2;

Observando que el Comité para la Protección del Medio Ambiente refrendó un Plan de Gestión revisado para la ZAEA 2;

Deseando reemplazar el actual Plan de Gestión para la ZAEA 2 por el Plan de Gestión revisado;

Recomiendan a sus gobiernos la siguiente Medida para su aprobación de conformidad con el párrafo 1 del Artículo 6 del Anexo V al Protocolo al Tratado Antártico sobre Protección del Medio Ambiente:

Que:

1. se apruebe el Plan de gestión revisado para la Zona Antártica Especialmente Administrada N° 2, (Valles Secos de McMurdo, Tierra de Victoria del Sur), anexo a la presente Medida; y

2. se revoque el plan de gestión de la Zona Antártica Especialmente Administrada N° 2 anexo a la Medida 10 (2011).

Lista revisada de Sitios y Monumentos Históricos Antárticos:

Cabaña Lame Dog en la base búlgara St. Kliment Ohridski, isla Livingston y tractor para nieve "Kharkovchanka" que se utilizó en la Antártida desde 1959 a 2010

Los Representantes,

Recordando los requisitos del Artículo 8 del Anexo V del Protocolo al Tratado Antártico sobre Protección del Medio Ambiente de mantener una lista de los actuales Sitios y Monumentos Históricos, y que estos Sitios y Monumentos no se deben dañar, retirar ni destruir;

Recordando la Medida 3 (2003), que revisó y actualizó la "Lista de Sitios y Monumentos Históricos", y la rectificó posteriormente;

Deseando agregar dos nuevos Sitios y Monumentos Históricos a la Lista de Sitios y Monumentos Históricos;

Recomiendan a sus gobiernos la siguiente medida para su aprobación de conformidad con el párrafo 2 del Artículo 8 del Anexo V al Protocolo al Tratado Antártico sobre Protección del Medio Ambiente:

Que:

1. se agregue lo siguiente a la Lista de Sitios y Monumentos Históricos:

   "N° 91: Cabaña Lame Dog en la base búlgara St. Kliment Ohridski, isla Livingston.

   La Cabaña Lame Dog se erigió en abril de 1988 y fue el edificio principal de la estación St. Kliment Ohridski hasta 1998. Actualmente es el edificio más antiguo que se conserva en la isla Livingston, se utiliza como cabina de radio y oficina postal, y alberga un museo de artefactos asociados a las primeras operaciones científicas y logísticas de Bulgaria en la Antártida".

Ubicación: 62° 38' 29" S, 60° 21' 53" O

Parte proponente original: Bulgaria

Parte a cargo de la gestión: Bulgaria

"N° 92: Tractor para nieve "Kharkovchanka" utilizado en la Antártida desde 1959 a 2010.

El tractor para nieve "Kharkovchanka" fue diseñado y fabricado en la planta de construcción de maquinaria para el transporte Malyshev en Járkov especialmente para organizar las travesías con tractor-trineo al interior de la Antártida. Este fue el primer vehículo soviético de transporte que no fue construido en serie, y que fue fabricado de manera exclusiva para operaciones en la Antártida. Este tractor no se utilizó fuera de la Antártida. Por ende, el STT "Kharkovchanka" es una muestra histórica única de desarrollos técnicos y de ingeniería realizados para la exploración de la Antártida.

Coordenadas: 69° 22' 41,0" S, 76° 22' 59,1" E

Parte proponente original: Federación de Rusia

Parte a cargo de la gestión: Federación de Rusia

2. se anexe a esta Medida la Lista de Sitios y Monumentos Históricos revisada y actualizada.

Lista revisada de Sitios y Monumentos Históricos

	Descripción	Ubicación	Designación/ Modificación
1.	Asta de bandera plantada en diciembre de 1965 en el Polo Sur geográfico por la primera expedición polar argentina por vía terrestre. Parte proponente original: Argentina Parte encargada de la gestión: Argentina	90°S	Rec. VII-9
2.	Mojón de rocas y placas en la Estación Syowa para recordar a Shin Fukushima, miembro de la 4ª expedición japonesa de investigación antártica, quien muriera en octubre de 1960 en el ejercicio de sus funciones oficiales. El mojón fue erigido por sus colegas el 11 de enero de 1961. Parte de sus cenizas descansan en el mojón. Parte proponente original: Japón Parte encargada de la gestión: Japón	69°00'S, 39°35'E	Rec. VII-9
3.	Mojón de rocas y placa en la Isla Proclamación, Tierra Enderby, erigidos en enero de 1930 por Sir Douglas Mawson. El mojón y la placa recuerdan el desembarque de Sir Douglas Mawson en Isla Proclamación en 1929-31 con un grupo formado a partir de las expediciones de investigación antártica de Gran Bretaña, Australia y Nueva Zelandia. Parte proponente original: Australia Parte encargada de la gestión: Australia	65°51'S, 53°41'E	Rec. VII-9
4.	Edificio de la Estación del Polo de la Inaccesibilidad. Edificio de la estación sobre el cual se encuentra un busto de V.I. Lenin, junto con una placa en conmemoración de la conquista del Polo de la Inaccesibilidad por parte de los exploradores antárticos soviéticos en 1958. Desde 2007 el edificio de la estación está cubierto de nieve. El busto de Lenin se erige sobre un pedestal de madera montado en el techo del edificio a aproximadamente, 1,5 m. por encima de la superficie de nieve. Parte proponente original: Rusia Parte encargada de la gestión: Rusia	82° 06 '42"S, 55° 01' 57"E	Rec. VII-9 Medida 11(2012)

	Descripción	Ubicación	Designación/ Modificación
5.	Mojón de rocas y placa en Cabo Bruce, Tierra de Mac. Robertson, erigida en febrero de 1931 por Sir Douglas Mawson. El mojón y la placa recuerdan el desembarque de Sir Douglas Mawson en Cabo Bruce en 1929-31 con un grupo formado a partir de las expediciones de investigación antártica de Gran Bretaña, Australia y Nueva Zelandia. Parte proponente original: Australia Parte encargada de la gestión: Australia	67°25'S, 60°47'E	Rec. VII-9
6.	Pilar rocoso en Walkabout Rocks, Cerro Vestfold, Tierra de la Princesa Isabel, erigida en 1939 por Sir Hubert Wilkins. El pilar aloja un recipiente hermético que contiene un registro de su visita. Parte proponente original: Australia Parte encargada de la gestión: Australia	68°22'S, 78°33'E	Rec. VII-9
7.	Piedra de Ivan Khmara. Piedra con una placa inscripta erigida en la isla Buromsky en conmemoración del conductor-mecánico Ivan Khmara, miembro de la primera expedición antártica de complejidad de la URSS (primera Expedición Antártica Soviética) quien falleció en el hielo firme en el desempeño de sus funciones el 21 de enero de 1956. Inicialmente, la piedra fue erigida en punta Mabus, observatorio Mirny. En 1974, durante la 19° Expedición Antártica Soviética, la piedra fue trasladada a la isla Buromsky debido a actividades de construcción. Parte proponente original: Rusia Parte encargada de la gestión: Rusia	66°32'04"S, 92°59'57"E	Rec. VII-9 Medida 11(2012)
8.	Monumento a Anatoly Shcheglov. Estela de metal con una placa en conmemoración de Anatoly Shcheglov, conductor-mecánico que falleció en el desempeño de sus funciones, erigida sobre un trineo en la ruta Mirny–Vostok, a 2 km de la estación Mirny. Parte proponente original: Rusia Parte encargada de la gestión: Rusia	66° 34' 43"S, 92° 58'23"E	Rec. VII-9 Medida 11(2012)

	Descripción	Ubicación	Designación/ Modificación
9.	Cementerio de la isla Buromsky. Cementerio en la isla Buromsky, próxima al observatorio Mirny, en el que se diera sepultura a ciudadanos de la URSS (Federación de Rusia), Checoslovaquia, Alemania Oriental y Suiza (miembros de las expediciones antárticas soviéticas y rusas) que fallecieron en el desempeño de sus funciones. Parte proponente original: Rusia Parte encargada de la gestión: Rusia	66° 32' 04"S, 93° 00'E	Rec. VII-9 Medida 11(2012)
10.	Observatorio en Estación Soviética Oasis. Edificio del observatorio magnético en la estación Dobrowolsky (una parte de la ex estación soviética Oasis transferida a Polonia) en el cerro Bunger, con una placa en conmemoración de la inauguración de la estación Oasis en 1956. Parte proponente original: Rusia Parte encargada de la gestión: Rusia	66° 16' 30"S, 100° 45' 03"E	Rec. VII-9 Medida 11(2012)
11.	Tractor en Estación Vostok. Tractor pesado ATT 11 en la estación Vostok que participó en la primera travesía al Polo Geomagnético de la Tierra, con una placa que conmemora la inauguración de la estación en 1957. Parte proponente original: Rusia Parte encargada de la gestión: Rusia	78° 27' 48" S, 106° 50' 06" E	Rec. VII-9 Medida 11(2012)
12.	*Subsumido en el SMH 77*		
13.	*Subsumido en el SMH 77*		
14.	Sitio de la caverna de hielo de Isla Inexpresable, Bahía Terra Nova, construido en marzo de 1912 por el grupo norte de la Expedición antártica británica (1910-13), comandada por Victor Campbell. El grupo pasó el invierno de 1912 en esta cueva de hielo. Todavía quedan en el sitio un cartel de madera, una placa y huesos de foca. Parte proponente original: Nueva Zelandia Partes encargadas de la gestión: Nueva Zelandia /Italia/ Reino Unido	74°54'S, 163°43'E	Rec. VII-9 Medida 11(2012)

	Descripción	Ubicación	Designación/ Modificación
15.	Cabaña ubicada en Cabo Royds, Isla Ross, construida en febrero de 1908 por la Expedición antártica británica de 1907-09, comandada por Sir Ernest Shackleton. Restaurada en enero de 1961 por la División antártica del departamento neocelandés de Investigaciones científicas e industriales. Sitio que forma parte de la ZAEP 157 Partes proponentes originales: Nueva Zelandia /Reino Unido Partes encargadas de la gestión: Nueva Zelandia /Reino Unido	77°33'S, 166°10'E	Rec. VII-9
16.	Cabaña de Cabo Evans, Isla Ross, construida en enero de 1911 por la expedición antártica británica de 1910-1913, comandada por el Capitán Robert F. Scott. Restaurada en enero de 1961 por la División antártica del departamento neocelandés de Investigaciones científicas e industriales. Sitio que forma parte de la ZAEP 155 Partes proponentes originales: Nueva Zelandia /Reino Unido Partes encargadas de la gestión: Nueva Zelandia /Reino Unido	77°38'S, 166°24'E	Rec. VII-9
17.	Cruz en el Cerro Wind Vane, Cabo Evans, Isla Ross, erigido por el grupo del Mar de Ross comandado por el Capitán Aeneas Mackintosh, de la expedición transantártica imperial de Sir Ernest Shackleton de 1914-1916, para recordar a los 3 miembros de la tripulación que murieron en la zona en 1916. Sitio que forma parte de la ZAEP 155 Partes proponentes originales: Nueva Zelandia /Reino Unido Partes encargadas de la gestión: Nueva Zelandia /Reino Unido	77°38'S, 166°24'E	Rec. VII-9
18.	Cabaña en Punta Hut, Isla Ross, construida en febrero de 1902 por la Expedición antártica británica de 1901-04, comandada por el Capitán Robert F. Scott. Fue parcialmente restaurada por la New Zealand Antarctic Society, con ayuda del gobierno norteamericano en enero de 1964. Sitio que forma parte de la ZAEP 158 Partes proponentes originales: Nueva Zelandia/Reino Unido Partes encargadas de la gestión: Nueva Zelandia/Reino Unido	77°50'S, 166°37'E	Rec. VII-9
19.	Cruz en Punta Hut, Isla Ross, erigida en febrero de 1904 por la expedición antártica británica de 1901-04, recordando a George Vince, miembro de la expedición, quien muriera en la vecindad. Partes proponentes originales: Nueva Zelandia/Reino Unido Partes encargadas de la gestión: Nueva Zelandia/Reino Unido	77°50'S, 166°37'E	Rec. VII-9

	Descripción	Ubicación	Designación/ Modificación
20.	Cruz en la Colina Observación, Isla Ross, erigida en enero de 1913 por la expedición antártica británica de 1910-13, recordando el grupo del Capitán Robert F. Scott que muriera en el viaje de regreso del Polo sur en marzo 1912. Partes proponentes originales: Nueva Zelandia/Reino Unido Partes encargadas de la gestión: Nueva Zelandia/Reino Unido	77°51'S, 166°41'E	Rec. VII-9
21.	Restos de la cabaña de piedra de Cabo Crozier, Isla Ross, construida en julio de 1911 por el grupo de Edward Wilson de la expedición antártica británica (1910-13) durante el viaje invernal realizado para recolectar huevos de pingüino emperador. Parte proponente original: Nueva Zelandia Partes encargadas de la gestión: Nueva Zelandia/Reino Unido	77°31'S, 169°22'E	Rec. VII-9
22.	Tres cabañas y reliquias históricas afines en Cabo Adare. Dos de ellas fueron construidas en febrero de 1899 durante la expedición antártica británica "Cruz del Sur", en 1898-1900, dirigida por Carsten E. Borchgrevink. La tercera fue construida en febrero de 1911 por los miembros del Grupo norte de Robert F. Scott, dirigidos por Victor L.A.Campbell. La cabaña construida por los miembros del Grupo norte de Scott se ha desmoronado en su casi totalidad, quedando en 2002 en pie solamente la galería. Sitio que forma parte de la ZAEP 159. Partes proponentes originales: Nueva Zelandia/Reino Unido Partes encargadas de la gestión: Nueva Zelandia/Reino Unido	71°18'S, 170°12'E	Rec. VII-9
23.	Tumba en Cabo Adare, perteneciente al biólogo noruego Nicolai Hanson, miembro de la expedición antártica británica "Cruz del Sur", 1898-1900, dirigida por Carsten E. Borchgrevink. Hay una gran roca que marca la cabeza de la tumba, y esta misma está marcada por piedras de cuarzo blanco. Hay una cruz y una placa en la roca. Partes proponentes originales: Nueva Zelandia/ Reino Unido Partes encargadas de la gestión: Nueva Zelandia/Noruega	71°17'S, 170°13'E	Rec. VII-9
24.	Mojón de rocas, conocido como el 'mojón de Amundsen', en Monte Betty, Tierra de la Reina Maud erigida por Roald Amundsen el 6 de enero de 1912, cuando regresaba del polo sur a Framheim. Parte proponente original: Noruega Parte encargada de la gestión: Noruega	85°11'S, 163°45'W	Rec. VII-9

	Descripción	**Ubicación**	**Designación/ Modificación**
25.	*Suprimido de la lista.*		
26.	Instalaciones abandonadas de la estación argentina 'General San Martin' en la Isla Barry, Islas Debenham, Bahía Margarita, con una cruz, un asta de bandera, y un monolito construido en 1951. Parte proponente original: Argentina Parte encargada de la gestión: Argentina	68°08'S, 67°08'W	Rec. VII-9
27.	Mojón con una réplica de una placa de plomo erigida en 1909 en Cerro Megalestris, Isla Petermann, por la segunda expedición francesa dirigida por Jean-Baptiste E. A. Charcot. La placa original se encuentra en el depósito del Museo Nacional de Historia Natural de París. Partes proponentes originales: Argentina/Francia/Reino Unido Partes encargadas de la gestión: Francia /Reino Unido	65°10'S, 64°09'W	Rec. VII-9
28.	Mojón de rocas en Puerto Charcot, Isla Booth, con un pilar y una placa de madera en donde están gravados los nombres de los miembros de la primera expedición francesa dirigida por Jean-Baptiste E. A. Charcot que pasara el invierno aquí, en 1904, a bordo del buque Le Français. Parte proponente original: Argentina Partes encargadas de la gestión: Argentina/Francia	65°03'S, 64°01'W	Rec. VII-9
29.	Faro bautizado 'Primero de Mayo' construido en 1942 por la Argentina en Isla Lambda, Islas Melchior. Fue el primer faro argentino de la Antártida. Parte proponente original: Argentina Parte encargada de la gestión: Argentina	64°18'S, 62°59'W	Rec. VII-9
30.	Refugio de Puerto Paraíso construido en 1950 cerca de la base chilena 'Gabriel González Videla' en honor a Gabriel González Videla, el primer Jefe de Estado que haya visitado la Antártida. El refugio es un ejemplo representativo de la actividad anterior al AGI y constituye una conmemoración nacional importante. Parte proponente original: Chile Parte encargada de la gestión: Chile	64°49'S, 62°51'W	Rec. VII-9
31.	*Suprimido de la lista.*		

	Descripción	Ubicación	Designación/ Modificación
32.	Monolito de hormigón construido en 1947, cerca de la base Capitán Arturo Prat en Isla Greenwich, Islas Shetland del Sur. Punto de referencia de los estudios hidrográficos antárticos chilenos. El monolito es representativo de la actividad importante previa al AGI y en la actualidad su preservación y mantenimiento están a cargo del personal de la base Prat. Parte proponente original: Chile Parte encargada de la gestión: Chile	62°28'S, 59°40'W	Rec. VII-9
33.	Refugio y cruz con placa próximos a la base Capitán Arturo Prat (Chile), Isla Greenwich, Islas Shetland del Sur. Construido para recordar al teniente coronel González Pacheco, quien muriera en 1960 cuando comandaba la estación. El monumento recuerda los acontecimientos relacionados con una persona cuyo papel y las circunstancias de la muerte tienen un valor simbólico y pueden potencialmente enseñar a la gente cuáles son las actividades humanas significativas que se pueden realizar en la Antártida. Parte proponente original: Chile Parte encargada de la gestión: Chile	62°29'S, 59°40'W	Rec. VII-9
34.	Busto en la base Capitán Arturo Prat (Chile), Isla Greenwich, Islas Shetland del Sur, del héroe naval chileno Arturo Prat, erigido en 1947. El monumento es representativo de la actividad importante previa al AGI y tiene un valor simbólico en el contexto de la presencia chilena en la Antártida. Parte proponente original: Chile Parte encargada de la gestión: Chile	62°50'S, 59°41'W	Rec. VII-9
35.	Cruz y estatua de madera de la Virgen del Carmen erigida en 1947 cerca de la base Capitán Arturo Prat (Chile), Isla Greenwich, Islas Shetland del Sur. El monumento es representativo de la actividad importante previa al AGI y tiene un especial valor simbólico y arquitectónico. Parte proponente original: Chile Parte encargada de la gestión: Chile	62°29'S, 59°40'W	Rec. VII-9
36.	Réplica de una placa de metal colocada por Eduard Dallmann en Caleta Potter, Isla 25 de Mayo, para recordar la visita de su expedición alemana el 1° de marzo de 1874 a bordo del Grönland. Partes proponentes originales: Argentina/Reino Unido Partes encargadas de la gestión: Argentina/Alemania	62°14'S, 58°39'W	Rec. VII-9

	Descripción	Ubicación	Designación/ Modificación
37.	Sitio Histórico O'Higgins ubicado en el cabo Legoupil, Península Antártica y que comprende las siguientes estructuras de valor histórico: • "Busto del Capitán General Bernardo O´Higgins Riquelme", erigido en 1948 frente a la base conocida bajo ese nombre. El General O´Higgins fue el primero de los mandatarios chilenos en señalar la importancia de la Antártida. Tiene un significado simbólico en la historia de las exploraciones antárticas ya que fue precisamente durante el gobierno de O'Higgins que el buque Dragón llegó a las costas de la Península Antártica, en 1820. Este monumento además es representativo de las importantes actividades previas al Año Geofísico Internacional (AGI) realizada en la Antártida. (63°19'14.3" S / 57°53'53.9"O) • Antigua Base Antártica "Capitán General Bernardo O'Higgins Riquelme", inaugurada el 18 de febrero de 1948 por el Presidente de la República de Chile, Don Gabriel González Videla, primer presidente del mundo en visitar la Antártida. Considerada como un ejemplo representativo de una base pionera en el período moderno de la exploración antártica. (63°19' Sur / 57°54'O) Placa en la memoria de los Tenientes Oscar Inostroza Contreras y Sergio Ponce Torrealba, caídos en el Continente Antártico por la paz y la ciencia, el 12 de agosto de 1957 (63°19'15.4" S / 57°53'52.9"O) • Gruta de la Virgen del Carmen, ubicada en los alrededores de la base, construida hace aproximadamente cuarenta años, que ha servido como lugar de recogimiento espiritual al personal integrante de las diferentes estaciones y expediciones antárticas. (63°19'15,9" Sur / 57°54'03,2"W) Parte proponente original: Chile Parte encargada de la gestión: Chile	63°19'S, 57°54'W	Rec. VII-9 Medida 11(2012)
38.	Cabaña de madera en la isla Snow Hill construida en febrero de 1902 por el cuerpo principal de la expedición sueca al Polo sur dirigida por Otto Nordenskjöld. Partes proponentes originales: Argentina/ Reino Unido Partes encargadas de la gestión: Argentina/Suecia	64°22'S, 56°59'W	Rec. VII-9

	Descripción	Ubicación	Designación/ Modificación
39.	Cabaña de piedra en Bahía Esperanza, Península Trinidad, construida en enero de 1903 por uno de los cuerpos de la expedición sueca al Polo sur. Partes proponentes originales: Argentina/Reino Unido Partes encargadas de la gestión: Argentina/Suecia	63°24'S, 56°59' W	Rec. VII-9
40.	Busto del General San Martín, pequeña gruta con una estatua de la Virgen de Luján, y un asta de bandera en la base 'Esperanza', Bahía Esperanza, erigida por la Argentina en 1955; junto con un cementerio y una estela que recuerda los miembros de las expediciones argentinas que murieron en la zona. Parte proponente original: Argentina Parte encargada de la gestión: Argentina	63°24'S, 56°59'W	Rec. VII-9
41.	Cabaña de piedra en Isla Paulet construida en febrero de 1903 por los sobrevivientes del buque naufragado Antarctic dirigido por el Capitán Carl A. Larsen, miembros de la expedición sueca al Polo sur dirigida por Otto Nordenskjöld, junto con una tumba perteneciente a un miembro de la expedición y el mojón de rocas construido por los sobrevivientes del naufragio en el punto más alto de la isla para llamar la atención de las expediciones de rescate. Partes proponentes originales: Argentina/Reino Unido Partes encargadas de la gestión: Argentina/Suecia/ Noruega	63°34'S, 55°45'W	Rec. VII-9 Medida 5 (1997)
42.	Zona de Bahía Scotia, Isla Laurie, Islas Orcadas del Sur, en la que se encuentra lo siguiente: cabaña de piedra construida en 1903 por la expedición antártica escocesa dirigida por William S. Bruce; la cabaña meteorológica y el observatorio magnético de Argentina, construidos en 1905 y conocidos como la Casa Moneta; y un cementerio con 12 tumbas, de las que la más antigua data de 1903. Parte proponente original: Argentina Partes encargadas de la gestión: Argentina/Reino Unido	60°46'S, 44°40'W	Rec. VII-9
43.	Cruz erigida en 1955, a una distancia de 1.300 metros al noreste de la Estación argentina General Belgrano I y que en 1979 pasara a la estación Belgrano II (Argentina), Nunatak Bertrab, Costa Confín, Tierra de Coats. Parte proponente original: Argentina Parte encargada de la gestión: Argentina	77°52'S, 34°37'W	Rec. VII-9

	Descripción	Ubicación	Designación/ Modificación
44.	Placa colocada en la estación temporaria india de 'Dakshin Gangotri', Princesa Astrid Kyst, Tierra de la Reina Maud, que contiene los nombres de los miembros de la primera expedición antártica de la India que desembarcara cerca de este lugar el 9 de enero de 1982. Parte proponente original: India Parte encargada de la gestión: India	70°45'S, 11°38'E	Rec. XII-7
45.	Placa en la Isla Brabant, en Punta Metchnikoff, colocada a una altura de 70 m en la cima de una morrena que separa esta punta del glaciar y que contiene la inscripción siguiente: Este monumento fue construido por François de Gerlache y otros miembros de la Expedición de los servicios conjuntos de 1983-85 para recordar el primer desembarque en Isla Brabant por parte de la expedición antártica belga de 1897-99: Adrien de Gerlache (Bélgica) líder, Roald Amundsen (Noruega), Henryk Arctowski (Polonia), Frederick Cook (Estados Unidos) y Emile Danco (Bélgica) acamparon en la vecindad del 30 de enero al 6 de febrero de 1898. Parte proponente original: Bélgica Parte encargada de la gestión: Bélgica	64°02'S, 62°34'W	Rec. XIII-16
46.	Todos los edificios e instalaciones de la base Puerto Martin, Tierra Adelia, construidos en 1950 por la 3ª expedición francesa a Tierra Adelia y que fueran parcialmente destruidos por el incendio desatado en la noche del 23 al 24 de enero de 1952. Parte proponente original: Francia Parte encargada de la gestión: Francia	66°49'S, 141°24'E	Rec. XIII-16
47.	Construcción de madera llamada 'Base Marret' en la Isla de los Petreles, Tierra Adelia, en la que siete hombres bajo el liderazgo de Mario Marret pasaran el invierno de 1952 después del incendio de la base de Puerto Martin. Parte proponente original: Francia Parte encargada de la gestión: Francia	66°40'S, 140°01'E	Rec. XIII-16

		Descripción	Ubicación	Designación/ Modificación
48.		Cruz de hierro en el promontorio nordeste de la Isla de los Petreles, Tierra Adelia, dedicada a la memoria de André Prudhomme, jefe de los meteorólogos durante la expedición del 3er Año Geofísico Internacional que desapareciera el 7 de enero de 1959 durante una ventisca. Parte proponente original: Francia Parte encargada de la gestión: Francia	66°40'S, 140°01'E	Rec. XIII-16
49.		El pilar de hormigón construido por la primera expedición antártica polaca en la estación Dobrolowski en Cerro Bunger para medir la aceleración debida a la gravedad $g = 982.439,4$ mgal $\pm 0,4$ mgal con relación a Varsovia, de conformidad con el sistema Potsdam, en enero de 1959. Parte proponente original: Polonia Parte encargada de la gestión: Polonia	66°16'S, 100°45'E	Rec. XIII-16
50.		Una placa de bronce con el Águila de Polonia, emblema nacional de Polonia, las fechas 1975 y 1976, y el texto siguiente en polaco, inglés y ruso: En recuerdo del desembarque de los miembros de la primera expedición polaca de investigación marina antártica a bordo de los buques 'Profesor Siedlecki' y 'Tazar' en febrero de 1976. Esta placa, al sudoeste de las estaciones chilena y soviética, está colocada en un acantilado que da a Bahía Maxwell, Península Fildes, Isla 25 de Mayo. Parte proponente original: Polonia Parte encargada de la gestión: Polonia	62°12'S, 59°01'W	Rec. XIII-16
51.		Tumba de Wlodzimierz Puchalski, coronada por una cruz de hierro, en una colina al sur de la estación Arctowski en la Isla 25 de Mayo. W. Puchalski era un artista y productor de películas documentales sobre la naturaleza, quien murió el 19 de enero de 1979 cuando estaba trabajando en la estación. Parte proponente original: Polonia Parte encargada de la gestión: Polonia	62°13'S, 58°28'W	Rec. XIII-16

	Descripción	Ubicación	Designación/ Modificación
52.	Monolito erigido para conmemorar la instalación el 20 de febrero de 1985 de la "Estación de la Gran Muralla" por parte de la República Popular China. Se encuentra en la Península Fildes, Isla 25 de Mayo, en las Islas Shetland del Sur. Dicho monolito tiene grabado la siguiente inscripción, en chino: 'Estación de la Gran Muralla, primera expedición antártica china de investigación, el 20 de febrero de 1985'. Parte proponente original: China Parte encargada de la gestión: China	62°13'S, 58°58'W	Rec. XIII-16
53.	Busto del Capitán Luis Alberto Pardo, monolito y placas en "Punta Wild, Isla Elefante, islas Shetland del Sur, para recordar el rescate de los sobrevivientes del buque británico Endurance por el rompehielos Yelcho de la Armada chilena, con las siguientes palabras: " Aquí, el 30 de agosto de 1916, el rompehielos Yelcho de la Armada chilena, bajo las órdenes del Piloto Luis Pardo Villalón, rescató a los 22 hombres de la Expedición Shackleton que sobrevivieron al naufragio del 'Endurance' viviendo durante cuatro meses y medio en esta isla." El monolito y las placas han sido colocados en Isla Elefante y sus réplicas en las bases chilenas Capitán Arturo Prat (62°30'S, 59°49'W) y Presidente Eduardo Frei (62°12'S, 62°12'W). Los bustos de bronce del Piloto Luis Pardo Villalon fueron colocados en los tres monolitos mencionados anteriormente durante la XXIVa Expedición científica chilena a la Antártida en 1987-88. Parte proponente original: Chile Parte encargada de la gestión: Chile	61°03'S, 54°50'W	Rec. XIV-8 Rec. XV-13
54.	Monumento Histórico Richard E. Byrd, Estación McMurdo, Antártida. Busto de bronce sobre mármol negro, de 1,50 m de alto por 60 cm de lado, sobre una plataforma de madera, con inscripciones que describen los logros polares de Richard Evelyn Byrd. Erigido en la estación McMurdo en 1965. Parte proponente original: Estados Unidos Parte encargada de la gestión: Estados Unidos	77°51'S, 166°40'E	Rec. XV-12

	Descripción	Ubicación	Designación/ Modificación
55.	Base oriental, Antártida, Isla Stonington. Construcciones y elementos de la Base oriental, Isla Stonington y aledaños. Estas estructuras fueron construidas durante dos expediciones invernales norteamericanas: la del Antarctic Service Expedition (1939-1941) y la Ronne Antarctic Research Expedition (1947-1948). La dimensión de la zona histórica es de unos 1.000 m en el sentido norte-sur (desde la playa hasta el Glaciar Nordeste adyacente a la Bahía Back) por unos 500 m en el sentido este-oeste. Parte proponente original: Estados Unidos Parte encargada de la gestión: Estados Unidos	68°11'S, 67°00'W	Rec. XIV-8
56.	Punta Waterboat, Costa Danco, Península Antártica. Se trata de los restos y los aledaños inmediatos de la cabaña de Punta Waterboat. Fue ocupada por la expedición del Reino Unido compuesta por dos hombres, Thomas W. Bagshawe y Maxime C. Lester en 1921-22. En la actualidad subsisten únicamente la base del buque, las fundaciones de las jambas de las puertas y un trazado de la cabaña y su terreno. Se encuentra cerca de la estación chilena 'Presidente Gabriel González Videla'. Parte proponente original: Chile/Reino Unido Partes encargadas de la gestión: Chile/Reino Unido	64°49'S, 62°51'W	Rec. XVI-11
57.	Placa conmemorativa en 'Bahía Yankee' (Puerto Yankee), Estrecho MacFarlane, Isla Greenwich, Islas Shetland del Sur. Cerca del refugio chileno. Erigida para recordar al Capitán Andrew MacFarlane, quien explorara en 1820 la zona de la Península Antártica en el bergantín Dragon. Partes proponentes originales: Chile/Reino Unido Partes encargadas de la gestión: Chile/Reino Unido	62°32'S, 59°45'W	Rec. XVI-11
58.	*Suprimido de la lista.*		
59.	Mojón en Playa Half Moon, Cabo Shirreff, Isla Livingston, Islas Shetland del Sur y una placa en 'Cerro Gaviota', del otro lado de los islotes de San Telmo en conmemoración de los oficiales, soldados y marinos a bordo del buque español San Telmo que se hundiera en septiembre de 1819: probablemente se trate de las primeras personas en haber vivido y muerto en la Antártida. Sitio que forma parte de la ZAEP 149. Partes proponentes originales: Chile/España/Perú Partes encargadas de la gestión: Chile/España/Perú	62°28'S, 60°46'W	Rec. XVI-11

	Descripción	Ubicación	Designación/ Modificación
60.	Placa y mojón de madera ubicados en Bahía Pingüino, costa meridional de la Isla Seymour (Marambio), Archipiélago James Ross. Esta placa fue colocada el 10 de noviembre de 1903 por la tripulación de una misión de rescate de la corbeta argentina Uruguay en el lugar en el cual se encontraron con los miembros de la expedición sueca dirigida por el Dr. Otto Nordenskjöld. El texto de la placa de madera reza así: "10.XI.1903 Uruguay (Armada Argentina) en su viaje para brindar asistencia a la expedición antártica sueca." En enero 1990, Argentina erigió un mojón de rocas en el lugar en el que se encuentra la placa para recordar este acontecimiento. Parte proponente original: Argentina Partes encargadas de la gestión: Argentina/Suecia	64°16'S, 56°39'W	Rec. XVII-3
61.	'Base A' en Puerto Lockroy, Isla Goudier, frente a la Isla Wiencke, Península Antártica. Tuvo su importancia histórica como base de la Operación Tabarin a partir de 1944 y por la investigación científica allí realizada, incluidas las primeras mediciones de la ionosfera, así como la primera grabación de un silbido atmosférico, de la Antártida. Puerto Lockroy tuvo un papel clave como sitio de vigilancia durante el Año Geofísico Internacional 1957/58. Parte proponente original: Reino Unido Parte encargada de la gestión: Reino Unido	64°49'S, 63°29'W	Medida 4 (1995)
62.	'Base F (Wordie House)' en Isla Winter, Islas Argentinas. De importancia histórica como ejemplo de una de las primeras bases científicas británicas. Parte proponente original: Reino Unido Partes encargadas de la gestión: Reino Unido/Ucrania	65°15'S, 64°16'W	Medida 4 (1995)
63.	'Base Y' en Isla Horseshoe, Bahía Margarita, Tierra de Graham occidental. Es digna mención como base científica británica de fines de la década de los 1950 relativamente inalterada y totalmente equipada. 'Blaiklock', la cabaña refugio cercana, es considerada como perteneciente a la base. Parte proponente original: Reino Unido Parte encargada de la gestión: Reino Unido	67°48'S, 67°18'W	Medida 4 (1995)

	Descripción	Ubicación	Designación/ Modificación
64.	'Base E' en Isla Stonington, Bahía Margarita, Tierra de Graham occidental. De significado histórico del primer período de exploraciones y luego de la historia del British Antarctic Survey (BAS) de los años 1960 y 1970. Parte proponente original: Reino Unido Parte encargada de la gestión: Reino Unido	68°11'S, 67°00'W	Medida 4 (1995)
65.	Poste de mensajes, Isla Svend Foyn, Islas Posesión. El 16 de enero de 1895 se colocó un poste en la isla con una caja amarrada a él durante la expedición ballenera de Henryk Bull y el Capitán Leonard Kristensen del buque Antarctic. La expedición antártica británica de 1898-1900 lo examinó y lo encontró intacto. Luego fue avistado desde la playa por el buque USS Edisto en 1956 y el USCGS Glacier en 1965. Partes proponentes originales: Nueva Zelandia/Noruega/ Reino Unido Partes encargadas de la gestión: Nueva Zelandia/ Noruega	71°56'S, 171°05'W	Medida 4 (1995)
66.	Mojón de Prestrud, Nunataks de Scott, Montañas Alexandra, Península Edward VII. El pequeño mojón de rocas fue erigido por el teniente K. Prestrud al pié del farallón principal del lado septentrional de los nunataks, el 3 de diciembre de 1911 durante la expedición antártica noruega de 1910-1912. Partes proponentes originales: Nueva Zelandia/ Noruega/ Reino Unido Partes encargadas de la gestión: Nueva Zelandia/Noruega	77°11'S, 154°32'W	Medida 4 (1995)
67.	Refugio de rocas, 'Granite House', Cabo Geology, Granite Harbour. Este refugio fue construido en 1911 para ser utilizado como cocina de campaña de la segunda excursión geológica de Griffith Taylor durante la expedición antártica británica de 1910-1913. Cerrado en tres de sus lados por paredes de rocas graníticas y usaba un trineo como soporte de un techo realizado a base de piel de foca. Las paredes de piedra del refugio se han desmoronado en parte. El refugio contiene algunos restos corroídos de latas, una piel de foca y un segmento de soga. El trineo se encuentra en la actualidad a 50 m del refugio en dirección del mar y de él quedan algunos fragmentos desperdigados de madera, correas y hebillas. Sitio que forma parte de la ZAEP 154. Partes proponentes originales: Nueva Zelandia/Noruega/ Reino Unido Partes encargadas de la gestión: Nueva Zelandia/Reino Unido	77°00'S, 162°32'E	Medida 4 (1995)

	Descripción	Ubicación	Designación/ Modificación
68.	Lugar de depósito en la morrena de Hells Gate, Isla Inexpresable, Bahía Terra Nova. Este depósito de emergencia consistía en un trineo cargado con suministros y equipos colocados allí el 25 de enero de 1913 por la expedición antártica británica, 1910-1913. En 1994 se retiraron el trineo y los suministros para frenar su deterioro. Partes proponentes originales: Nueva Zelandia/Noruega/ Reino Unido Partes encargadas de la gestión: Nueva Zelandia/Reino Unido	74°52'S, 163°50'E	Medida 4 (1995)
69.	Poste de mensajes en Cabo Crozier, Isla Ross, colocado el 22 de enero de 1902 por la expedición Discovery del Capitán Robert F. Scott (1901-04). Servía para dar información a los buques de suministro de la expedición, y contaba con un cilindro metálico para los mensajes, el cual desde entonces ha sido retirado. Sitio que forma parte de la ZAEP 124 Partes proponentes originales: Nueva Zelandia/Noruega/ Reino Unido Partes encargadas de la gestión: Nueva Zelandia/Reino Unido	77°27'S, 169°16'E	Medida 4 (1995)
70.	Poste de mensajes en Cabo Wadworth, Isla Coulman. Se trata de un cilindro metálico clavado sobre un poste rojo a una altura de 8 m por encima del nivel del mar y colocado allí por el Capitán Robert F. Scott el 15 de enero de 1902. También pintó de rojo y blanco las rocas ubicadas detrás del poste para que fuera más visible. Partes proponentes originales: Nueva Zelandia/Noruega/ Reino Unido Partes encargadas de la gestión: Nueva Zelandia/Reino Unido	73°19'S, 169°47'E	Medida 4 (1995)

	Descripción	Ubicación	Designación/ Modificación
71.	Caleta Balleneros, Isla Decepción, Islas Shetland del Sur. El sitio abarca todos los restos anteriores a 1970 de las orillas de Caleta Balleneros, incluidos los del primer período de los balleneros (1906-12) iniciado por el Capitán Adolfus Andresen de la Sociedad Ballenera de Magallanes, Chile; los restos de la estación ballenera noruega Hektor establecida en 1912 y todos los elementos vinculados a esta operación hasta 1931; el sitio de un cementerio con sus 35 tumbas y un monumento que recuerda los 10 hombres perdidos en el mar; así como lo que queda de las actividades científicas y de cartografía de Gran Bretaña (1944-1969). El sitio también reconoce y conmemora el valor histórico de otros acontecimientos ocurridos en el lugar, de los que nada quedó. Partes proponentes originales: Chile/ Noruega Partes encargadas de la gestión: Chile/Noruega/Reino Unido	62°59'S, 60°34'W	Medida 4 (1995)
72.	Mojón de Mikkelsen, Islas Tryne, Cerro Vestfold. Se trata de un mojón de rocas y un mástil de madera erigidos por el contingente a cargo del Capitán Klarius Mikkelsen del buque ballenero noruego Thorshavn y al que pertenecía Caroline Mikkelsen, esposa del Capitán Mikkelsen, la primera mujer en haber puesto un pie en la Antártida oriental. El mojón fue descubierto por los contingentes de la expedición científica antártica de Australia de 1957 y luego de 1995. Partes proponentes originales: Australia/Noruega Partes encargadas de la gestión: Australia/Noruega	68°22'S 78°24'E	Medida 2 (1996)
73.	Cruz que recuerda las víctimas del accidente aéreo de 1979 en Monte Erebus, Bahía Lewis, Isla Ross. Se trata de una cruz de acero inoxidable erigida en enero de 1987 en un promontorio rocoso a tres kilómetros del lugar del accidente aéreo propiamente dicho en Monte Erebus para recordar a las 257 personas de distintas nacionalidades que perdieran la vida cuando la aeronave en la que viajaban se estrelló contra las colinas inferiores del Monte Erebus, Isla Ross. La cruz fue erigida como marca de respeto y recuerdo de aquellos que murieron en la tragedia. Parte proponente original: Nueva Zelandia Parte encargada de la gestión: Nueva Zelandia	77°25' S, 167°27' E	Medida 4 (1997)

	Descripción	Ubicación	Designación/ Modificación
74.	Caleta sin nombre ubicada en la costa sudoeste de Isla Elefante, que incluye la playa (entre los límites de pleamar y bajamar) y la zona intercotidal, en la que se encuentran los restos de un gran navío de madera. Parte proponente original: Reino Unido Parte encargada de la gestión: Reino Unido	61°14' S, 55°22' W	Medida 2 (1998)
75.	Cabaña A de la Base Scott, la única construcción que queda de la Expedición transantártica de 1956/1957 en la Antártida, ubicada en Punta Pram, Isla Ross, Región del Mar de Ross, Antártida. Parte proponente original: Nueva Zelandia Parte encargada de la gestión: Nueva Zelandia	77°51' S, 166°46' E	Medida 1 (2001)
76.	Las ruinas de la Estación Base Pedro Aguirre Cerda, centro meteorológico y vulcanológico chileno ubicado en Caleta Pendulum, Isla Decepción, Antártida, que fuera destruido por las erupciones volcánicas de 1967 y 1969. Parte proponente original: Chile Parte encargada de la gestión: Chile	62°59'S, 60°40'W	Medida 2 (2001)
77.	Cabo Denison, Bahía Commonwealth, Tierra de Jorge V, incluido Puerto Boat y los artefactos históricos contenidos en sus aguas. Este sitio está contenido en la ZAEA N° 3, designada por medio de la Medida 1 (2004). Una parte de este sitio está contenida también en la ZAEP N° 162, designada por medio de la Medida 2 (2004). Parte proponente original: Australia Parte a cargo de la gestión: Australia	67°00'30'' S, 142°39'40''W	Medida 3 (2004)
78.	Placa conmemorativa colocada en Punta India, montañas de Humboldt, macizo Wohlthat, región central de la Tierra de la Reina Maud, en memoria de tres científicos del Centro de Levantamientos Estratigráficos de la India y un técnico en comunicaciones de la Marina de la India, integrantes de la Novena Expedición de la India a la Antártida, que sacrificaron su vida en este campamento de montaña en un accidente ocurrido el 8 de enero de 1990. Parte proponente original: India Parte a cargo de la gestión: India.	71° 45' 08'' S, 11° 12' 30'' E	Medida 3 (2004)

	Descripción	Ubicación	Designación/ Modificación
79.	Cabaña Lillie Marleen, monte Dockery, cordillera Everett, Tierra de Victoria septentrional. Erigida en apoyo del trabajo realizado por la expedición antártica alemana a la Tierra de Victoria septentrional (GANOVEX I) en 1979/1980. La cabaña es un contenedor para vivac hecho de unidades prefabricadas de fibra de vidrio aisladas con espuma de poliuretano, cuyo nombre deriva del glaciar Lillie y la canción "Lili Marleen". La cabaña está estrechamente asociada con el dramático hundimiento del buque "Gotland II" de la expedición GANOVEX II, en diciembre de 1981. Parte proponente original: Alemania Parte a cargo de la gestión: Alemania	71°12'S, 164°31'E	Medida 5 (2005)
80.	Tienda de campaña de Amundsen. La tienda de campaña fue erigida a 90°S por el grupo de exploradores noruegos encabezados por Roald Amundsen a su llegada al Polo Sur el 14 de diciembre de 1911. La tienda de campaña está actualmente sepultada en la nieve y el hielo en las inmediaciones del Polo Sur. Parte proponente original: Noruega Parte a cargo de la gestión: Noruega	Inmediacio-nes de 90°S	Medida 5 (2005)
81.	Rocher du Débarquement, Tierra Adelia. El sitio Rocher du Débarquement (Roca del Desembarco) es una isla pequeña donde desembarcó el Almirante Dumont D'Urville con su tripulación el 21 de enero de 1840 cuando descubrió la Tierra Adelia. Parte proponente original: Francia Parte a cargo de la gestión: Francia	66° 36 30 ' S, 140° 03 85' E	Medida 3 (2006)

	Descripción	Ubicación	Designación/ Modificación
82.	Monumento al Tratado Antártico y Placa. Este Monumento se encuentra cerca de las bases Frei, Bellingshausen y Escudero, Península Fildes, Isla Rey Jorge (Isla 25 de Mayo). La placa al pie del monumento conmemora a los signatarios del Tratado Antártico. Este Monumento tiene cuatro placas en los idiomas oficiales del Tratado Antártico. Las placas fueron instaladas en febrero de 2011 y llevan la siguiente leyenda: "Este monumento histórico, dedicado a la memoria de los signatarios del Tratado Antártico, Washington D.C., 1959, también sirve de recordatorio del legado del Primer y Segundo Años Polares Internacionales (1882-1883 y 1932-1933) y del Año Geofísico Internacional (1957-1958) que precedieron al Tratado Antártico, y recuerda el patrimonio de Cooperación Internacional que llevó al Año Polar Internacional 2007-2008." Este monumento fue diseñado y construido por el estadounidense Joseph W. Pearson, quien lo ofreció a Chile. Fue inaugurado en 1999, con ocasión del 40° aniversario de la firma del Tratado Antártico."[22] Parte proponente original: Chile Parte a cargo de la gestión: Chile	62° 12′ 01" S, 58° 57′ 41" W	Medida 3 (2007) Medida 11 (2011)
83.	Base "W", isla Detaille, fiordo Lallemand, Costa Loubet. La Base "W" está situada en un istmo angosto en el extremo septentrional de la isla Detaille, fiordo Lallemand, Costa Loubet. El sitio consiste en una cabaña, diversas estructuras afines y anexos, entre ellos un pequeño depósito de suministros para situaciones de emergencia, casetas para perros, una torre de anemómetro y dos mástiles tubulares de acero estándar (uno al sudoeste de la cabaña principal y otro al este). La Base "W" fue emplazada en 1956 como base científica británica, principalmente para levantamientos y estudios de geología y meteorología, y para contribuir al Año Geofísico Internacional de 1957. La Base "W", que permanece relativamente inalterada desde fines de los años cincuenta, es un recordatorio importante de las condiciones de vida y las actividades científicas de la época en que se firmó el Tratado Antártico, hace 50 años. Parte proponente original: Reino Unido Parte a cargo de la gestión: Reino Unido	66°52'S, 66°48'W	Medida 14 (2009)

	Descripción	Ubicación	Designación/ Modificación
84.	Cabaña de la punta Damoy, bahía Dorian, isla Wiencke, archipiélago Palmer. El sitio, que está en la punta Damoy, bahía Dorian, isla Wiencke, archipiélago Palmer, consiste en una cabaña bien conservada, con equipo científico y otros artefactos en su interior. La cabaña fue construida en 1973 y se usó durante varios años como instalación aérea de verano y como estación de tránsito para el personal científico. Estuvo ocupada por última vez en 1993. Parte proponente original: Reino Unido Parte a cargo de la gestión: Reino Unido	64°49'S, 63°31'W	Medida 14 (2009)
85.	Placa conmemorativa de la central nuclear PM-3A de la Estación McMurdo. Esta placa de bronce tiene alrededor de 45 x 60 cm y está sujeta a una piedra vertical grande en la Estación McMurdo, donde antes funcionaba el reactor nuclear PM-3A. Está aproximadamente a mitad de camino entre el pie y la cima del cerro Observation, en el lado oeste. En el texto de la placa se detallan los logros de la central nuclear PM-3A, la primera de la Antártida. Parte proponente original: Estados Unidos Parte a cargo de la gestión: Estados Unidos	77° 51' S; 166° 41' E	Medida 15 (2010)
86.	Edificio N° 1 de la Estación Gran Muralla. El Edificio N° 1, construido en 1985 con una superficie útil de 175 metros cuadrados, se ubica al centro la Estación Antártica China Gran Muralla, ubicada en la Península Fildes, Isla Rey Jorge, Islas Shetland del Sur, Antártida Occidental. El edificio marcó el comienzo de la dedicación de China a la investigación antártica en los años 80, por lo cual es de gran importancia para la conmemoración de la expedición china a la Antártida. Parte proponente original: China Parte a cargo de la gestión: China	62°13'4"S, 58°57'44" W	Medida 12 (2011)

	Descripción	**Ubicación**	**Designación/ Modificación**
87.	Ubicación de la primera estación de investigación alemana permanente ocupada en la Antártida, "Georg Forster", en el oasis Schirmacher, Tierra de la Reina Maud. El sitio original se sitúa en el oasis de Schirmacher y se señaló mediante una placa de bronce conmemorativa que reza en idioma alemán: Antarktisstation Georg Forster 70° 46' 39" S 11° 51' 03" E von 1976 bis 1996 La placa se encuentra bien conservada y está fijada a la pared de una roca en el extremo sur de la ubicación. Esta estación de investigación antártica se inauguró el 21 de abril de 1976 y se cerró en 1993. Todo el lugar ha sido limpiado por completo una vez desmantelada correctamente la estación el 12 de febrero de 1996. El lugar se encuentra aproximadamente a 1,5 km al este de la actual estación de investigación rusa en la Antártida de Novolazarevskaya. Parte de la propuesta original: Alemania Parte encargada de la gestión: Alemania	70°46' 39" S 11°51' 03" E (Elevación: 141 metros sobre el nivel del mar)	Medida 18 (2013)
88.	Edificio del complejo de perforación del Profesor Kudryashov. El edificio del complejo se construyó en la temporada estival de 1983-84. Bajo la dirección del Profesor Boris Kudryashov, Se obtuvieron muestras de hielo de la antigua tierra firme. Parte de la propuesta original: Federación Rusa Parte encargada de la gestión: Federación Rusa	78° 28' S 106° 48' E (altura sobre el nivel del mar: 3.488 m)	Medida 19 (2013)

	Descripción	Ubicación	Designación/ Modificación
89.	Expedición a Terra Nova 1910-12, Campamento utilizado durante el estudio del monte Erebus, en Diciembre. La ubicación del campamento incluye parte de un círculo de rocas, que probablemente se utilizaron para pesar las valencias de las tiendas. El campamento fue utilizado por una partida científica en la Expedición a Terra Nova del Capitán Scott, que realizó un trazado y una recogida de especímenes geológicos en el monte Erebus en diciembre de 1912. Partes de la propuesta original: Nueva Zelanda, Reino Unido y Estados Unidos Partes encargadas de la gestión: Nueva Zelanda, Reino Unido y Estados Unidos	77°30.348' S 167° 10.223' E (a unos 3.410 m sobre el nivel del mar)	Medida 20 (2013)
90.	Expedición a Terra Nova 1910-12, Parte inferior del "Campamento E" utilizado durante el estudio del monte Erebus, en Diciembre de 1912. La ubicación del campamento está formada por una zona de grava ligeramente elevada e incluye algunas rocas alineadas que quizá puedan haberse utilizado para pesar las valencias de las tiendas. El campamento fue utilizado por una partida científica en la Expedición a Terra Nova del Capitán Scott, que realizó un trazado y una recogida de especímenes geológicos en el monte Erebus en diciembre de 1912. Partes de la propuesta original: Nueva Zelanda, Reino Unido y Estados Unidos Partes encargadas de la gestión: Nueva Zelanda, Reino Unido y Estados Unidos	77° 30.348' S 167° 9.246' E (a unos 3.410 m sobre el nivel del mar)	Medida 21 (2013)
91.	Cabaña Lame Dog en la base búlgara St. Kliment Ohridski, isla Livingston. La Cabaña Lame Dog se erigió en abril de 1988 y fue el edificio principal de la estación St. Kliment Ohridski hasta 1998. Actualmente es el edificio más antiguo que se conserva en la isla Livingston, se utiliza como cabina de radio y oficina postal, y alberga un museo de artefactos asociados a las primeras operaciones científicas y logísticas de Bulgaria en la Antártida. Parte de la propuesta original: Bulgaria Parte encargada de la gestión: Bulgaria	62° 38' 29" S 60 ° 21' 53" W	Medida 19 (2015)

	Descripción	Ubicación	Designación/ Modificación
92.	Tractor para nieve "Kharkovchanka" utilizado en la Antártida desde 1959 a 2010. El tractor para nieve "Kharkovchanka" fue diseñado y fabricado en la planta de construcción de maquinaria para el transporte Malyshev en Járkov especialmente para organizar las travesías con tractor-trineo al interior de la Antártida. Este fue el primer vehículo soviético de transporte que no fue construido en serie,y que fue fabricado de manera exclusiva para operaciones en la Antártida. Este tractor no se utilizó fuera de la Antártida. Por ende, el STT "Kharkovchanka" es una muestra histórica única de desarrollos técnicos y de ingeniería realizados para la exploración de la Antártida. Parte de la propuesta original: Federación de Rusia. Parte encargada de la gestión: Federación de Rusia.	69°22′41,0″ S 76°22′59,1″ E	Medida 19 (2015)

2. Decisiones

Reglas de Procedimiento Revisadas de la Reunión Consultiva del Tratado Antártico (2015): Comités y Grupos de trabajo

Los Representantes,

Recordando la Decisión 2 (2011), *Reglas de Procedimiento Revisadas de la Reunión Consultiva del Tratado Antártico (2011); Reglas de Procedimiento Revisadas para el Comité para la Protección del Medio Ambiente (2011); y Directrices para la Presentación, traducción y distribución de documentos para la RCTA y el CPA;*

Teniendo en cuenta que el funcionamiento de la Reunión Consultiva del Tratado Antártico ("RCTA") podría mejorar con la introducción de disposiciones provisionales para los Grupos de trabajo al final de cada RCTA;

Señalando la necesidad de actualizar las Reglas de Procedimiento Revisadas para la Reunión Consultiva del Tratado Antártico (2011);

Deciden que las Reglas de Procedimiento Revisadas de la Reunión Consultiva del Tratado Antártico (2015) anexas a la presente Decisión reemplazarán las Reglas de Procedimiento Revisadas de la Reunión del Tratado Antártico (2011) adjuntas a la Decisión 2 (2011).

Reglas de Procedimiento Revisadas para la Reunión Consultiva del Tratado Antártico (2015)

1. Las reuniones celebradas de conformidad con el Artículo IX del Tratado Antártico serán denominadas Reuniones Consultivas del Tratado Antártico. Las Partes Contratantes con derecho a participar en tales Reuniones se denominarán «Partes consultivas»; otras Partes Contratantes que hayan sido invitadas a asistir a tales Reuniones se denominarán «Partes no Consultivas». El Secretario Ejecutivo de la Secretaría del Tratado Antártico se denominará «Secretario Ejecutivo».

2. Los Representantes de la Comisión para la Conservación de los Recursos Vivos Marinos Antárticos, el Comité Científico de Investigaciones Antárticas y el Consejo de Administradores de los Programas Nacionales Antárticos, invitados a asistir a estas Reuniones de conformidad con la Regla 31, se denominarán «Observadores».

Representación

3.Cada Parte Consultiva estará representada por una delegación compuesta por un Representante y los Representantes Adjuntos, Consejeros y otras personas que cada Estado considere necesarias. Cada Parte no Consultiva que haya sido invitada a participar a una Reunión Consultiva estará representada por una delegación compuesta por un Representante y otras personas que considere necesarias, dentro de un límite numérico que podrá ser definido ocasionalmente por el gobierno anfitrión en consulta con las Partes Consultivas. La Comisión para la Conservación de los Recursos Vivos Marinos Antárticos, el Comité Científico de Investigaciones Antárticas y el Consejo de Administradores de los Programas Nacionales Antárticos estarán representados por su Presidente o Director respectivo o por otra persona nombrada a tal efecto. Los nombres de los miembros de las delegaciones y de los observadores serán comunicados al gobierno anfitrión antes de la apertura de la Reunión

4. El orden de precedencia de las delegaciones seguirá el orden alfabético del idioma del país anfitrión. Todas las delegaciones de las Partes no Consultivas irán después de las delegaciones de las Partes Consultivas y las delegaciones de los observadores irán después de las Partes no Consultivas.

Autoridades

5. Un Representante del gobierno anfitrión será Presidente Interino de la Reunión y la presidirá hasta que la Reunión elija un Presidente.

6. En la sesión inaugural, se elegirá como Presidente a un Representante de una de las Partes Consultivas. Los demás Representantes de Partes Consultivas actuarán en calidad de Vicepresidentes de la Reunión por orden de precedencia. El Presidente normalmente presidirá todas las sesiones plenarias. Si está ausente en cualquier sesión o parte de ella,

los Vicepresidentes, en orden rotativo según el orden de precedencia definido en la Regla 4, presidirán cada sesión.

Secretaría

7. El Secretario Ejecutivo actuará en calidad de Secretario de la Reunión. Con ayuda del gobierno anfitrión, se encargará de proporcionar servicios de secretaría para la reunión, de conformidad con el artículo 2 de la Medida 1 (2003), que se aplica provisionalmente en virtud de la Decisión 2 (2003) hasta que la Medida 1 entre en vigor.

Sesiones

8. La apertura de la sesión plenaria se celebrará en público, en tanto que las demás sesiones se harán a puerta cerrada, a menos que la Reunión decida lo contrario.

Comités y grupos de trabajo

9. La Reunión, para facilitar su labor, podrá establecer los comités que considere necesarios para el desempeño de sus funciones, definiendo su cometido.

10. Los comités funcionarán de conformidad con las Reglas de Procedimiento de la Reunión, excepto en los casos en que no sean aplicables.

11. La Reunión o sus comités podrán crear grupos de trabajo para tratar diversos temas del programa. La Reunión determinará las disposiciones provisionales para los Grupos de Trabajo al término de cada Reunión Consultiva, al momento de aprobar el programa preliminar para la siguiente Reunión (en virtud de la Regla 36). Estas disposiciones incluirán:

    a.   el establecimiento de uno o varios grupos de trabajo para la siguiente Reunión;

    b.   la designación del Presidente o Presidentes de los Grupos de Trabajo; y

    c.   la asignación de elementos del programa a cada grupo de trabajo .

Cuando la Reunión decida que un grupo de trabajo debe continuar por más de un año, en primera instancia podrá designarse al Presidente o Presidentes de dichos grupos de trabajo para servir durante una o dos Reuniones consecutivas. Se puede designar posteriormente a los Presidentes de los grupos de trabajo para servir por periodos adicionales de uno o dos años, pero no servirán durante más de cuatro años consecutivos en el mismo grupo de trabajo.

En caso de que la Reunión no se encuentre en condiciones de designar a uno o varios Presidentes de uno o varios grupos de trabajo para la siguiente Reunión, estos se designarán al comienzo de la siguiente Reunión.

Dirección de los debates

12. Habrá quórum cuando estén presentes dos tercios de los Representantes de las Partes Consultivas que participen en la Reunión.

13. El Presidente ejercerá las facultades de su cargo de conformidad con la costumbre. Velará por el cumplimiento de las Reglas de Procedimiento y el mantenimiento del orden. El Presidente, en el desempeño de sus funciones, queda bajo la autoridad de la Reunión.

14. De conformidad con la Regla 28, ningún Representante podrá dirigirse a la Reunión sin haber recibido antes permiso del Presidente, quien dará la palabra a los oradores en el orden en que pidan la palabra. El Presidente podrá llamar al orden a un orador cuyas observaciones no sean pertinentes al asunto que se esté tratando.

15. Durante el debate de cualquier asunto, un Representante de una Parte Consultiva podrá plantear una moción de orden, la cual será dirimida de inmediato por el Presidente de conformidad con las Reglas de Procedimiento. Un Representante de una Parte Consultiva podrá apelar la decisión del Presidente. La apelación será sometida inmediatamente a votación y la decisión del Presidente seguirá siendo válida a menos que sea revocada por la mayoría de los Representantes de las Partes Consultivas presentes y votantes. El Representante de una Parte Consultiva que plantee una moción de orden no podrá pronunciarse sobre el fondo del asunto en discusión.

16. La Reunión podrá limitar el tiempo asignado a cada orador y el número de veces que pueda hablar sobre un asunto. Cuando un debate esté sujeto a tales limitaciones y un Representante haya hablado el tiempo que se le haya asignado, el Presidente lo llamará al orden sin demora.

17. Durante el debate de cualquier asunto, un Representante de una Parte Consultiva podrá proponer el aplazamiento del debate sobre el asunto en discusión. Además del proponente de la moción, los Representantes de dos Partes Consultivas podrán pronunciarse a favor y dos en contra de la propuesta, después de lo cual será sometida a votación de inmediato. El Presidente podrá limitar el tiempo asignado a los oradores de conformidad con esta Regla.

18. Un Representante de una Parte Consultiva podrá, en cualquier momento, proponer la clausura del debate del asunto en discusión, haya o no pedido la palabra cualquier otro Representante. Se podrá conceder permiso para hablar sobre la clausura del debate sólo a los Representantes de dos Partes Consultivas que se opongan a la clausura, después de lo cual la moción será sometida a votación de inmediato. Si la Reunión está a favor de la clausura, el Presidente declarará la clausura del debate. El Presidente podrá limitar el tiempo asignado a los oradores de conformidad con esta Regla. (Esta Regla no se aplicará al debate en los comités).

19. Durante el debate de cualquier asunto, un Representante de una Parte Consultiva podrá solicitar la suspensión o el aplazamiento de la Reunión. Esta moción no será debatida, sino que se someterá a votación inmediatamente. El Presidente podrá limitar el tiempo asignado al orador que solicite la suspensión o el aplazamiento de la Reunión.

20. De conformidad con la Regla 15, las siguientes mociones tendrán precedencia, en el siguiente orden, sobre las demás propuestas o mociones sometidas a la consideración de la Reunión:

    a.   suspensión de la Reunión;

    b.   aplazamiento de la Reunión;

c.   aplazamiento del debate sobre el asunto en discusión;

d.   clausura del debate sobre el asunto en discusión.

21. Las decisiones de la Reunión sobre todos los asuntos de procedimiento serán tomadas por la mayoría de los Representantes de las Partes Consultivas que participen en la Reunión, cada uno de las cuales tendrá un voto.

Idiomas

22. Los idiomas oficiales de la Reunión serán el español, el francés, el inglés y el ruso.

23. Cualquier Representante podrá hablar en un idioma que no sea uno de los idiomas oficiales. sin embargo, en tal caso deberá proporcionar interpretación a uno de los idiomas oficiales.

Medidas, Decisiones, Resoluciones e informe final

24. Sin perjuicio de las disposiciones de la Regla 21, las Medidas, Decisiones y Resoluciones, tal como se mencionan en la Decisión 1 (1995), serán adoptadas por los Representantes de todas las Partes Consultivas presentes y posteriormente se regirán por las disposiciones de la Decisión 1 (1995).

25. El informe final incluirá también una breve relación de los debates de la Reunión. Será aprobado por la mayoría de los Representantes de las Partes Consultivas presentes y transmitido por el Secretario Ejecutivo a los gobiernos de todas las Partes Consultivas y no Consultivas que hayan sido invitadas a participar en la Reunión, para su consideración.

26. Sin perjuicio de lo dispuesto en la Regla 25, el Secretario Ejecutivo, inmediatamente después de la clausura de la Reunión Consultiva, comunicará a todas las Partes Consultivas todas las Medidas, Decisiones y Resoluciones adoptadas y les enviará copias autenticadas de los textos definitivos en uno de los idiomas oficiales del Tratado Antártico. Con respecto a una Medida adoptada de conformidad con los procedimientos del artículo 6 u 8 del Anexo V al Protocolo, la notificación correspondiente deberá incluir también el plazo para la aprobación de dicha Medida.

Partes no Consultivas

27. Los Representantes de Partes no Consultivas, si han sido invitados a participar en la Reunión Consultiva, podrán estar presentes en:

a.   todas las sesiones plenarias de la Reunión; y

b.   todos los comités o grupos de grabajo formales, que comprenden todas las Partes Consultivas, a menos que un Representante de una Parte Consultiva se oponga en un caso en particular.

28. El Presidente correspondiente podrá invitar a un Representante de una Parte no Consultiva a dirigirse a la Reunión, el Comité o el Grupo de Trabajo al cual asista, a menos que un Representante de una Parte Consultiva se oponga. El Presidente dará en todo

momento prioridad a los Representantes de las Partes Consultivas que pidan la palabra y podrá, al invitar a los Representantes de las Partes no Consultivas a dirigirse a la Reunión, limitar el tiempo asignado a cada orador y el número de veces que pueda hablar sobre cualquier asunto.

29. Las Partes no Consultivas no tienen derecho a participar en la adopción de decisiones.

30.

a. Las Partes no Consultivas podrán presentar documentos a la Secretaría para su distribución en la Reunión como documentos de información. Tales documentos deberán ser pertinentes a los asuntos tratados en un Comité de la Reunión.

b. A menos que un Representante de una Parte Consultiva solicite lo contrario, tales documentos estarán disponibles sólo en el idioma o los idiomas en los cuales hayan sido presentados.

Observadores del Sistema del Tratado Antártico

31. Los observadores mencionados en la Regla 2 asistirán a las Reuniones con la finalidad específica de informar:

a. en el caso de la Comisión para la Conservación de los Recursos Vivos Marinos Antárticos, sobre los progresos en su área de competencia.

b. en el caso del Comité Científico de Investigaciones Antárticas, sobre:

i. las actividades generales del SCAR;

ii. los asuntos de competencia del SCAR de acuerdo con la Convención para la Conservación de las Focas AntárticasConservation of Antarctic Seals;

iii. las publicaciones y los informes que sean publicados o preparados de conformidad con las Recomendaciones IX-19 y VI-9, respectivamente.

c. en el caso del Consejo de Administradores de los Programas Nacionales Antárticos, sobre las actividades en su área de competencia.

32. Podrán asistir observadores a:

a. las sesiones plenarias de la Reunión en las cuales se considere el informe;

b. los comités o grupos de trabajo formales, que comprenden todas las Partes Contratantes, en los cuales se considere el informe respectivo, a menos que un Representante de una Parte Consultiva se oponga en un caso en particular formal.

33. Después de la presentación del informe pertinente, el Presidente correspondiente podrá invitar al observador a dirigirse una vez más a la Reunión en la cual se considere dicho informe, a menos que un Representante de una Parte Consultiva se oponga. El Presidente podrá asignar un límite de tiempo para tales intervenciones.

34. Los observadores no tienen derecho a participar en la adopción de decisiones.

35. Los observadores podrán presentar su informe y documentos relacionados con asuntos abordados en dicho informe a la Secretaría, para que los distribuya en la Reunión como documentos de trabajo.

Programa para las Reuniones Consultivas

36. Al final de cada Reunión Consultiva, el gobierno anfitrión de dicha Reunión preparará un programa preliminar para la próxima Reunión Consultiva. Si es aprobado por la Reunión, el programa preliminar para la próxima Reunión se adjuntará al informe final de la Reunión.

37. Cualquier Parte Contratante podrá proponer temas suplementarios para el programa preliminar informando al gobierno anfitrión de la próxima Reunión Consultiva a más tardar 180 días antes del comienzo de la Reunión. Cada propuesta deberá estar acompañada por un memorando explicativo. El gobierno anfitrión recordará esta Regla a todas las Partes Contratantes a más tardar 210 días antes de la Reunión.

38. El gobierno anfitrión preparará un programa provisional para la Reunión Consultiva. El programa provisional contendrá:

   a. todos los temas del programa provisional establecido de conformidad con la Regla 36; y

   b. todos los temas cuya inclusión haya sido solicitada por una Parte Contratante de conformidad con la Regla 37

A más tardar 120 días antes de la Reunión, el gobierno anfitrión transmitirá a todas las Partes Contratantes el programa provisional, junto con los memorandos explicativos y otros documentos relacionados.

Expertos de organizaciones internacionales

39. Al final de cada Reunión Consultiva, la Reunión decidirá qué organizaciones internacionales que tienen un interés científico o técnico en la Antártida serán invitadas a designar un experto para que participe en la próxima Reunión a fin de ayudarle en su trabajo de fondo.

40. Cualquier Parte Contratante podrá proponer posteriormente que la invitación sea extendida a otras organizaciones internacionales que tengan un interés científico o técnico en la Antártida para que participen en su trabajo de fondo. Cada propuesta de ese tipo deberá ser presentada al gobierno anfitrión de la Reunión a más tardar 180 días antes del comienzo de la Reunión y deberá estar acompañada por un memorando que defina la base de la propuesta.

41. El gobierno anfitrión transmitirá estas propuestas a todas las Partes Contratantes de conformidad con el procedimiento de la Regla 38. Toda Parte Consultiva que desee oponerse a una propuesta podrá hacerlo a más tardar 90 días antes de la Reunión.

42. A menos que se reciba una objeción de ese tipo, el gobierno anfitrión extenderá las invitaciones a las organizaciones internacionales señaladas de conformidad con las Reglas 39 y 40 y pedirá a cada organización internacional que comunique el nombre del experto designado al gobierno anfitrión antes de la apertura de la Reunión. Tales expertos podrán asistir a la Reunión durante el examen de todos los temas, con excepción de aquellos relacionados con el funcionamiento del Sistema del Tratado Antártico que se hayan indicado en las Reuniones anteriores o durante la adopción del Programa.

43. El Presidente correspondiente, con el acuerdo de todas las Partes Consultivas, podrá invitar a un experto a dirigirse a la Reunión a la cual asista. El Presidente dará en todo momento prioridad a los Representantes de las Partes Consultivas o no Consultivas o a los Observadores mencionados en la Regla 31 que pidan la palabra y podrá, al invitar a un experto a hablar, limitar el tiempo que se le asigne y el número de veces que pueda hablar sobre cualquier tema.

44. Los expertos no tienen derecho a participar en la adopción de decisiones.

45.

    a.   Los expertos podrán, con respecto al tema pertinente del programa, presentar documentos a la Secretaría para su distribución en la Reunión como documentos de información.

    b.   A menos que un Representante de una Parte Consultiva se oponga, estos documentos estarán disponibles sólo en el idioma o los idiomas en los cuales hayan sido presentados.

Consultas entre sesiones

46. Durante el período entre sesiones, el Secretario Ejecutivo, dentro de su ámbito de competencia tal como se establece en la Medida 1 (2003) y en instrumentos conexos que rigen el funcionamiento de la Secretaría, consultará a las Partes Consultivas cuando esté legalmente obligado a hacerlo de conformidad con los instrumentos pertinentes de la RCTA y cuando las circunstancias exijan que actúe antes de la inauguración de la RCTA siguiente, utilizando el siguiente:

    a.   el Secretario Ejecutivo transmitirá la información pertinente y toda acción propuesta a todas las Partes Consultivas por medio de los contactos por ella designados, indicando un plazo apropiado dentro del cual se soliciten las respuestas;

    b.   el Secretario Ejecutivo se cerciorará de que todas las Partes Consultivas acusen recibo de la transmisión de tal información y se cerciorará también de que la lista de contactos esté actualizada;

    c.   cada Parte Consultiva considerará el asunto y comunicará su respuesta, si la tuviere, al Secretario Ejecutivo por medio de su respectivo contacto dentro del plazo especificado;

d.   el Secretario Ejecutivo, después de informar a las Partes Consultivas sobre el resultado de las consultas, podrá proceder con la acción propuesta si ninguna Parte Consultiva ha objetado; y

e.   el Secretario Ejecutivo deberá llevar un registro de las consultas realizadas durante el período entre sesiones, así como de los resultados y la acción que realice, y dichos resultados y acciones deberán reflejarse en su informe a la RCTA para su consideración.

47. Al recibirse entre sesiones una solicitud de información acerca de las actividades de la RCTA de una organización internacional que tenga interés científico o técnico en la Antártida, el Secretario Ejecutivo coordinará la respuesta mediante el siguiente procedimiento:

a.   El Secretario Ejecutivo transmitirá la solicitud y un primer borrador de respuesta a todas las Partes Consultivas a través de las personas designadas por estas como contactos, proponiéndoles responder a la consulta e incluyendo una fecha adecuada en la cual las Partes Consultivas deben, *o bien* (1) indicar que no sería adecuado responder, *o bien* (2) proporcionar comentarios sobre la respuesta contenida en el primer borrador. La fecha proporcionará un plazo razonable como para poder elaborar los comentarios, tomando en cuenta toda fecha límite que haya sido establecida en la solicitud inicial de la información. Si una de las Partes Consultivas indica que no es apropiada una respuesta, el Secretario Ejecutivo enviará solamente una respuesta formal, reconociendo la solicitud sin entrar lo sustancial del tema.

b.   Si no hay objeción para proceder, y los comentarios se han entregado antes de concluir el plazo especificado en la transmisión mencionada en el párrafo (a) anterior, el Secretario Ejecutivo revisará la respuesta a la luz de los comentarios y transmitirá la respuesta revisada a todas las Partes Consultivas, incluyendo una fecha apropiada en la cual se esperan sus reacciones;

c.   Si se entregan nuevos comentarios antes de la fecha indicada en la transmisión a que hace referencia el párrafo (b) anterior, el Secretario Ejecutivo repetirá el procedimiento a que hace referencia el párrafo (b) anterior hasta que ya no se entreguen nuevos comentarios;

d.   Si no se entregan nuevos comentarios antes de la fecha indicada en una transmisión a la cual el párrafo (a), (b) o (c) anteriores hacen referencia, el Secretario Ejecutivo distribuirá una versión final y solicitará de cada Parte Consultiva tanto una confirmación activa digital que indique que se ha "leído" como una confirmación digital activa que indique que se ha "aceptado", de cada una de las Partes Consultivas, sugiriendo una fecha en la cual debe recibirse la confirmación que indique que se ha aceptado. El Secretario Ejecutivo debe mantener a las Partes Consultivas al tanto del progreso de las confirmaciones recibidas. Luego del recibo de las confirmaciones que indiquen la "aceptación" de todas las Partes Consultivas, el Secretario Ejecutivo debe firmar y enviar la respuesta a la organización internacional interesada en representación de todas las Partes

Consultivas, y deberá proporcionar a todas las Partes Consultivas una copia de la respuesta firmada.

e. Cualquier Parte Consultiva puede, en cualquier etapa del proceso, solicitar más tiempo para su consideración.

f. Cualquier Parte Consultiva puede, en cualquier etapa del proceso, indicar que no sería apropiado responder a la solicitud. En este caso, el Secretario Ejecutivo debe enviar solamente una respuesta formal, reconociendo la solicitud sin entrar lo sustancial del tema.

Documentos para la reunión

48. Los Documentos de Trabajo deben hacer referencia a aquellos documentos presentados durante una Reunión por las Partes Consultivas que necesiten de análisis y medidas y aquellos documentos enviados por presentados por los Observadores a los cuales se hace referencia en la Regla 2.

49. Los Documentos de Secretaría deben hacer referencia a documentos preparados por la Secretaría de acuerdo a un mandato establecido en una Reunión o que, en opinión del Secretario Ejecutivo, contribuirían a informar a la Reunión o ayudarían a su operación.

50. Los Documentos de Información deben referirse a:

• Documentos presentados por las Partes Consultivas o por los Observadores, que proporcionan información que respalda un Documento de Trabajo o que son relevantes a los debates sostenidos durante una Reunión;

• Los Documentos presentados por Partes No Consultivas que son relevantes a los debates sostenidos en una Reunión; y

• Los Documentos presentados por Expertos que son relevantes a los debates sostenidos en una reunión.

51. Los Documentos de Antecedentes deben referirse a aquellos documentos presentados por cualquier participante, que no será presentado en una Reunión, si bien se presenta con la finalidad de proporcionar información de manera formal.

52. Los Procedimientos para la presentación, traducción y distribución de documentos se adjunta a estas reglas de Procedimientos.

Enmiendas

53. Estas Reglas de Procedimiento podrán ser enmendadas por una mayoría de dos tercios de los Representantes de las Partes Consultivas que asistan a la Reunión. Esta Regla no se aplicará a las Reglas 24, 27, 29, 34, 39-42, 44 y 46, para cuya enmienda se requerirá la aprobación de los Representantes de todas las Partes Consultivas presentes en la Reunión.

Anexo

Procedimientos para la presentación, traducción y distribución de documentos para la RCTA y el CPA

1. Estos procedimientos se aplican a la presentación, traducción y distribución de documentos oficiales para la Reunión Consultiva del Tratado Antártico y para el Comité de Protección Ambiental (CPA), según se define en sus Reglas de Procedimiento. Estos documentos consisten en Documentos de Trabajo, Documentos de la Secretaría, Documentos de Información y Documentos de Antecedentes.

2. Los documentos que deben ser traducidos son los Documentos de Trabajo, Documentos de la Secretaría, los informes presentados ante la RCTA por los Observadores y Expertos invitados en conformidad con las Disposiciones en virtud de la Recomendación XIII-2, los informes presentados ante la RCTA asociados con el Artículo III-2 del Tratado Antártico, y los Documentos de Información que alguna Parte Consultiva necesite que se sea traducida. Los Documentos de Antecedentes no se traducen.

3. Los documentos que deben ser traducidos, con excepción de los informes de los Grupos de Contacto Intersesionales (GCI) convocados por la RCTA o por el CPA, los Informes de los Presidentes de las Reuniones de Expertos del Tratado Antártico, y el Informe y Programa de la Secretaría, no deben exceder las 1.500 palabras. Al calcular la extensión de un documento, no se cuentan los proyectos de Medidas, Decisiones y Resoluciones, ni sus anexos.

4. Los documentos que deben traducirse deben ser recibidos por la Secretaría en un plazo máximo de45 días antes de la Reunión Consultiva. Si alguno de estos documentos se presenta después de este plazo de 45 días antes de la Reunión Consultiva, puede ser considerado únicamente si no se produce la objeción de ninguna de las Partes Consultivas.

5. La Secretaría debe recibir los Documentos de Información para los cuales no se ha solicitado traducción y los Documentos de Antecedentes que los participantes desean que sean agregados en el Informe Final en un plazo que no supere los 30 días antes de la Reunión.

6. La secretaría indicará en la fecha en que fue presentado cada documento presentado por una Parte Contratante, Observador, o Experto.

7. Cuando se elabora una versión revisada de un documento después de reenviar su presentación inicial a la Secretaría para su traducción, el texto revisado debe indicar claramente las enmiendas que se le han incorporado.

8. Los Documentos deben transmitirse a la Secretaría por medios electrónicos y estos deberán ser cargados por la Secretaría en la página principal del sitio Web de la RCTA. Los Documentos de Trabajo recibidos antes del plazo de 45 días deberán ser cargados tan

pronto como sea posible y en todo caso no más allá de 30 días antes de la Reunión. Los documentos se deben cargar inicialmente en la parte protegida por contraseña del sitio Web y trasladarse a la parte no protegida por contraseña una vez concluida la Reunión.

9. Las Partes pueden concordar en presentar a la Secretaría para traducción, durante la Reunión, cualquier documento para el cual no se haya solicitado traducción.

10. No se usará como base para un análisis formal en la RCTA o en el CPA ningún documento de trabajo, documento informativo o documento de la Secretaría presentado a la RCTA a menos que haya sido traducido a los cuatro idiomas oficiales.

11. Dentro de los seis meses posteriores a la finalización de la Reunión Consultiva, la Secretaría deberá distribuir a través de los canales diplomáticos y publicar en la página principal de la RCTA el Informe Final de dicha reunión en los cuatro idiomas oficiales.

Medidas sobre Asuntos operacionales que ya no están vigentes

Los Representantes,

Recordando la Decisión 3 (2002), la Decisión 1 (2007), la Decisión 1 (2011), la Decisión 1 (2012) y la Decisión 1 (2014), que establecen listas de medidas[*] que fueron designadas como obsoletas o sin vigencia;

Señalando las Resoluciones 1 (2015) y 2 (2015);

Habiendo revisado una serie de medidas relativas al tema de los Asuntos operacionales;

Reconociendo que las medidas enumeradas en el documento anexo a esta Decisión ya no tienen vigencia;

Deciden:

1. que las medidas que figuran en el Anexo a la presente Decisión no precisan de acciones adicionales por las Partes; y

2. solicitar a la Secretaría del Tratado Antártico la publicación en su sitio web del texto de las medidas que figuran en el Anexo a la presente Decisión de manera de dejar en claro que estas medidas han dejado de tener vigencia y que las Partes no precisan realizar acciones adicionales en relación con ellas.

---

[*] Las medidas aprobadas anteriormente en virtud del Artículo IX del Tratado Antártico fueron descritas como Recomendaciones hasta la XIX RCTA (1995), y fueron divididas entre Medidas, Decisiones y Resoluciones por medio de la Decisión 1 (1995).

Medidas en asuntos operacionales designadas como obsoletas

Recomendación VII-7 (1972)

Recomendación X-3 (1979)

Recomendación XII-2 (1983)

Recomendación VIII-7 (1975)

Resolución 1 (1997)

Informe, programa y presupuesto de la Secretaría

Los Representantes,

Recordando la Medida 1 (2003) sobre el establecimiento de la Secretaría del Tratado Antártico ("la Secretaría");

Recordando la Decisión 2 (2012) sobre el establecimiento de un Grupo de Contacto Intersesional abierto ("el GCI") sobre Asuntos financieros que debía ser coordinado por el país anfitrión de la próxima Reunión Consultiva del Tratado Antártico ("RCTA");

Teniendo en cuenta el Reglamento Financiero de la Secretaría anexo a la Decisión 4 (2003);

Deciden:

1. aprobar el Informe Financiero Auditado para 2013/2014, anexo a esta Decisión (Anexo 1);

2. tomar nota del Informe de la Secretaría correspondiente al periodo 2014/2015 (Documento de Secretaría SP 2), que incluye el Informe financiero provisional para 2014/2015 anexo a esta Decisión (Anexo 2);

3. tomar nota del perfil presupuestario quinquenal prospectivo correspondiente al periodo 2015 a 2019, y aprobar el Programa de la Secretaría, incluido el Presupuesto para 2015/2016, anexo a esta Decisión (Anexo 3); e

4. invitar al país anfitrión de la próxima RCTA a que solicite al Secretario Ejecutivo la apertura del foro de la RCTA para el GCI sobre Asuntos Financieros, y le brinde asistencia a este.

Reporte final del Auditor 2013/14

INFORME DEL AUDITOR

Sr. Secretario
de la Secretaría del Tratado Antártico
Maipú 757, 4° piso
CUIT 30-70892567-1

Re: XXXVIII Reunión Consultiva del Tratado Antártico, 2015 - Sofía, Bulgaria

1. Informe sobre Estados Financieros

Hemos auditado los Estados Financieros de la Secretaría del Tratado Antártico que se acompañan, los que comprenden: el Estado de Ingresos y Gastos, Estado de Situación Financiera, Estado de Evolución del Patrimonio Neto, el Estado de Flujo de Efectivo y Notas aclaratorias por el período comenzado el 1° de abril de 2013 y finalizado el 31 de marzo de 2014.

2. Responsabilidad de la Dirección en los Estados Financieros

La Secretaría del Tratado Antártico, constituida bajo la Ley de la República Argentina N° 25.888 del 14 de mayo de 2004, es responsable de la preparación y razonable presentación de estos Estados Financieros de acuerdo con las Normas Internacionales de Contabilidad y Normas específicas de las Reuniones Consultivas del Tratado Antártico. Dicha responsabilidad incluye el diseño, implementación y mantenimiento de control interno con respecto a la preparación y presentación de los estados financieros de modo que los mismos, estén libres de tergiversación, sea por fraude o error, selección e implementación de políticas contables apropiadas y elaboración de estimaciones contables que sean razonables a las circunstancias.

3. Responsabilidad del Auditor

Nuestra responsabilidad es expresar una opinión sobre estos Estados Financieros basados en la auditoría efectuada.

La auditoría se realizó conforme Normas Internacionales de Auditoría y el Anexo a la Decisión 3 (2008) de la XXXI Reunión Consultiva del Tratado Antártico, el cual describe las tareas a ser llevadas a cabo por la auditoría externa.

Dichas normas requieren el cumplimiento de requisitos éticos y un planeamiento y ejecución de auditoría para obtener seguridad razonable que los Estados Financieros están libres de incorrecciones significativas.

Una auditoría incluye la ejecución de procedimientos cuyo objeto es obtener evidencias relativas a los montos y la exposición reflejados en los Estados Financieros. Los procedimientos seleccionados dependen del juicio del auditor, incluida la valoración de los riesgos de incorrecciones significativas en los estados contables.

Al efectuar dicha evaluación de riesgos, el auditor considera el control interno relevante a la preparación y razonable presentación por la organización de los Estados Financieros a fin de diseñar los procedimientos adecuados que resulten apropiados a las circunstancias.

Una auditoría incluye además una evaluación de la idoneidad, de los principios contables utilizados, una opinión en cuanto a si los cálculos contables aplicados por la gerencia son razonables, así como también una evaluación de la presentación general de los Estados Financieros.

Consideramos que la evidencia auditada que obtuvimos es suficiente y adecuada para sustentar nuestra opinión en nuestra calidad de auditores.

4. Opinión

En nuestra opinión, los Estados Financieros auditados presentan razonablemente, en todos los aspectos significativos, el estado financiero de la Secretaría del Tratado Antártico al 31 de marzo de 2014 y su desempeño financiero por el período entonces concluido de acuerdo con las Normas Internacionales de Contabilidad y normas específicas de las Reuniones Consultivas del Tratado Antártico.

5. Otras cuestiones

Los estados contables del ejercicio terminado el 31 de marzo de 2013 fueron auditados por otro profesional, quien ha emitido su informe favorable sin salvedades con fecha 22 de marzo de 2014. Las cifras correspondientes a dicho ejercicio, que se presentan en los Estados Financieros adjuntos, son con fines comparativos y no he realizado procedimientos sobre los dichos saldos.

6. Información complementaria exigida por la ley

De conformidad con el análisis descrito en el punto 3, informo que los Estados Financieros citados surgen de registros contables que no se encuentran transcriptos en libros conforme las normas argentinas vigentes.

Adicionalmente, informamos que, según surge de registraciones contables al 31 de marzo de 2014, las deudas devengadas a favor del Sistema Único de Seguridad Social de la República de Argentina en pesos Argentinos y de acuerdo con las liquidaciones practicadas por la Secretaría ascienden a $105.559,13 (U$S 13.191,59), no existiendo a dicha fecha deuda exigible en pesos argentinos.

Es importante mencionar que las relaciones laborales se rigen por el Reglamento del personal de la Secretaría del Tratado Antártico.

Dra. Gisela Algaze
Contadora Pública
Tomo N° 300 Folio N° 169 CPCECABA

Buenos Aires, 9 de abril de 2015
Sindicatura General de la Nación
Av. Corrientes 389, Buenos Aires República Argentina

1. Estado de Ingresos y Gastos de todos los fondos correspondientes al periodo 1ro de abril 2013 al 31 de marzo 2014 y comparativo con el año anterior

INGRESOS	31/03/2013	Presupuesto 31/03/2014	31/03/2014
Contribuciones (Nota 9)	1.339.600	1.339.600	1.339.600
Otros ingresos (Nota 2)	1.845	1.000	3.811
Total de ingresos	1.341.445	1.340.600	1.343.411
GASTOS			
Salarios y remuneraciones	628.811	650.580	650.000
Servicios de traducción e interpretación	290.502	272.101	249.671
Viaje y alojamiento	92.573	96.000	81.093
Tecnología informática	42.773	44.500	41.919
Impresión, edición y copiado	13.944	21.850	12.823
Servicios generales	50.409	60.118	32.943
Comunicaciones	16.660	17.699	17.623
Gastos de oficina	13.912	19.264	11.589
Administración	10.595	16.725	11.780
Gastos de representación	4.523	3.000	2.211
Mudanza, mejoras	0	0	0
Financiación	13.964	5.000	16.290
Total de gastos	1.178.666	1.206.837	1.127.942
APROPIACION DE FONDOS			
Fondo para cesantías de personal	28.424	29.368	29.369
Fondo para reemplazo de personal	0	0	0
Fondo capital de trabajo	0	0	0
Fondo para contingencias	0	0	0
Total apropiación de fondos	28.424	29.368	29.369
Total de gastos y apropiaciones	1.207.090	1.236.205	1.157.311
(Déficit) / Superávit del periodo	134.355	104.395	186.100

Este estado debe ser leído en forma conjunta con Notas 1 al 9 adjuntas

2. Estado de Situación Financiera al 31 de marzo 2014, y comparativa con el ejercicio anterior

ACTIVO	31/03/2013	31/03/2014
Activo corriente		
Caja y efectivo equivalente (Nota 3)	889.087	1.231.803
Contribuciones adeudadas (Nota 9)	205.624	108.057
Otros deudores (Nota 4)	51.104	37.687
Otros activos corrientes (Nota 5)	49.458	99.947
Total activo corriente	1.195.273	1.477.494
Activo no corriente		
Activo fijo (Notas 1.3 y 6)	84.132	79.614
Total activo no corriente	84.132	79.614
Total del Activo	1.279.405	1.557.108
PASIVO		
Pasivo corriente		
Cuentas por Pagar (Nota 7)	27.755	25.229
Contribuciones cobradas por anticipado (Nota 9)	592.476	626.595
Fondo especial voluntario para fines específicos (Nota 1.9)	2.500	0
Remuneración y contribuciones a pagar (Nota 8)	26.849	64.507
Total pasivo corriente	649.580	716.331
Pasivo no corriente		
Fondo para cesantías de personal ejecutivo (Nota 1.4)	147.510	176.880
Fondo para reemplazo de personal (Nota 1.5)	50.000	50.000
Fondo para contingencias (Nota 1.7)	30.000	30.000
Fondo reemplazo de activo fijo (Nota 1.8)	17.836	13.318
Total pasivo no corriente	245.346	270.198
Total del Pasivo	894.926	986.529
ACTIVO NETO	384.479	570.579

Este estado debe ser leído en forma conjunta con Notas 1 al 9 adjuntas

3. Estado de evolución de Activo Neto al 31 de marzo de 2013 y 2014

Representado por	Activo neto 31/03/2013	Ingresos	Gastos y Apropiaciones (*)	Intereses ganados	Activo neto 31/03/2014
Fondo general	161.212	1.339.600	(1.157.240)	3.740	347.312
Fondo capital de trabajo (Nota 1.6)	223.267		0		223.267
Activo neto	384.479				570.579

(*) Neto de descuentos obtenidos

Este estado debe ser leído en forma conjunta con Notas 1 al 9 adjuntas

4. Estado de flujo de fondos para el periodo 1ro de abril 2013 al 31 de marzo 2014 y comparativa

Variaciones en efectivo y efectivo equivalente	31/03/2014	31/03/2013
Efectivo y efectivo equivalente al inicio	889.087	
Efectivo y efectivo equivalente al cierre	1.231.803	
Incremento neto del efectivo y efectivo equivalente	342.716	90.141

Causas de las variaciones del efectivo y efectivo equivalente
Actividades operativas

Contribuciones cobradas	844.697	
Pago de sueldos y contribuciones sociales	(611.720)	
Pago de servicios de traducción	(313.855)	
Pago de viajes, alojamiento, etc.	(70.569)	
Pago impresión, edición y copiado	(12.823)	
Pago servicios generales	(32.943)	
Otros pagos a proveedores	(65.120)	
Flujo neto del E. y E.E. generados por actividades operativas	(262.333)	(439.720)

Variaciones en efectivo y efectivo equivalente		31/03/2014	31/03/2013
Actividades de inversión			
Compra de activo fijo	(15.082)		
Fondo especial voluntario	11.689		
Flujo neto del E. y E.E. generados por actividades de inversión		(3.393)	(18.947)
Actividades de financiación			
Contribuciones recibidas por anticipado	626.595		
Cobro pt. 5.6 Reglamento de Personal	170.888		
Pago pt. 5.6 Reglamento de Personal	(157.571)		
AFIP reembolso neto	(991)		
Pago traducción CEP RCTA XXXV	(14.189)		
Flujo neto del E. y E.E. generados por actividades de financiación		624.732	562.772
Actividades en moneda extranjera			
Pérdida neta	(16.290)		
Flujo neto del E. y E.E. generados por moneda extranjera		(16.290)	(13.964)
Incremento neto del efectivo y efectivo equivalente		342.716	90.141

Este estado debe ser leído en forma conjunta con Notas 1 al 9 adjuntas

Notas a los estados contables al 31 marzo 2013 y 2014

1 BASES PARA LA ELABORACION DE LOS ESTADOS CONTABLES

Los presentes estados contables, están expresados en dólares estadounidenses, siguiendo los lineamientos establecidos en el Reglamento Financiero, Anexo a la Decisión 4 (2003). Dichos estados fueron preparados de acuerdo con las Normas Internacionales de Información Financiera (NIIF) del Consejo de Normas Internacionales de Contabilidad (del ingles IASB).

1.1. Costo histórico

Los estados contables han sido preparados de acuerdo a la convención de costo histórico, excepto lo indicado en contrario.

1.2. Oficina

La oficina de la Secretaria está provista por el Ministerio de Relaciones Exteriores, Comercio Exterior y Culto de la República Argentina. Su uso es libre de gastos de alquiler como de los gastos comunes.

1.3. Activo Fijo

Los bienes están valuados a su costo histórico, menos la correspondiente depreciación acumulada. La depreciación es calculada por el método de la línea recta aplicando tasas anuales suficientes para extinguir sus valores al final de la vida útil estimada. El valor residual de los bienes de uso en su conjunto, no supera su valor de utilización económica.

1.4. Fondo para cesantías de personal ejecutivo

De acuerdo al Reglamento del Personal artículo 10.4, el fondo contara con los fondos necesarios para indemnizar al personal Ejecutivo a razón de un mes de sueldo base por cada año de servicio.

1.5. Fondo para reemplazo de personal

El fondo sirve para solventar los gastos de traslado del personal ejecutivo de la Secretaria hacia y desde la sede de la Secretaria.

1.6. Fondo capital de trabajo

De acuerdo al Reglamento Financiero articulo 6.2 (a), este no deberá ser superior a un sexto (1/6) del presupuesto del corriente ejercicio.

1.7. Fondo para contingencia

De acuerdo a la Decisión 4 (2009), se creó el Fondo para sufragar los gastos de traducción, que puedan ser ocasionados por el aumento imprevisto del volumen de documentos presentados a la RCTA para ser traducidos.

1.8. Fondo reemplazo de activo fijo

Los activos cuya vida útil excede a un ejercicio deberán ser expuestos como un activo en el Estado de Situación Financiera hasta marzo 2010, la contrapartida era un ajuste al Fondo General. A partir de abril 2010 la contrapartida de estos activos será reflejada en el pasivo bajo este concepto.

1.9. Fondo especial voluntario para fines específicos

Pt (82) del Informe Final RCTA XXXV, para recibir contribuciones voluntarias de las partes. El Fondo voluntario de $ 14.189 fue reclasificado contra el rubro servicios de traducción e interpretación.

Notas a los estados contables al 31 marzo 2013 y 2014

		31/03/2013	31/03/2014
2 Otros Ingresos			
	Intereses ganados	1.802	3.740
	Descuentos obtenidos	43	71
	Total	1.845	3.811
3 Caja y efectivo equivalente			
	Efectivo dólares	68	1.185
	Efectivo pesos Argentinos	128	382
	BNA cuenta especial en dólares	853.240	411.565
	BNA cuenta en pesos Argentinos	35.651	15.557
	Inversiones	0	803.114
	Total	889.087	1.231.803
4 Otros deudores			
	Reglamento de personal pt. 5.6	51.104	37.687
5 Otros activos corrientes			
	Pagos por adelantado	25.194	80.561
	IVA a cobrar	23.368	14.771
	Otros gastos a recuperar	896	4.615
	Total	49.458	99.947
6 Activo fijo			
	Libros y subscripciones	7.008	8.104
	Aparatos de oficina	9.165	11.252
	Muebles	45.466	45.466
	Equipos y software de computación	83.126	95.025
	Total costo original	144.765	159.847
	Depreciación acumulada	(60.633)	(80.233)
	Total	84.132	79.614

Notas a los estados contables al 31 marzo 2013 y 2014

7 Cuentas por pagar

	Comerciales	2.595	3.764
	Gastos devengados	22.164	20.854
	Otros	2.996	611
	Total	27.755	25.229

8 Remuneración y contribuciones a pagar

	Remuneraciones	8.000	45.479
	Contribuciones	18.849	19.028
		26.849	
	Total	26.849	64.507

Notas a los estados contables al 31 marzo 2013 y 2014

9   Contribuciones adeudadas, comprometidas, canceladas y recibidas por adelantadas.

Contribuciones Partes	Adeudadas 31/03/2013	Compro- metidas	Canceladas $	Adeudadas 31/03/2014	Anticipadas 31/03/2014
Argentina		60.346	60.346	0	0
Australia		60.346	60.321	25	60.346
Bélgica	18	40.110	40.060	68	0
Brasil	40.142	40.110	79.386	866	0
Bulgaria	11	34.038	34.049	0	34.039
Chile		46.181	46.181	0	46.181
China		46.181	46.156	25	0
Ecuador	34.039	34.038	34.038	34.039	0
Finlandia		40.110	40.110	0	40.110
Francia	60.346	60.346	120.692	0	0
Alemania	23	52.250	52.250	23	0
India	6.062	46.181	52.169	74	46.143
Italia		52.250	52.250	0	0
Japón		60.346	60.346	0	0
Corea	2.891	40.110	43.001	0	40.110
Países Bajos		46.181	46.181	0	46.181
Nueva Zelandia	26	60.346	60.372	0	60.321
Noruega		60.346	60.311	35	0
Perú	21.919	34.038	23.265	32.692	0
Polonia		40.110	40.110	0	40.110
Rusia		46.181	46.181	0	46.181
Sudáfrica		46.181	46.181	0	46.181
España		46.181	46.156	25	0
Suecia		46.181	46.181	0	0
Ucrania	40.122	40.110	40.122	40.110	0
Reino Unido		60.346	60.346	0	60.346
Estados Unidos		60.346	60.321	25	60.346
Uruguay	25	40.110	40.085	50	0
Total	205.624	1.339.600	1.437.167	108.057	626.595

[FIRMA]
Dr. Manfred Reinke
Secretario Ejecutivo

[FIRMA]
Roberto A. Fennell
Director de finanzas

Informe financiero provisorio 2014/2015

Estimado de Ingresos y desembolsos para todos los fondos correspondientes
al período comprendido entre el 1 de abril de 2014 al 31 de marzo de 2015

PARTIDAS PRESUPUESTARIAS	Estado auditado 2013/14	Presupuesto 2014/2015	Declar. provisional al 2014/2015
INGRESOS			
CONTRIBUCIONES			
comprometidas	$ -1.339.600	$ -1.379.710	$ -1.379.710
Otros ingresos	$ -3.811	$ -1.000	$ -6.277
Ingreso total	**$ -1.343.411**	**$ -1.380.710**	**$ -1.385.987**

GASTOS
SUELDOS

Ejecutivos	$ 316.991	$ 322.658	$ 322.658
Personal de servicios generales	$ 303.228	$ 316.646	$ 318.423
Personal de apoyo a la RCTA	$ 10.488	$ 15.696	$ 16.530
Estudiantes en práctica	$ 11.242	$ 9.600	$ 7.638
Horas extraordinarias	$ 8.051	$ 14.000	$ 13.351
* .	**$ 650.000**	**$ 678.600**	**$ 678.600**

TRADUCCIÓN E INTERPRETACIÓN

* Traducción e interpretación	**$ 249.671**	**$ 325.780**	**$ 294.743**

VIAJES

* Viajes	**$ 81.093**	**$ 110.266**	**$ 110.266**

TECNOLOGÍA INFORMÁTICA

Hardware	$ 11.767	$ 10.000	$ 9.883
Software	$ 263	$ 3.500	$ 4.407
Desarrollo	$ 22.843	$ 21.000	$ 13.157
Respaldo	$ 7.046	$ 9.500	$ 7.594
.	**$ 41.919**	**$ 44.000**	**$ 35.041**

IMPRESIÓN, EDICIÓN Y COPIAS

Informe final	$ 10.758	$ 17.000	$ 12.925
Compilación	$ 2.064	$ 3.500	$ 2.046
Directrices para sitios	$ 0	$ 3.140	$ 0
.	**$ 12.823**	**$ 23.640**	**$ 15.915**

PARTIDAS PRESUPUESTARIAS	Estado auditado 2013/14	Presupuesto 2014/2015	Declar. provisional al 2014/2015
SERVICIOS GENERALES			
Asesoramiento jurídico	$ 1.000	$ 4.000	$ 1.947
Auditorías externas	$ 8.622	$ 10.000	$ 8.622
Limpieza, mantenimiento y seguridad	$ 10.732	$ 42.500	$ 50.837
Capacitación	$ 4.478	$ 6.552	$ 4.351
Bancos	$ 5.391	$ 6.000	$ 3.851
Arriendo de equipos	$ 2.720	$ 3.000	$ 2.504
.	**$ 32.943**	**$ 72.052**	**$ 72.112**

COMUNICACIONES			
Teléfono	$ 4.674	$ 5.200	$ 4.823
Internet	$ 2.670	$ 3.000	$ 2.630
Alojamiento web	$ 8.087	$ 9.000	$ 6.709
Franqueo	$ 2.193	$ 2.500	$ 538
.	**$ 17.623**	**$ 19.700**	**$ 14.700**

OFICINA			
Librería e insumos	$ 3.182	$ 4.300	$ 3.673
Libros y suscripciones	$ 1.458	$ 3.000	$ 1.992
Seguros	$ 3.005	$ 3.500	$ 3.421
Mobiliario	$ 174	$ 900	$ 0
Equipos de oficina	$ 2.087	$ 4.000	$ 2.558
Mantenimiento	$ 1.683	$ 2.500	$ 0
.	**$ 11.589**	**$ 18.200**	**$ 11.644**

ADMINISTRACIÓN			
Suministros	$ 6.046	$ 4.500	$ 2.883
Transporte local	$ 246	$ 800	$ 410
Varios	$ 3.944	$ 4.000	$ 3.250
Servicios (energía)	$ 1.544	$ 11..000	$ 1.055
.	**$ 11.780**	**$ 20.300**	**$ 7.598**

REPRESENTACIÓN			
Representación	**$ 2.211**	**$ 3.500**	**$ 3.997**

PARTIDAS PRESUPUESTARIAS	Estado auditado 2013/14	Presupuesto 2014/2015	Declar. provisional al 2014/2015
FINANCIAMIENTO			
Pérdidas por intercambio monetario	$ 16.290	$ 11.000	$ 11.161
SUBTOTAL DE APROPIACIONES	**$ 1.127.942**	**$ 1.327.038**	**$ 1.255.777**
ASIGNACIÓN DE FONDOS			
Fondo de contingencia para traslados	$ 0	$ 0	$ 0
Fondo de sustitución de personal	$ 0	$ 0	$ 0
Fondo para cesantías de personal	$ 29.369	$ 29.820	$ 29.820
Fondo de operaciones	$ 0	$ 6.685	$ 6.685
.	**$ 29.369**	**$ 36.505**	**$ 36.505**
TOTAL DE APROPIACIONES	**$ 1.157.311**	**$ 1.363.543**	**$ 1.292.282**
Contribuciones faltantes	**$ 40.367**	**$ 0**	**$ 196.148**
BALANCE	**$ 145.733**	**$ 17.167**	**$ -102.443**
Sumario de fondos			
Fondo de contingencia para traslados	$ 30.000	$ 30.000	$ 30.000
Fondo de sustitución de personal	$ 50.000	$ 50.000	$ 50.000
Fondo para cesantías de personal	$ 176.879	$ 207.189	$ 207.189
** Fondo de operaciones	$ 223.267	$ 229.952	$ 229.952
Fondo general	$ 347.312	$ 345.659	$ 244.869

* Se realizó una transferencia desde la partida presupuestaria "Traducción e interpretación" a "Salarios" y "Viajes" en el presupuesto 2014/2015 (véase el Documento de Secretaría SP 2)

Importe máximo requerido

Fondo de operaciones (Reg. Fin.

** 6.2) $ 223.267 $ 229.952 $ 229.952

Programa de la Secretaría para 2015/2016

Introducción

Este programa de trabajo establece las actividades propuestas para la Secretaría en el Ejercicio Económico 2015/2016 (1 de abril de 2015 al 31 de marzo de 2016). Las principales áreas de actividad de la Secretaría se tratan en las cuadro primeras partes, las que están seguidas de una sección sobre la gestión y una previsión del programa para el ejercicio económico 2016/2017.

En los apéndices se presentan: el Presupuesto para el ejercicio económico 2015/2016, el Presupuesto proyectado para el ejercicio económico 2016/2017, y las correspondientes escalas de contribuciones y salarios.

El programa y las cifras presupuestarias que lo acompañan, correspondientes al ejercicio económico 2015/2016 se basan en el Presupuesto proyectado para 2015/2016 (Decisión 2 (2014), Anexo 3, Apéndice 1).

El programa se enfoca en las actividades regulares, tales como la preparación de las RCTA XXXVIII y XXXIX, la publicación de Informes Finales, y las diversas tareas específicas asignadas a la Secretaría en virtud de la Medida 1 (2003).

Contenidos:

1. Apoyo de la RCTA y del CPA
2. Tecnología informática
3. Documentación
4. Información pública
5. Administración
6. Programa proyectado para el ejercicio económico 2015/2016

   - Apéndice 1: Informe provisional para el ejercicio económico 2014/2015, Presupuesto para el ejercicio económico 2015/2016, Presupuesto proyectado para el ejercicio económico 2016/2017
   - Apéndice 2: Escala de contribuciones para el ejercicio económico 2016/2017
   - Apéndice 3: Escala de sueldos

1. Apoyo de la RCTA y del CPA

XXXVIII RCTA

La Secretaría brindará apoyo a la XXXVIII RCTA a través de la recopilación y compaginación de los documentos para la reunión y de su publicación en una sección con

327

acceso restringido en el sitio web de la Secretaría. La Secretaría además proporcionará una unidad flash USB a todos los delegados. Se trata de una aplicación que permite la exploración de todos los documentos y la sincronización automática con la base de datos en línea para obtener las actualizaciones más recientes. La sección para Delegados proporcionará también un registro en línea de los delegados y dispondrá de una lista actualizada de estos para descarga.

La Secretaría apoyará el funcionamiento de la RCTA a través de la producción de los Documentos de la Secretaría, de un Manual para Delegados y de resúmenes de los documentos de la RCTA, del CPA y de los Grupos de Trabajo de la RCTA.

La Secretaría organizará los servicios de traducción e interpretación. La Secretaría es responsable de la traducción de documentos antes y después de las sesiones y de los servicios de traducción que se ofrecen durante la RCTA. Mantiene contactos con la empresa proveedora de servicios de interpretación, ONCALL.

La Secretaría organizará los servicios de toma de apuntes en cooperación con la secretaría del país anfitrión y es responsable de la compilación y edición de los Informes del CPA y de la RCTA para su aprobación durante la sesión plenaria final.

Coordinación y contacto

Además de mantener un contacto constante con las Partes y con instituciones internacionales del Sistema del Tratado Antártico por correo electrónico, teléfono y otros medios, la asistencia a las reuniones es una herramienta importante para mantener la coordinación y la comunicación.

Los viajes que se realizarán serán los siguientes:

- *XXVII Reunión general anual del COMNAP (RGA), Tromsø, Noruega, 26 - 28 de agosto de 2015.* La asistencia a la reunión proporcionará una oportunidad de fortalecer aún más las conexiones y la interacción con el COMNAP.

- *CCRVMA, Hobart, Australia, 19 - 30 de octubre de 2015.* La reunión de la CCRVMA, que se lleva acabo aproximadamente a medio camino entre una RCTA y la siguiente, proporciona a la Secretaría la oportunidad de informar a los representantes de las RCTA, muchos de los cuales asisten a la reunión de la CCRVMA, sobre los avances en el trabajo de la Secretaría. La conexión con la Secretaría de la CCRVMA también es importante para la Secretaría del Tratado Antártico, ya que muchas de sus regulaciones se elaboran tomando como modelo las de la Secretaría de la CCRVMA.

Apoyo a actividades entre sesiones

Durante los últimos años el CPA y la RCTA han producido una notable cantidad de trabajo entre sesiones, especialmente a través de los Grupos de Contacto Intersesional (GCI). La Secretaría ofrecerá ayuda técnica en la creación de un sistema en línea de los GCI, según lo acordado en la XXXVIII RCTA y la XVIII Reunión del CPA, y producirá documentos específicos si estos son solicitados por la RCTA o por el CPA.

La Secretaría actualizará la página web con las medidas aprobadas por la RCTA y con la información producida por el CPA y la RCTA.

Impresión

La Secretaría traducirá, publicará y distribuirá el Informe Final y sus Anexos correspondientes a la XXXVIII RCTA en los cuatro idiomas del Tratado. El texto del Informe Final se publicará en el sitio web de la Secretaría y será impreso en la forma de un libro, con sus anexos publicados en un CD que irá adjunto a la versión impresa del informe. El texto completo del Informe Final estará disponible como libro (dos volúmenes) a través del comercio en línea, y además en formato de libro electrónico.

2. Tecnología informática

Intercambio de Información

La Secretaría seguirá respaldando a las Partes en la publicación de sus materiales de intercambio de información, así como también en el procesamiento de la información que se cargue mediante la funcionalidad de Carga de archivos.

La Secretaría seguirá ofreciendo asesoramiento, a solicitud, al trabajo en curso del GCI en la revisión de los requisitos de intercambio de información.

Sistema electrónico de intercambio de información

Durante la próxima temporada de operaciones, y dependiendo de las decisiones de la XXXVIII RCTA, la Secretaría seguirá realizando los ajustes necesarios para facilitar el uso del sistema electrónico por las Partes, así como también seguirá desarrollando herramientas para compilar y presentar los informes resumidos.

Desarrollo del sitio web de la Secretaría

El nuevo sitio web continuará perfeccionándose para hacerlo más conciso y fácil de usar, y para aumentar la visibilidad de las secciones y la información de mayor relevancia. Se actualizará la interfaz de algunas bases de datos del sitio web, en especial la base de datos de contactos para mejorar su funcionalidad en los distintos dispositivos.

Desarrollo de bases de datos y sistemas de información

La Secretaría completará la reestructuración de la sección Directrices para los visitantes a los sitios en el sitio web de la Secretaría, en la que habrá también una nueva base de datos. Por otro lado, se implementarán procedimientos internos de gestión de contenidos perfeccionados, incluyendo el desarrollo del software requerido.

3. Registros y documentos

Documentos de la RCTA

La Secretaría continuará sus esfuerzos por completar su archivo de los Informes Finales y otros registros de la RCTA y de otras reuniones del Sistema del Tratado Antártico en los cuatro idiomas del Tratado. La ayuda de las Partes en la búsqueda de sus archivos será esencial para completar el archivo de la Secretaría. La Secretaría mantiene comunicaciones con el Ministerio de Relaciones Exteriores de Chile, la División Antártica Australiana y otras instituciones de las Partes para trabajar en la identificación e integración de los documentos extraviados. El proyecto continuará durante el ejercicio económico 2015/2016. Para todas las delegaciones interesadas en colaborar, hay disponible una lista completa y detallada de los documentos extraviados.

Glosario

La Secretaría continuará desarrollando su Glosario de términos y expresiones de la RCTA con objeto de generar una nomenclatura en los cuatro idiomas del Tratado. Además, mejorará aún más la implementación de un servidor de vocabulario controlado electrónicamente para administrar, publicar e intercambiar las ontologías, tesauros y listas de la RCTA.

Base de datos del Tratado Antártico

La base de datos de Recomendaciones, Medidas, Decisiones y Resoluciones de la RCTA está actualmente completa en inglés y casi completa en español y francés, si bien la Secretaría aún no dispone de varias copias de informes finales en esos idiomas. Siguen faltando algunos informes finales en ruso.

4. Información pública

La Secretaría y su página web seguirán funcionando como un servicio central de información sobre las actividades de las Partes y los acontecimientos relevantes en la Antártida.

5. Administración

Personal

Al 1 de abril de 2015, la Secretaría contaba con el siguiente personal:

Personal ejecutivo

Nombre	Cargo	Desde	Rango	Fase	Período
Manfred Reinke	Secretario ejecutivo (SE)	01-09-2009	E1	6	31-08-2017
José María Acero	Subsecretario ejecutivo (ASE)	01-01-2005	E3	11	1-12-2018

Personal general

Nombre	Cargo	Desde	Rango	Fase
José Luis Agraz	Responsable de información	11-01-2004	G1	6
Diego Wydler	Responsable de tecnología de información	02-01-2006	G1	6
Roberto Alan Fennell	Gerente administrativo (tiempo parcial)	01-12-2008	G2	6
Pablo Wainschenker	Editor	02-01-2006	G3	6
Sra. Violeta Antinarelli	Bibliotecaria (tiempo parcial)	04-01-2007	G3	6
Sra. Anna Balok	Especialista en comunicación (tiempo parcial)	10-01-2010	G5	5
Sra. Viviana Collado	Gerente de oficina	11-15-2012	G5	4

La RCTA XXXVI decidió volver a nombrar al Secretario ejecutivo para un periodo de cuatro años, que dará comienzo el 1 de septiembre de 2013 (véase la Decisión 2 [2013]). Para realizar el nombramiento oportuno de un sucesor al completarse este periodo, es posible que la RCTA comience a considerar este asunto antes de la XXXIX RCTA.

Una persona que trabaja por cuenta propia realiza las labores de aseo de las instalaciones de la Secretaría en base a un contrato de 20 horas semanales. Tras las consultas con la Cancillería Argentina, el auditor externo SIGEN y el abogado de la Secretaría, y luego de un cuidadoso examen de las condiciones jurídicas, la solución preferida, y la más rentable, sería la de crear el puesto de empleo a tiempo parcial para las labores de aseo. Debido a que la escala de sueldos de la Secretaría no contempla este tipo de empleo, el Secretario ejecutivo ha propuesto agregar una nueva línea salarial, G7, que reflejaría el sueldo para tal empleo. La escala de sueldos se presenta en el Apéndice 3.

El Secretario ejecutivo solicita la aprobación para el ascenso de Pablo Wainschenker al nivel salarial G2 (1) en conformidad con regulación 5.5 de las Disposiciones sobre Personal. La complejidad del proceso de edición del Informe Final ha aumentado considerablemente durante los recientes años. El editor, Pablo Wainschenker, ha implementado modernos procesos que incluyen un sistema de corrección de pruebas y edición electrónica para manejar la edición. Además ha participado activamente en la implementación de un sistema de toma de apuntes durante las RCTA.

La Secretaría invitará a estudiantes internacionales en práctica provenientes de las Partes para que realicen pasantías en la Secretaría. También ha extendido una invitación para que Chile, como país anfitrión de la XXXIX RCTA, envíe a un miembro de su equipo organizativo a realizar una pasantía en Buenos Aires.

Asuntos financieros

El Presupuesto para el ejercicio económico 2015/2016 y la proyección del presupuesto para el ejercicio económico 2016/2017 se presentan en el Apéndice 1.

Traducción e interpretación

Conforme al inciso 9.4 de su Reglamento financiero, la Secretaría cursará una invitación para la presentación de propuestas para los servicios de traducción e interpretación para la XXXIX RCTA (2016), XL RCTA (2017) y XLI RCTA (2018), y para una tentativa de propuesta para la XLII RCTA (2019). Basándose en las propuestas presentadas, la Secretaría decidirá a qué empresa colocará en primera posición.

Los costos de traducción e interpretación presupuestados para la XXXVIII ascienden a US $ 339 835.

Salarios

El costo de la vida en Argentina siguió aumentando de manera importante durante 2014, pero esto se compensó con la devaluación del peso argentino frente al dólar estadounidense. Para comparar el desarrollo con años anteriores, la Secretaría calculó el aumento del IVS (Índice del Valor Salarial, facilitado por el Instituto Nacional de Estadística y Censos de Argentina) ajustado por la devaluación del peso argentino frente al dólar estadounidense durante el mismo periodo. Este método fue explicado al Secretario Ejecutivo en 2009, en ocasión de la XXXII RCTA (Informe Final p. 238).

En 2014 el IVS aumentó en 34,1 %. La devaluación del peso argentino frente al dólar estadounidense provocó un aumento calculado del costo de la vida de 2,1 % en dólares estadounidenses.

El Secretario Ejecutivo propone que se compense 1,1 % del aumento en el costo de la vida al personal general y al personal ejecutivo.

La regulación 5.10 del Reglamento del personal exige la compensación de los miembros de personal general cuando tengan que trabajar más de 40 horas semanales. Se solicitan horas extraordinarias durante las reuniones de la RCTA.

Fondos

Fondo de operaciones

De conformidad con la Regulación Financiera 6.2 (a), el Fondo de Capital de Trabajo debe mantenerse en el orden de 1/6 del presupuesto de la Secretaría, que asciende a US $ 229 952 en los próximos años. Las contribuciones de las Partes conforman la base del cálculo del nivel del Fondo de Operaciones.

Más detalles sobre el Presupuesto preliminar 2015/2016

La aplicación a las partidas de asignación de recursos se ciñe a la propuesta del año anterior. Se han implementado algunos pequeños ajustes de acuerdo con los gastos previstos para el ejercicio económico 2015/2016.

* *Traducción e interpretación:* se incluye el financiamiento adicional destinado al mantenimiento del glosario.

* *Oficina:* se esperan tareas de mantenimiento adicionales relativas a la reparación del sistema de control de clima de la oficina

El Apéndice 1 muestra el presupuesto para el ejercicio económico 2015/2016 y el Presupuesto proyectado para el ejercicio económico 2016/2017. La escala de sueldos se presenta en el Apéndice 3.

Contribución para el ejercicio económico 2016/2017

Las contribuciones para el ejercicio económico 2016/2017 no aumentarán.

El Apéndice 2 muestra las contribuciones de las Partes para el ejercicio económico 2016/2017.

6. Programa previsto para el ejercicio económico 2016/2017 y el ejercicio económico 2017/2018

Se espera que la mayoría de las actividades actuales de la Secretaría continúen durante el ejercicio económico 2016/2017 y durante el ejercicio económico 2016/2018, por lo tanto, a no ser que el programa sufra grandes cambios, no se prevé que haya cambios en los cargos de personal en los próximos años.

Anexo 1

Declaración provisional 2014/15, Proyectado 2015/16, Presupuesto 2015/16 y Presupuesto proyectado 2016/2017

PARTIDAS PRESUPUESTARIAS	Declar. provisional al 2014/2015	Proyectado 2015/16	Presupuesto 2015/2016	Proyectado 2016/2017
INGRESOS				
CONTRIBUCIONES				
comprometidas	$ -1.379.710	$ -1.378.100	$ -1.378.097	$ -1.378.097
Intereses de inversiones	$ -6.277	$ -1.000	$ -1.000	$ -3.000
Ingreso total	**$ -1.385.987**	**$ -1.379.100**	**$ -1.379.097**	**$ -1.381.097**

GASTOS
SUELDOS

Personal ejecutivo	$ 322.658	$ 328.071	$ 331.680	$ 336.377
Personal de servicios generales	$ 318.423	$ 321.165	$ 330.098	$ 341.392
Personal de apoyo a la RCTA	$ 16.530	$ 15.796	$ 18.192	$ 18.092
Estudiantes en práctica	$ 7.638	$ 9.600	$ 10.600	$ 9.600
Horas extraordinarias	$ 13.351	$ 14.000	$ 16.000	$ 16.000
.	**$ 678.600**	**$ 688.632**	**$ 706.570**	**$ 721.461**

TRADUCCIÓN E INTERPRETACIÓN

Traducción e interpretación	**$ 294.743**	**$ 332.785**	**$ 340.000**	**$ 338.505**

VIAJES

Viajes	**$ 110.266**	**$ 98.000**	**$ 99.000**	**$ 90.000**

TECNOLOGÍA INFORMÁTICA

Hardware	$ 9.883	$ 11.025	$ 10.815	$ 11.356
Software	$ 4.407	$ 3.500	$ 3.500	$ 3.605
Desarrollo	$ 13.157	$ 21.000	$ 24.000	$ 21.630
Respaldo	$ 7.594	$ 9.500	$ 9.500	$ 9.785
.	**$ 35.041**	**$ 45.025**	**$ 47.815**	**$ 46.376**

IMPRESIÓN, EDICIÓN Y COPIAS

Informe final	$ 12.925	$ 17.850	$ 17.850	$ 18.386
Compilación	$ 2.046	$ 3.558	$ 3.500	$ 3.412
Directrices para sitios	$ 0	$ 3.297	$ 3.500	$ 3.396
.	**$ 15.915**	**$ 24.705**	**$ 24.850**	**$ 25.193**

PARTIDAS PRESUPUESTARIAS	Declar. provisional al 2014/2015	Proyectado 2015/16	Presupuesto 2015/2016	Proyectado 2016/2017
SERVICIOS GENERALES				
Asesoramiento jurídico	$ 1.947	$ 4.200	$ 4.200	$ 4.326
Auditorías externas	$ 8.622	$ 10.500	$ 10.500	$ 10.815
Limpieza, mantenimiento y seguridad	$ 50.837	$ 17.325	$ 19.011	$ 17.845
Capacitación	$ 4.351	$ 6.880	$ 6.880	$ 7.086
Bancos	$ 3.851	$ 6.300	$ 6.300	$ 6.489
Arriendo de equipos	$ 2.504	$ 3.150	$ 2.556	$ 3.245
.	**$ 72.112**	**$ 48.355**	**$ 49.447**	**$ 49.806**
COMUNICACIONES				
Teléfono	$ 4.823	$ 5.460	$ 5.460	$ 5.624
Internet	$ 2.630	$ 3.150	$ 3.150	$ 3.245
Alojamiento Web	$ 6.709	$ 9.450	$ 9.450	$ 9.734
Franqueo	$ 538	$ 2.625	$ 2.625	$ 2.704
.	**$ 14.700**	**$ 20.685**	**$ 20.685**	**$ 21.306**
OFICINA				
Librería e insumos	$ 3.673	$ 4.515	$ 4.515	$ 4.650
Libros y suscripciones	$ 1.992	$ 3.150	$ 3.150	$ 3.245
Seguros	$ 3.421	$ 3.675	$ 3.675	$ 3.785
Mobiliario	$ 0	$ 945	$ 7.945	$ 973
Equipos de oficina	$ 2.558	$ 4.200	$ 4.200	$ 4.326
Mantenimiento	$ 0	$ 2.625	$ 2.625	$ 2.704
.	**$ 11.644**	**$ 19.110**	**$ 26.110**	**$ 19.683**
ADMINISTRACIÓN				
Suministros	$ 2.883	$ 4.725	$ 4.725	$ 4.867
Transporte local	$ 410	$ 840	$ 840	$ 865
Varios	$ 3.250	$ 4.200	$ 4.200	$ 4.326
Servicios (energía)	$ 1.055	$ 11.550	$ 6.550	$ 11.897
.	**$ 7.598**	**$ 21.315**	**$ 16.315**	**$ 21.954**
REPRESENTACIÓN				
Representación	**$ 3.997**	**$ 3.500**	**$ 4.000**	**$ 3.500**
FINANCIAMIENTO				
Pérdidas por intercambio monetario	**$ 11.161**	**$ 11.550**	**$ 11.393**	**$ 11.897**
SUBTOTAL DE APROPIACIONES	**$ 1.255.777**	**$ 1.313.662**	**$ 1.346.185**	**$ 1.349.680**

PARTIDAS PRESUPUESTARIAS ASIGNACIÓN DE FONDOS	Declar. provisional al 2014/2015	Proyectado 2015/16	Presupuesto 2015/2016	Proyectado 2016/2017
Fondo de contingencia para traslados	$ 0	$ 0	$ 0	$ 0
Fondo de sustitución de personal	$ 0	$ 0	$ 0	$ 0
Fondo para cesantías de personal	$ 29.820	$ 30.300	$ 32.912	$ 31.417
Fondo de operaciones	$ 6.685	$ 0	$ 0	$ 0
.	$ 36.505	$ 30.300	$ 32.912	$ 31.417

TOTAL DE APROPIACIONES	$ 1.292.282	$ 1.343.962	$ 1.379.097	$ 1.381.097

Contribuciones faltantes	$ 196.148	$ 0	$ 0	$ 0
.		.		
BALANCE	$ -102.443	$ 35.139	$ 0	$ 0

Sumario de fondos

	Declar. provisional al 2014/2015	Proyectado 2015/16	Presupuesto 2015/2016	Proyectado 2016/2017
Fondo de contingencia para traslados	$ 30.000	$ 30.000	$ 30.000	$ 30.000
Fondo de sustitución de personal	$ 50.000	$ 50.000	$ 50.000	$ 50.000
Fondo para cesantías de personal	$ 207.189	$ 237.489	$ 240.101	$ 271.518
** Fondo de operaciones	$ 229.952	$ 229.952	$ 229.952	$ 229.952
Fondo general	$ 244.869	$ 380.798	$ 244.869	$ 244.869

* Declaración provisional al 31 de marzo de 2014				
** Importe máximo requerido Fondo de operaciones (Reg. Fin. 6.2.)	$ 229.952	$ 229.683	$ 229.683	$ 229.683

336

Anexo 2

Escala de contribuciones 2016/2017

2016/2017	Cat.	Mult.	Variable	Fijo	Total
Alemania	B	2,8	$ 28.456	$ 23.760	$ 52.216
Argentina	A	3,6	$ 36.587	$ 23.760	$ 60.347
Australia	A	3,6	$ 36.587	$ 23.760	$ 60.347
Bélgica	D	1,6	$ 16.261	$ 23.760	$ 40.021
Brasil	D	1,6	$ 16.261	$ 23.760	$ 40.021
Bulgaria	E	1	$ 10.163	$ 23.760	$ 33.923
Chile	C	2,2	$ 22.359	$ 23.760	$ 46.119
China	C	2,2	$ 22.359	$ 23.760	$ 46.119
Ecuador	E	1	$ 10.163	$ 23.760	$ 33.923
España	C	2,2	$ 22.359	$ 23.760	$ 46.119
Estados Unidos	A	3,6	$ 36.587	$ 23.760	$ 60.347
Federación de Rusia	C	2,2	$ 22.359	$ 23.760	$ 46.119
Finlandia	D	1,6	$ 16.261	$ 23.760	$ 40.021
Francia	A	3,6	$ 36.587	$ 23.760	$ 60.347
India	C	2,2	$ 22.359	$ 23.760	$ 46.119
Italia	B	2,8	$ 28.456	$ 23.760	$ 52.216
Japón	A	3,6	$ 36.587	$ 23.760	$ 60.347
Noruega	A	3,6	$ 36.587	$ 23.760	$ 60.347
Nueva Zelandia	A	3,6	$ 36.587	$ 23.760	$ 60.347
Países Bajos	C	2,2	$ 22.359	$ 23.760	$ 46.119
Perú	E	1	$ 10.163	$ 23.760	$ 33.923
Polonia	D	1,6	$ 16.261	$ 23.760	$ 40.021
Reino Unido	A	3,6	$ 36.587	$ 23.760	$ 60.347
República Checa	D	1,6	$ 16.261	$ 23.760	$ 40.021
República de Corea	D	1,6	$ 16.261	$ 23.760	$ 40.021
Sudáfrica	C	2,2	$ 22.359	$ 23.760	$ 46.119
Suecia	C	2,2	$ 22.359	$ 23.760	$ 46.119
Ucrania	D	1,6	$ 16.261	$ 23.760	$ 40.021
Uruguay	D	1,6	$ 16.261	$ 23.760	$ 40.021

Presupuesto	.	.	.	.	$1.378.097

Anexo 3

Escala de sueldos 2015/16

Programa A
ESCALA SALARIAL PARA EL PERSONAL DE CATEGORÍA EJECUTIVA
(Dólares estadounidenses)

2014/2015		I	II	III	IV	V	VI	VII	VIII	IX	X	XI	XII	XIII	XIV	XV
Nivel									RANGOS							
E1	A	$135 302	$137 819	$140 337	$142 855	$145 373	$147 890	$150 407	$152 926							
E1	B	$169 127	$172 274	$175 421	$178 569	$181 716	$184 863	$188 009	$191 158							
E2	A	$113 932	$116 075	$118 218	$120 359	$122 501	$124 642	$126 783	$128 926	$131 069	$133 211	$135 352	$135 595	$137 709		
E2	B	$142 415	$145 093	$147 772	$150 449	$153 126	$155 802	$158 479	$161 158	$163 837	$166 513	$169 190	$169 494	$172 136		
E3	A	$95 007	$97 073	$99 140	$101 207	$103 275	$105 341	$107 408	$109 476	$111 542	$113 608	$115 675	$116 915	$118 154	$120 193	$122 231
E3	B	$118 758	$121 341	$123 925	$126 509	$129 094	$131 676	$134 260	$136 845	$139 427	$142 010	$144 594	$146 143	$147 693	$150 242	$152 788
E4	A	$78 778	$80 693	$82 609	$84 518	$86 435	$88 347	$90 257	$92 174	$94 089	$96 000	$97 915	$98 448	$100 336	$102 223	$104 110
E4	B	$98 474	$100 866	$103 262	$105 648	$108 044	$110 434	$112 822	$115 217	$117 611	$119 999	$122 393	$123 060	$125 419	$127 778	$130 137
E5	A	$65 315	$67 029	$68 739	$70 452	$72 162	$73 873	$75 586	$77 293	$79 007	$80 719	$82 427	$82 981			
E5	B	$81 644	$83 786	$85 924	$88 065	$90 203	$92 342	$94 482	$96 617	$98 759	$100 899	$103 034	$103 726			
E6	A	$51 706	$53 351	$54 994	$56 641	$58 284	$59 928	$61 575	$63 219	$64 862	$65 862	$66 508				
E6	B	$64 632	$66 689	$68 742	$70 801	$72 855	$74 910	$76 969	$79 024	$81 078	$82 328	$83 135				

Nota: La línea B es el salario base (mostrado en la línea A) con un 25 % adicional por costos de salarios (fondo de jubilación y primas de seguro, subsidios de instalación y repatriación, prestaciones de educación, etc.) y es el salario total al que tiene derecho el personal ejecutivo de acuerdo con la Regulación 5.

Programa B
ESCALA SALARIAL PARA EL PERSONAL GENERAL
(Dólares estadounidenses)

Nivel	I	II	III	IV	V	VI	VII	VIII	IX	X	XI	XII	XIII	XIV	XV
								RANGOS							
G1	$61 112	$63 952	$66 804	$69 653	$72 624	$75 722									
G2	$50 918	$53 293	$55 670	$58 044	$60 520	$63 102									
G3	$42 430	$44 410	$46 390	$48 370	$50 434	$52 587									
G4	$35 360	$37 010	$38 659	$40 309	$42 029	$43 822									
G5	$29 210	$30 574	$31 936	$33 301	$34 723	$36 207									
G6	$23 444	$25 059	$26 177	$27 294	$28 460	$29 675									
G7	$10 000	$10 466	$10 933	$11 399	$11 886	$12 394									

339

Plan de trabajo estratégico plurianual para la Reunión Consultiva del Tratado Antártico

Los Representantes,

Reafirmando los valores, objetivos y principios contenidos en el Tratado Antártico y su Protocolo sobre Protección del Medio Ambiente;

Recordando la Decisión 3 (2014) sobre el Plan de trabajo estratégico plurianual (el "Plan");

Teniendo en cuenta que el Plan es complementario al programa de la Reunión Consultiva del Tratado Antártico ("RCTA") y que se alienta a las Partes y demás participantes de la RCTA a contribuir como de costumbre en los demás asuntos del programa de la RCTA;

Deciden:

1. que los siguientes Principios orientarán la implementación y posterior desarrollo del Plan:

   a. el Plan reflejará los objetivos y principios del Tratado Antártico y de su Protocolo sobre Protección del Medio Ambiente;

   b. de acuerdo con el funcionamiento de la RCTA, se realizarán por consenso la aprobación del Plan, la inclusión de los temas del Plan, y las decisiones relativas al Plan;

   c. el objetivo del Plan consiste en complementar el programa, al contribuir con la RCTA en la identificación de una cantidad limitada de asuntos prioritarios y lograr un funcionamiento más efectivo y eficaz;

   d. se alienta a las Partes y a los demás participantes de la RCTA a contribuir como de costumbre en otros temas del programa de la RCTA;

   e. el Plan abarcará un ciclo multianual renovable, y deberá ser revisado y actualizado según sea necesario en cada RCTA a fin de reflejar el trabajo que resta por completar, los nuevos temas que se plantean, y los cambios en las prioridades;

f. el Plan será dinámico y flexible, e incorporará nuevos temas a medida que estos surjan.

g. El Plan identificará los temas que requieren la atención de la RCTA en su colectivo, y que requieren ser tratados y/o decididos por la RCTA; y

h. el Plan no deberá interferir con el desarrollo habitual del programa de la RCTA;

2. aprobar el Plan anexo a esta Decisión; y

3. designar el plan anexo a la Decisión 3 (2014) como obsoleto.

Plan de trabajo estratégico plurianual de la RCTA

Prioridad	RCTA 38 (2015)	Entre sesiones	RCTA 39 (2016)	RCTA 40 (2017)	RCTA 41 (2018)
Realizar una revisión exhaustiva de los actuales Requisitos para el intercambio de información y del funcionamiento del Sistema electrónico de intercambio de información, e identificar todo requisito adicional.	• El Grupo de Trabajo sobre Asuntos Jurídicos e Institucionales consideró el informe del Grupo de contacto intersesional (GCI) sobre la revisión de los actuales requisitos de intercambio de información y la identificación de todo requisito adicional y el asesoramiento del CPA. • El GT sobre Asuntos jurídicos e institucionales aprobó la Decisión 6 (2015).	• GCI sobre la revisión integral de los actuales requisitos de intercambio de información y la identificación de todo requisito adicional.	• El GT 1 debe analizar el funcionamiento del SEII. • El GT 1 debe analizar la información que debe intercambiarse. • El GT 1 debe considerar el informe del GCI sobre intercambio de información. • El GT 1 debe considerar la actualización de la Decisión 6 (2015).		
Considerar una difusión coordinada hacia los estados que no son Parte cuyos ciudadanos o recursos mantienen actividad en la Antártida y hacia los estados que son Parte al Tratado Antártico si bien aún no lo son del Protocolo.	• El GT sobre Asuntos jurídicos e institucionales solicitó información al Grupo de trabajo sobre Actividades turísticas y no gubernamentales acerca de los estados que no son Parte cuyos ciudadanos mantienen actividad en la Antártida.		• La RCTA debe considerar un respaldo a las nuevas adhesiones al Protocolo.		
Contribuir a las actividades de educación y difusión coordinadas a nivel nacional e internacional desde la perspectiva del Tratado Antártico.	• La RCTA estableció un GCI sobre Educación y difusión.	• GCI sobre Educación y difusión.	• El GT 1 debe considerar el informe del GCI sobre Educación y difusión.		
Compartir y debatir las prioridades científicas estratégicas con el fin de identificar y aprovechar las oportunidades para la colaboración y la creación de capacidades científicas, particularmente en relación con el cambio climático.	• El SCAR presentó su Scan al Horizonte.		• El GT 2 debe cotejar y comparar las prioridades científicas estratégicas con objeto de identificar oportunidades de cooperación.	• El GT 2 debe identificar oportunidades de cooperación y creación de capacidades.	

Prioridad	RCTA 38 (2015)	Entre sesiones	RCTA 39 (2016)	RCTA 40 (2017)	RCTA 41 (2018)
Aumentar la cooperación efectiva entre las Partes (por ejemplo, inspecciones conjuntas, proyectos científicos conjuntos y apoyo logístico) y la participación eficaz en las reuniones, (por ejemplo, la considera-ción de métodos de trabajo eficaces duran-te las reuniones).	• El GT sobre Asuntos jurídicos e institucionales consideró el informe del Grupo de Contacto Intersesional sobre Cooperación en la Antártida.				
Fortalecimiento de la cooperación entre el CPA y la RCTA.	• La RCTA recibió el asesoramiento del CPA.		• La RCTA debe considerar los asuntos planteados en el informe del CPA en ocasión de la 38 RCTA; • La RCTA debe recibir el asesoramiento que requiere seguimiento del CPA;		
Lograr la entrada en vigor del Anexo VI, y continuar recabando información sobre reparación y reme-diación del daño al medioambiente y otros asuntos con relevancia para informar las futuras negociaciones sobre responsabilidad.	• El GT sobre asuntos jurídicos e institucionales consideró si se reiniciarán las negociaciones sobre responsabilidad, de conformidad con la Decisión 4 (2010).	• Las Partes deben trabajar en la aprobación del Anexo VI y compartir entre ellas la información y experiencia.	• La RCTA debe continuar evaluando los progresos para lograr la entrada en vigor del Anexo VI de conformidad con el Artículo IX del Tratado Antártico, y las acciones que puedan ser necesarias y adecuadas para alentar a las Partes a aprobar oportunamente el Anexo VI		
Evaluar el progreso del CPA en su continuo trabajo para reflejar las prácticas recomendables, y para mejorar las he-rramientas existentes y desarrollar nuevas herramientas para la protección del medio ambiente, incluidos los procedimientos de evaluación del impacto ambiental (y considerar, en su caso, el futuro desarrollo de dichas herramientas).			• El GT 1 debe considerar el asesoramiento del CPA en su revisión de los lineamientos para la Evaluación del Impacto Ambiental (EIA).		

Prioridad	RCTA 38 (2015)	Entre sesiones	RCTA 39 (2016)	RCTA 40 (2017)	RCTA 41 (2018)
Abordar las recomendaciones de la Reunión de Expertos del Tratado Antártico sobre las implicaciones del cambio climático para la gestión y administración de la Antártida (CPA-GCI).	• La RCTA consideró las recomendaciones 9 a 17.		• El GT 2 debe considerar las recomendaciones 7 y 8.	• El GT 2 debe considerar las recomendaciones 4 a 6. • El GT 2 debe considerar los resultados del taller conjunto del CC-CCRVMA y el CPA.	
Fortalecer la colaboración entre las Partes con respecto de las operaciones aéreas y marítimas actuales y específicas de la Antártida, así como en las prácticas de seguridad, e identificar además cualquier asunto que pueda plantearse en el futuro a la OMI y la OACI, si resultase apropiado.		• La Secretaría debe solicitar a la OACI y a la OMI que presenten sus puntos de vista sobre cuestiones de seguridad aérea y marítima en la RCTA 39.	• El GT 2 debe considerar el asesoramiento en materia de UAV del CPA y / o del COMNAP y el SCAR. • El GT 2 debe considerar todos los puntos de vista presentados por la OACI y la OMI en materia de seguridad aérea y marítima.	• Debate específico en materia de UAV (por el GT 2).	
Revisar y evaluar la necesidad de aprobar medidas adicionales con respecto a la gestión de zonas e infraestructura permanentes relacionadas con el turismo, así como las cuestiones relacionadas con el turismo terrestre y de aventura, y atender las recomendaciones del estudio sobre turismo del CPA.	• Se realizó un Grupo de Trabajo Especial sobre Autoridades competentes destinado a debatir asuntos relativos al turismo y las actividades no gubernamentales. • El Grupo de Trabajo sobre turismo (GTT) consideró el material adicional sobre informes del CPA.				
Elaboración de un enfoque estratégico en torno al turismo y las actividades no gubernamentales gestionados de manera responsable en lo medioambiental en la Antártida.		• GCI sobre el trabajo en el desarrollo de un enfoque estratégico en torno al turismo y las actividades no gubernamentales gestionados de manera responsable en lo medioambiental en la Antártida.	• El GT 2 debe considerar el informe del GCI sobre el trabajo en el desarrollo de un enfoque estratégico en torno al turismo y las actividades no gubernamentales gestionados de manera responsable en lo medioambiental en la Antártida.		

NOTA: Los antedichos Grupos de trabajo de la RCTA no son permanentes, pero se establecen por consenso al término de cada Reunión Consultiva del Tratado Antártico.

Responsabilidad derivada de emergencias ambientales

Los Representantes,

Recordando los compromisos estipulados en el Artículo 16 del Protocolo al Tratado Antártico sobre Protección del Medio Ambiente ("el Protocolo") de elaborar normas y procedimientos relacionados con la responsabilidad derivada de daños provocados por actividades que se desarrollen en la zona del Tratado Antártico y cubiertas por el Protocolo;

Recordando la Medida 1 (2005) y la aprobación del Anexo VI al Protocolo, como un paso en el establecimiento de un régimen de responsabilidad de acuerdo con el Artículo 16 del Protocolo;

Teniendo en cuenta que el Anexo VI aún debe entrar en vigor;

Recordando las Decisiones 1 (2005) y 4 (2010) en torno a la evaluación anual de los progresos para lograr la entrada en vigor del Anexo VI y el establecimiento de un marco temporal para reanudar las negociaciones en materia de responsabilidad de conformidad con el Artículo 16 del Protocolo;

Agradeciendo el asesoramiento proporcionado por el Comité para la Protección del Medio Ambiente ofrecido en 2013 sobre cuestiones ambientales relacionadas con la posibilidad práctica de reparar o remediar, en ocasiones específicas, el daño ambiental en las circunstancias de la Antártida;

Deciden:

1. continuar evaluando anualmente los progresos para lograr la entrada en vigor del Anexo VI de conformidad con el Artículo IX del Tratado Antártico, y las acciones que puedan ser necesarias y adecuadas para alentar a las Partes a aprobar oportunamente el Anexo VI;

2. continuar intercambiando información y experiencias con el fin de respaldar el progreso de la entrada en vigor del Anexo VI;

3. tomar una decisión en 2020 sobre la reanudación de las negociaciones en materia de responsabilidad de conformidad con el Artículo 16 del Protocolo, o antes, si las Partes así lo deciden a la luz de los progresos realizados en la aprobación de la Medida 1 (2005); y

4. que la Decisión 4 (2010) ya no tiene vigencia.

Intercambio de información

Los Representantes,

Recordando los Artículos III (1) (a) y VII (5) del Tratado Antártico;

Conscientes de las obligaciones relativas al intercambio de información contenidas en el Protocolo al Tratado Antártico sobre Protección del Medio Ambiente ("el Protocolo") y sus anexos;

Conscientes también de las decisiones adoptadas por la Reunión Consultiva del Tratado Antártico ("RCTA") relativas a la información que debe ser intercambiada por las Partes;

Deseando garantizar que el intercambio de información entre las Partes se realice de la manera más eficiente y oportuna;

Deseando además que la información que se intercambie pueda identificarse con facilidad;

Recordando la Decisión 4 (2012), que dio caracter obligatorio al uso del Sistema Electrónico de Intercambio de Información ("SEII") como un medio para que las Partes puedan cumplir sus responsabilidades de intercambio de información en virtud del Tratado Antártico y de su Protocolo, y que especificó que las Partes deben seguir trabajando junto a la Secretaría del Tratado Antártico ("la Secretaría") en el perfeccionamiento y mejora del SEII;

Señalando que la Decisión 4 (2012) exige que las Partes actualicen las secciones relevantes del SEII regularmente durante el año, y como mínimo de conformidad con la Resolución 6 (2001), con el fin de que dicha información esté disponible y accesible para las Partes tan pronto como sea factible;

Deciden:

1. que el Anexo a la presente Decisión representa una lista consolidada de la información que se ha acordado intercambiar por las Partes;

2. que la Secretaría modificará el SEII a fin de que refleje la información contenida en el Anexo a la presente Decisión, y que ponga a disposición, tan pronto como sea posible, la información presentada por las Partes; y que

3. el Apéndice a la Decisión 6 (2013) y el Apéndice 4 del Informe Final de la XXIV RCTA ya no tienen vigencia.

Requerimientos para el intercambio de información

1. Información de pretemporada

La siguiente información debe ser presentada lo más pronto posible, preferiblemente para el 1° de octubre, y en todo caso no más tarde que la fecha del aviso sobre el comienzo de las actividades.

1.1 Información operacional

1.1.1 Expediciones nacionales

A. Estaciones

Nombres de las estaciones de invernada (indicando la región, latitud y longitud), población máxima y el apoyo médico disponible.

Nombres de las estaciones / bases de verano y campamentos (indicando la región, latitud, longitud), periodo de operación, población máxima y el apoyo médico disponible.

Nombres de los refugios (región, latitud y longitud), facilidades médicas y la capacidad del alojamiento. Otras actividades principales de campo, por ejemplo: travesías científicas (indicando la ubicación).

B. Buques

Nombres de los buques, país de registro de los buques, número de viajes, fechas planeadas de salida, zonas de operación, puertos de salida y llegada a y de la Antártida, propósito del viaje (por ejemplo, despliegue científico, reabastecimiento, recambio, oceanografía, etc.) Cantidad máxima de tripulantes y cantidad máxima de pasajeros.

C. Aviación

Categoría (vuelos intercontinentales, vuelos dentro del continente, vuelos locales en helicóptero) Cantidad y tipo de cada aeronave, número planeado de vuelos, período de vuelos o fechas de salidas planeadas, rutas y objetivo.

D. Cohetes de investigación

Coordenadas del lugar de lanzamiento, tiempo y fecha / período, dirección de lanzamiento, altitud máxima planeada, área del impacto, tipo y especificaciones de los cohetes, objetivo y título del proyecto de investigación.

E. Militar

- Número del personal militar en expediciones, y rangos de todos los oficiales.

- Número y tipos de armamentos poseídos por el personal.
- Número y tipos de armamentos de las naves y la aviación e información sobre los equipos militares si hay, su ubicación en la Zona del Tratado Antártico.

1.1.2 Expediciones no gubernamentales

A. Operaciones basadas en los buques

Nombre del operador, nombre del buque, cantidad máxima de tripulantes, cantidad máxima de pasajeros, país de registro de los buques, número de viajes, líder de la expedición, fechas planeadas de salida, puertos de salida y llegada a y de la Antártida, , zonas de operación inclusive los nombres de los sitios propuestos de escalas y las fechas planeadas para las escalas, tipo de actividad, si las visitas incluyen desembarcos y la cantidad de visitantes que participarán en cada una de las actividades específicas

B. Operaciones basadas en la tierra

Nombre de la expedición, nombre del operador, método de transportación a, de y dentro de la Antártida, tipo de aventura / actividad, ubicación(es), fechas de expedición, número del personal involucrado, señas de contacto, señas del sitio web.

C. Rechazo de autorizaciones

Nombre del buque y / o de la expedición, nombre del operador, fecha, motivo del rechazo

1.2 Visitas a las Zonas Protegidas

Nombre y número de la zona protegida, número de las personas con permiso para la visita, fecha / período y objetivo.

2. Informe Anual

La siguiente información debe ser presentada lo más pronto posible después del fin de la temporada del verano austral pero en todo caso antes del 1 de octubre, con el período de presentación del 1 de abril al 30 de marzo.

2.1 Información científica

2.1.1 Planes a la perspectiva

Detalles de planes científicos estratégicos o de varios años o puntos de contacto para la versión impresa.

Lista de las participaciones planeadas en programas / proyectos científicos mayores internacionales y de colaboración.

2.1.2 Actividades científicas durante el año anterior

Lista de los proyectos de investigación realizados durante el año anterior según una disciplina científica (indicando la ubicación(es) y al investigador principal, nombre o número del proyecto, disciplina y actividad principal / observaciones).

2.2 Información operacional

2.2.1 Expediciones nacionales

Actualización de la información presentada bajo el inciso 1.1.1.

2.2.2 Expediciones no gubernamentales

Actualización de la información presentada bajo el inciso 1.1.2.

2.3 Información sobre el permiso

2.3.1 Visitas a las zonas protegidas

Actualización de la información presentada bajo el inciso 1.2.

2.3.2 Toma e interferencia dañina en la flora y fauna

Especies, ubicación, cantidad, sexo, edad y el objetivo.

2.3.3 Introducción de especies no autóctonas

Especies, ubicación, cantidad y el objetivo, retiro o eliminación.

2.4 Información medioambiental

2.4.1 Cumplimiento del Protocolo

Medidas nuevas adoptadas durante el año pasado de conformidad con el Artículo 13 del Protocolo sobre Protección del Medio Ambiente al Tratado Antártico incluyendo la adopción de leyes y normativas, medidas administrativas y medidas coercitivas con la descripción de la medida, fecha de entrada en vigor.

2.4.2 Lista de las IEE y CEE

Lista de las IEE/CEE realizadas durante el año indicando la actividad propuesta, ubicación, nivel de evaluación y la decisión tomada.

2.4.3 Informe del monitoreo de las actividades

Actividades de seguimiento conectadas con actividades sujetas a evaluaciones medioambientales iniciales y globales (mencionadas en el Anexo I al Protocolo, Art. 6.1 c) incluyendo el nombre de la actividad, ubicación, procedimientos aplicados, significante información obtenida, acciones tomadas como su consecuencia.

2.4.4 Planes de la gestión de residuos

Planes de la gestión de residuos emitidos durante el año indicando el título incluso el nombre de la estación / buque / ubicación. Informe sobre la implementación de los planes de gestión de residuos durante el año.

2.4.5 Medidas tomadas para implementar las disposiciones del Anexo V

Información sobre las medidas tomadas para implementar las disposiciones del Anexo V, incluyendo inspecciones a sitios y todas las medidas tomadas para abordar los casos de actividades con que contravengan las disposiciones contenidas en los planes de gestión de ZAEP o ZAEA, con su correspondiente descripción.

2.4.6 Procedimientos relativos a EIAs

Descripción de los Procedimientos nacionales apropiados

2.4.7 Prevención de la contaminación marina

Descripción de las medidas

3. Información permanente

La siguiente información debe ser presentada de acuerdo con las exigencias del Tratado Antártico y del Protocolo sobre Protección del Medio Ambiente al Tratado Antártico. La información puede ser actualizada a cualquier tiempo.

3.1 Facilidades científicas

3.1.1 Estaciones / observatorios de registro automático

Nombre del sitio, coordenadas (latitud y longitud), elevación (m), parámetros registrados, frecuencia de observación, número de referencia (por ejemplo, no. OMM).

3.2 Información operacional

A. Estaciones

Nombre de las estaciones de invernada (indicando la región, latitud y longitud, y la población máxima), fecha establecida y alojamiento y facilidades médicas.

Nombre de las estaciones / bases de verano y campamentos (indicando la región, latitud, longitud), período de operación y población máxima).

Nombres de los refugios (región, latitud y longitud), facilidades médicas y la capacidad del alojamiento.

Información sobre búsqueda y salvamento.

B. Buques

Nombres de los buques, estado de la bandera, capacidad de rompehielos, longitud, bao, tonelaje bruto (se puede brindar un enlace a los datos del COMNAP). Cantidad máxima de pasajeros y cantidad máxima de tripulantes. Información sobre búsqueda y salvamento

C. Aviación

Cantidad y tipo de aviones operados. Información sobre búsqueda y salvamento

3.3 Información medioambiental

3.3.1 Planes de gestión de residuos

Título del plan, copia (PDF) o punto de contacto para la versión impresa y un informe breve sobre la implementación.

3.3.2 Planes de contingencia

Título de (los) Plan(es) para derrames de hidrocarburos y otras emergencias, copias (PDFs) o puntos de contacto para las versiones impresas. Un informe breve sobre la implementación.

3.3.3 Inventario de las actividades anteriores

Nombre de estación / base / campamento / traversa / avión averiado / etc., coordenadas (latitud y longitud), período durante el cual fue emprendida la actividad; descripción / objetivo de las actividades realizadas, descripción de equipos o facilidades restantes.

3.3.4 Cumplimiento del Protocolo

Igual que para 2.4.1

3.3.5 Procedimientos relacionados con las EIA

Igual que para 2.4.6

3.3.6 Prevención de la contaminación marina

Igual que para 2.4.7

3.3.7 Medidas tomadas para implementar las disposiciones del Anexo V

Igual que para 2.4.5

3.4 Otra información

3.4.1 Legislación nacional pertinente

Descripción de la ley, regulación, acción administrativa u otra medida, fecha de la entrada en vigor / entrada en vigor, una copia (PDF) o punto de contacto para la versión impresa.

3. Resoluciones

Sistema cooperativo de transporte aéreo

Los Representantes,

Recordando las Recomendaciones VII-8 (1972), que se mantiene vigente, y la Recomendación VIII-7 (1975), que ya no está vigente pero que contenía principios generales que siguen siendo válidos;

Reconociendo que el acceso a la Antártida por aeronaves de gran alcance combinado con las rutas alimentadoras intracontinentales de las aeronaves más pequeñas facilita nuevos niveles de cooperación y flexibilidad en la investigación;

Señalando el interés del Comité Científico de Investigación Antártica y del Consejo de Administradores de Programas Antárticos Nacionales (COMNAP) en los potenciales beneficios derivadosde un sistema de transporte aéreo cooperativo;

Recomiendan a sus Gobiernos que soliciten a sus programas antárticos nacionales a que mantengan sus programas científicos bajo examen con el fin de identificar las formas en que un sistema de transporte aéreo cooperativo podría beneficiarlos, y que debatan y desarrollen, según sea necesario, el uso de organizaciones como el COMNAP para su facilitación.

Sistemas tecnológicos de información y telecomunicaciones antárticos

Los Representantes,

Recordando la Recomendaciones VI-1 (1970), VII-7 (1972), y X-3 (1979);

Reconociendo que los modernos Sistemas tecnológicos de información y telecomunicaciones antárticos ("STIT") pueden servir a la comunidad antártica para garantizar un intercambio de información completo y oportuno;

Señalando la avanzada tecnología disponible;

Señalando además que una investigación innovadora con frecuencia impone una alta demanda a la capacidad y a las posibilidades de los STIT;

Recomiendan que las Partes:

1. se esfuercen por garantizar un uso eficaz de los STIT que ya existen en la Antártida, y que utilicen, según corresponda, la tecnología en desarrollo, con miras a lograr una mejor comunicación entre las estaciones antárticas, así como también entre dichas estaciones y otros puntos al exterior de la Antártida; y que

2. inviten al Consejo de Administradores de Programas Antárticos Nacionales para que continúen:

    a. actualizando regularmente su Manual para los operadores de telecomunicaciones antárticas con la información de los programas antárticos nacionales y de otros programas que se realicen en la Antártida;

    b. examinen asuntos prácticos y tecnológicos relacionados a los requisitos y capacidades de STIT, incluyendo alternativas rentables de comunicación, y beneficios para la eficiencia de las operaciones y de la investigación científica que pueden obtenerse de estos; y

    c. analicen la adecuación de los STIT antárticos para cumplir con la demanda y a que sugieran mejoras allí donde estas puedan ser deseables.

El Portal de medioambientes antárticos

Los Representantes,

Recordando el Artículo 3 del Protocolo al Tratado Antártico sobre Protección del Medio Ambiente ("el Protocolo"), en particular el requisito de que las actividades en el área del Tratado Antártico deben ser planificadas y realizadas sobre la base de una informacion suficiente, que permita elaborar evaluaciones previas y un juicio razonado sobre su posible impacto en los ecosistemas dependientes y asociados así como sobre el valor de la Antártida para la realización de investigación científica;

Reconociendo la complejidad cada vez mayor que impone la protección del medioambiente antártico en el contexto de la creciente actividad humana y que el cambio climático requiere del acceso a información acorde a las políticas para respaldar la implementación eficaz del Protocolo;

Reconociendo con agradecimiento la prolongada función de asesoramiento científico hacia el Sistema del Tratado Antártico que ha desempeñado el Comité Científico de Investigación Antártica (el "SCAR");

Recibiendo con beneplácito el desarrollo del Portal de medioambientes antárticos (el "Portal") como mecanismo para proporcionar informes actualizados sobre asuntos prioritarios o emergentes, que puedan aprovecharse para ayudar a la gestión y gobernanza efectivas de la región, incluida la implementación efectiva del Protocolo;

Señalando que el Portal ofrecerá además un mecanismo de apoyo al SCAR en la entrega de información independiente, con base científica, al Sistema del Tratado Antártico;

Recomiendan que sus Gobiernos:

1. consideren el Portal como un importante mecanismo para poner a disposición del Comité para la Protección del Medio Ambiente y de las Partes del Tratado Antártico asesoramiento de alta calidad, preciso, apolítico y actualizado, y

como una práctica herramienta para que las Partes puedan utilizar de manera voluntaria;

2. soliciten al SCAR que utilice el Portal como considere apropiado para suministrar informes con conocimientos actualizados sobre asuntos relevantes de políticas y de gestión;

3. alienten a los científicos a participar en la preparación y revisión de artículos para el Portal;

4. consideren las oportunidades para apoyar la gestión del Portal; e

5. inviten a los Miembros del CPA a que contribuyan a la relevancia de las políticas medioambientales del Portal por medio de la participación activa en el Grupo Editorial, y a través de la entrega de aportes sobre el contenido del Portal, incluyendo la identificación de nuevo material.

Programa de trabajo de respuesta al cambio climático del Comité para la Protección del Medio Ambiente

Los Representantes,

Preocupados por los informes regulares del Comité Científico de Investigación Antártica. ("SCAR") sobre el Cambio Climático y el Medio ambiente en la Antártida, que abordan los efectos del cambio climático que ya se están observando en la región Antártica;

Recordando la declaración ministerial de Washington de 2009 sobre el Quincuagésimo Aniversario de la firma del Tratado Antártico, en el cual los Ministros de todas las Partes Consultivas del Tratado Antártico señalaron sus inquietudes acerca de las implicaciones del cambio medioambiental mundial, y particularmente del cambio climático, para el medioambiente antártico y para sus ecosistemas dependientes y asociados, y confirmaron su intención de trabajar en conjunto para comprender de mejor manera los cambios en el clima de la Tierra y de buscar de manera activa las formas de abordar los efectos del cambio climático y del medioambiente sobre el medioambiente antártico y sus ecosistemas dependientes y asociados;

Recordando además las recomendaciones de la Reunión de Expertos del Tratado Antártico de 2010 sobre las implicaciones del cambio climático para la gestión y gobernanza de la Antártida, incluida la recomendación en relación con que el Comité para la Protección del Medio Ambiente ("CPA") considere la elaboración de un Programa de trabajo de respuesta al cambio climático;

Acogiendo de buen grado el trabajo del CPA para responder a dicha recomendación como así también para elaborar un programa de trabajo de respuesta al cambio climático ("CCRWP");

Deseando que el Comité comience la implementación de su CCRWP como asunto prioritario;

Recomiendan que sus gobiernos:

1. alienten al CPA a que comience a implementar el CCRWP como asunto prioritario, y a que proporcione informes de progreso anuales a la Reunión Consultiva del Tratado Antártico sobre su implementación;

2. soliciten al CPA que mantenga el CCRWP bajo examen regular, con los aportes del SCAR y del Consejo de Administradores de Programas Antárticos Nacionales sobre asuntos científicos y prácticos respectivamente; y

3. que presten atención, dentro de sus propios sistemas de financiamiento a la ciencia y de los programas nacionales de investigación antártica, a la forma en pueden abordar las necesidades y acciones de investigación identificadas en el CCRWP del CPA

Áreas Importantes para la Conservación de las Aves en la Antártida

Los Representantes,

Reconociendo que en algunos sectores de la Antártida el cambio climático está produciendo efectos observables sobre la vida silvestre autóctona, que incluye a las poblaciones de pingüinos y aves marinas;

Recordando el Artículo 3 del Protocolo al Tratado Antártico sobre Protección del Medio Ambiente ("el Protocolo") que requiere que las actividades en el área del Tratado Antártico se planifiquen y realicen de manera tal que se limiten los impactos adversos en el medioambiente antártico;

Recordando además los requisitos del Anexo II del Protocolo, sobre la Conservación de la flora y fauna antárticas;

Reconociendo la extensa red mundial de BirdLife International de Áreas Importantes para la Conservación de las Aves;

Deseando garantizar que las prácticas de conservación en la Antártida sean coherentes con los actuales enfoques mundiales de prácticas recomendables;

Conscientes del potencial de perturbación nociva sobre las concentraciones de aves en la Antártida producidas por un abanico de actividades humanas en la región;

Conscientes también de la necesidad de que las investigaciones en curso mejoren los conocimientos acerca del estado y las tendencias de las poblaciones de aves en la Antártida;

Recomiendan que sus Gobiernos:

1. reconozcan y acepten el informe sobre la identificación de Áreas Importantes para la Conservación de las Aves en la Antártida, que abarca los sitios de reproducción;

2. sometan el informe a la atención de la Secretaría del Acuerdo sobre la Conservación de Albatros y Petreles para su consideración;

3. tomen en cuenta la información contenida en el informe al momento de planificar y realizar sus actividades en la Antártida, lo que incluye la preparación de evaluaciones del impacto ambiental;

4. soliciten al Comité para la Protección del Medio Ambiente que proporcione una actualización en la Reunión Consultiva del Tratado Antártico acerca del grado en que estas Áreas Importantes para la Conservación de las Aves están, o deberían estar representadas dentro de la serie de Zonas Antárticas Especialmente Protegidas, en particular aquellas zonas que podrían calificar como hogar de las "principales colonias de reproducción de aves autóctonas"; y

5. lleven a cabo un adecuado seguimiento de las poblaciones de aves para informar las futuras medidas de gestión que pudieran requerirse.

El rol de la Antártida
en los procesos climáticos mundiales

Los Representantes,

Teniendo en cuenta que la Antártida desempeña un papel crucial en el sistema climático mundial como impulsor fundamental de la circulación general de la atmósfera y los océanos, y como un importante control del nivel del mar mundial;

Reconociendo que el estudio científico de la Antártida es crucial para aumentar la comprensión de los procesos del clima mundial y sus consiguientes impactos en todo el sistema terrestre;

Conscientes de que los cambios climáticos al interior de la Antártida están dando como resultado considerables cambios regionales en todo el continente, y que algunos de esos cambios tienen el potencial de afectar las actividades humanas en la Antártida;

Agradeciendo el trabajo constante del Comité Científico de Investigación Antártica ("SCAR") en su iniciativa del Informe sobre el Cambio Climático y el Medio ambiente antártico y la entrega anual de actualizaciones a la Reunión Consultiva del Tratado Antártico sobre los efectos del cambio climático en la misma Antártida;

Deseando garantizar que la comunidad científica internacional siga dirigiendo sus esfuerzos y colaborando eficazmente en el estudio de los procesos de cambio climático dentro de la Antártida;

Recomiendan que sus Gobiernos:

1. alienten a sus programas antárticos nacionales a trabajar con el SCAR para considerar la mejor manera de promover la investigación internacional del cambio climático antártico, incluyendo el respaldo al objetivo de la 21a Conferencia de las Partes de la Convención Marco de las Naciones Unidas

sobre Cambio Climático, que se llevará a cabo en París en diciembre de 2015; y

2. respalden a sus programas antárticos nacionales a que realicen programas científicos internacionales colaborativos y ambiciosos para sustentar una mejor comprensión de los cambios climáticos en el medioambiente antártico y en sus ecosistemas dependientes y asociados.

www.ingramcontent.com/pod-product-compliance
Lightning Source LLC
Chambersburg PA
CBHW061616210326

41520CB00041B/7456